编委会

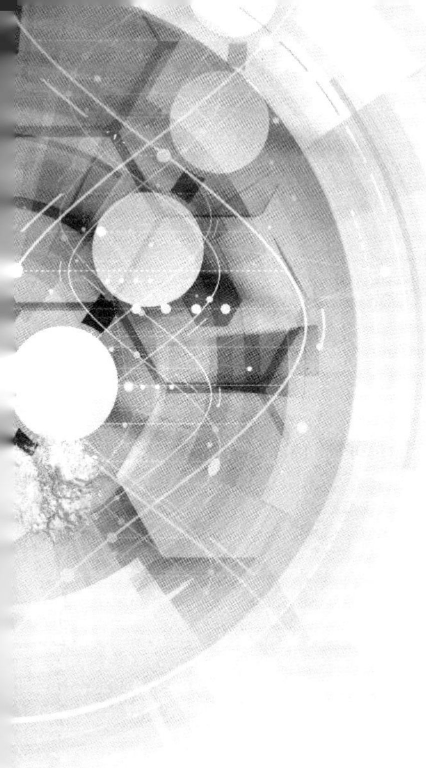

近代化学实验

高中化学实验教学探索

蒋红梅 牛洪英 张美画 主编

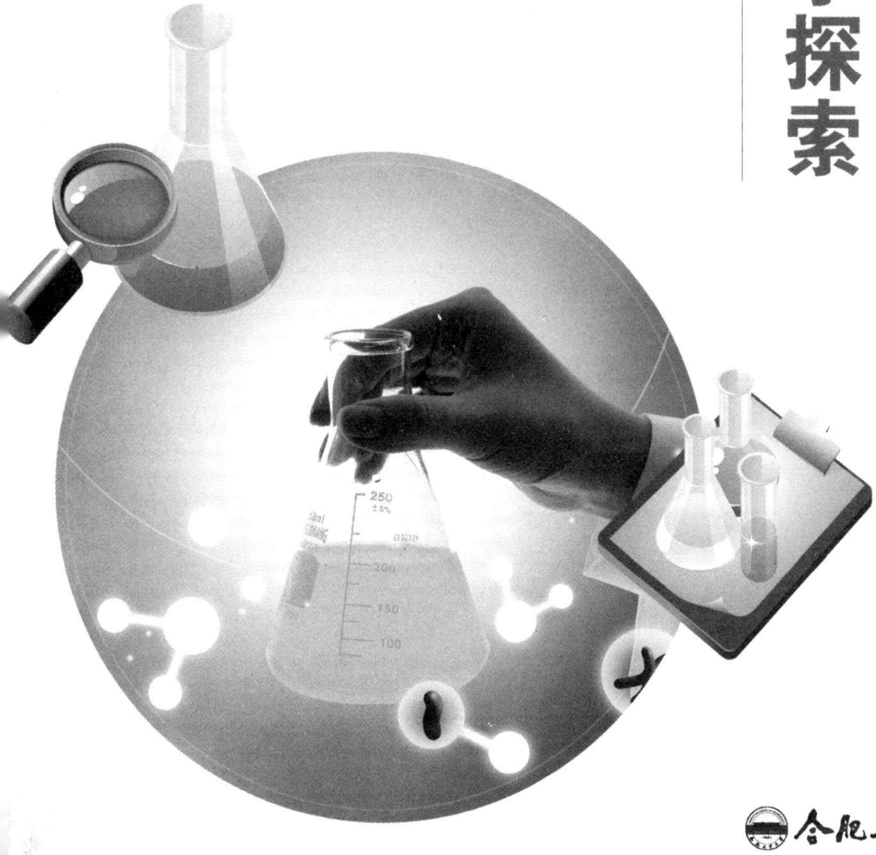

合肥工业大学出版社

图书在版编目(CIP)数据

近代化学实验:高中化学实验教学探索/蒋红梅,牛洪英,张美画主编.
—合肥:合肥工业大学出版社,2018.9
ISBN 978-7-5650-4121-1

Ⅰ.①近… Ⅱ.①蒋… ②牛… ③张… Ⅲ.①化学实验—教学研究—高中 Ⅳ.①G633.82

中国版本图书馆 CIP 数据核字(2018)第 201127 号

近代化学实验:高中化学实验教学探索

蒋红梅 牛洪英 张美画 主编　　　　责任编辑 王钱超

出 版	合肥工业大学出版社	版 次	2018 年 9 月第 1 版
地 址	合肥市屯溪路 193 号	印 次	2019 年 7 月第 1 次印刷
邮 编	230009	开 本	710 毫米×1010 毫米 1/16
电 话	人文编辑部:0551-62903205	印 张	18
	市场营销部:0551-62903198	字 数	312 千字
网 址	www.hfutpress.com.cn	印 刷	安徽昶颉包装印务有限责任公司
E-mail	hfutpress@163.com	发 行	全国新华书店

ISBN 978-7-5650-4121-1　　　　定价:39.00 元

前　言

化学是一门以实验为基础的学科，实验是化学学科的灵魂。化学是重要的基础科学之一，它是自然科学的一种，是在分子和原子的层次上研究物质的组成、性质、结构与变化规律，同时它也是创造新物质的科学。世界是由物质组成的，而化学则是人类用以认识和改造物质世界的主要方法和手段之一。它是一门历史悠久而又富有活力的学科，它的建立就是社会文明的重要标志。物质存在着化学变化和物理变化两种变化形式，化学对我们认识和利用物质具有重要的作用。

在高中阶段，教师通过组织以化学实验为主的多种探究活动，使学生体验科学探究的过程，激发学生对化学的学习兴趣，强化科学研究过程，增强学生科学的探究意识，培养学生的创新精神和实践能力。本书主要介绍了高中化学实验教学方面的方法与教学案例，共分为八章，从提高学生科学素养与开展多种实验教学方法的角度出发，综合探讨了高中化学实验教学中可运用的多种教学方法，从而针对全面提高教师与学生在化学实验课中的效率提出建议。

因为编者的水平有限，加之时间较为仓促，书中难免会有观点上的不全面和内容上的瑕疵，敬请广大读者批评指正。

本书由多位作者共同完成，具体分工如下：

蒋红梅（贵州省遵义航天高级中学，负责 5 万字）；牛洪英（山东省惠民县第二中学，负责 4 万字）；张美画（陕西省杨陵区职业技术教育中心，负责 3 万字）；剩余部分由副主编、编委共同完成。

目　录

第一章　高中化学实验教学中科学素养的培养

第一节　科学素养的内涵与结构

科学素养是人的整体素质的重要组成部分，它是英文 Scientific and Technological Literacy 翻译而来的，其中，Literacy 的原意为读写能力。目前，科学素养还没有一个被所有科学家和教育工作者共同认可的定义，并且人们对科学素养的理解也在逐渐扩充。

一、科学素养的内涵

素养一词在我国的《辞海》中意为“经常修习涵养”，如艺术素养、文学素养等，其是一种获得过程，而非朝夕习得的。在英语中对素养一词的解释为：有学识、有教养、精通文学，与学者相关；能够阅读、能够书写、有文化，与大众有关。二者对素养的解释都持有动态发展的观点。

2006 年，由经济合作与发展组织（简称经合组织，其英文简称为 OECD）发起的国际学生评价项目（Programme for International Student Assessment，简称 PISA）分别选取 32 个不同国家的年龄为 15 岁的青少年作为研究对象，并针对学生的数学能力和科学素养能力进行测定。PISA 认为，具备科学素养是指应该能运用科学的知识来确定一些问题，根据问题提出假设，能参与到社会活动中并对活动做出合理的调节。这里所说的科学知识既包括已经被客观证明的结论和事实，又涵盖对科学知识的局限性认识。这里所涉及的“题”是通过探究能够找到依据和根源的待解决的问题。

那么，什么是科学素养呢？根据国际公众科学素养促进中心主任、美国芝加哥科学院副院长 John. D. Miller 教授的建议，大部分学者认为科学素养至少应包括三个方面的内容：

第一，认识和理解一定的科学术语和概念的能力。

第二，对科学研究的一般过程和方法有所了解，具备科学的思维习惯，在日常生活中能够判断某种说法在什么条件下才有成立的可能。

第三,全面、正确地理解科学技术对社会的广泛影响,能够对个人生活及社会生活中出现的科技问题做出合理的反应。

由于世界各国的经济、文化、教育体制、教育思想、社会制度、宗教信仰、社会传统和意识形态等的差异,所以科学素养的标准也不尽相同。同时,科学素养的内涵也随着时代的发展在变化。20 世纪 50 年代,科学素养注重“概念性知识”“科学的本性”“科学的伦理”。到 20 世纪 60 年代,科学素养注重“理解科学的主要概念与原理”“理解科学探究的过程”“理解科学与一般文化的相互作用”。到 20 世纪 80 年代中期,美国专家在著名的《2061 计划》中将科学素养分为:熟悉自然界;尊重自然界的统一性;懂得科学、数学和技术相互依赖的一些重要方法;了解科学的一些重大概念和原理;能够阅读、能够书写、有文化,并且与大众有关;有科学思维能力;认识到科学、数学和技术是人类共同的事业,认识它们的长处和局限性;处理个人和社会问题。同时,人们还应该能够运用科学知识和科学素养,这与科学教育改革紧密相关。1995 年 12 月 6 日,《美国国家科学教育标准》对科学素养也进行了解释,认为有科学素养就意味着一个人已有能力描述、解释或预言一些自然现象,能识别基本的科学问题,并且能提出有科学技术根据的见解来评估科学信息的可靠程度,了解和深谙进行个人决策、参与公民事务和文化事务、从事经济生产所需的利益等。

由此可见,科学素养也在随着社会的进步不断产生新的内涵,即十分注重“科学与社会”“科学与人文”“科学与技术”的范畴。随着时代的不断发展,虽然各国对科学素养的表述都各有侧重,但其核心因素是相同的,即对科学技术的理解,对科学、技术和社会三者关系的理解,对科学精神和态度的转变。

我国学者也对科学素养进行了深入的研究与探讨,一些专家学者将科学素养分为四个方面来进行论述:一是科学素质,思维理性,对客观世界进行认知和处理,并需要有求证的理智特征;二是艺术素质,思维感性,是人们对情感世界的认知和处理,要求人们在思想上具有激情;三是信仰素质,要求人拥有悟性,并友善处理人们自身的心灵与精神上的认知,还需要人们富有虔诚的心;四是人文素养,要求人们能够对人与人、人与社会的关系进行认知和处理。有一些专家将科学素养分为科学知识与技能、科学方法、科学能力、科学观和科学品质;有的专家把科学素养划分为知识结构、智力结构和非智力结构;有的则认为,科学素养教育的教与学的内容包括科学知识、科学方法、科学态度和伦常规范;更有一些学者认为不同时期科学素养有着不同的含义。19 世纪中后期到 20 世纪 50 年代,这一时期为“传统理科教育”阶段。在这一时期，科学素养的主要含义是掌握一定的先进的科学知识，主要特征是重视科学知识教学。从20世纪50年代开始一直到20世纪70年代中后期，这一时期为“理科教育现代化运动”阶段，科学素养的主要含义不仅是要掌握科学基础知识，还要掌握科学过程和科学方法。20世纪70年代末开始为“STS（Science Technology Society）教育”阶段，这一时期科学素养的主要含义是在掌握科学知识和科学方法的基础上形成科学价值观。

二、科学素养的结构

科学素养具有特定的文化性，不同的研究群体对科学素养的定义有不同的看法。对科学素养的界定主要是人们对“素养”和知识本质的不同理解，特别是对科学素养的绝对性和相对性的不同理解。依据国际科学教育界对科学素养的界定，结合我国教育和教学实际情况，笔者认为中学生的科学素养结构应包含科学知识、科学能力、科学探究的过程与方法、科学精神、科学品质和科学价值观六大要素。笔者在对学生进行科学素养教育的过程中发现，科学知识是发展学生科学素养的基础，科学教育的过程能逐渐培养和发展学生的科学能力，使学生掌握科学方法，还能培养学生良好的科学品质，同时也能促使学生逐步形成科学意识。

（一）科学知识

知识是人脑对客观规律的反映，是人类认识自然界、认识社会和人的精神产物，也是人类在经验基础上的系统概括。科学知识不同于其他知识，它是对自然界各种现象和过程本质的或规律性的反映，是用一系列概念和命题规范表达的，并且是经过实践检验或逻辑证明的系统知识。也就是说，科学知识是反映客观世界及其运动的概念和命题的体系，其具有客观真理性和逻辑系统性。

科学教育是从科学知识的教学开始的，学生必须掌握一定的科学知识，没有科学系统的知识，就谈不上具有任何的科学能力，通过科学知识的传授与积累来逐步渗透科学精神、科学态度和科学方法的培养。因此，从这一点上可以说，科学知识是组成科学素养和其他各因素的基础。所以，教师要让学生牢固地掌握化学的基本知识。

（二）科学能力

能力是保证人们顺利进行某种活动所必需的较稳定的心理特征。科学能力的内容比较广泛，如观察能力、思维能力、想象能力、实际操作、自学能力和创造能力等。科学能力是培养学生科学素养的核心，中学生科学能力的培养和发展是教学所能达到的一种目的，而教学仅是实现这一发展的手段。所以,学生科学能力的形成是在科学知识的教与学的过程中形成的。例如,教师对学生实验能力的培养可以具体分为三个方面:第一,按一定的认知目的安排观察或实验活动;第二,让学生独立地完成观察与实验;第三,使学生学会如何记录、分析和观察实验所得的资料及数据,从而推出正确的结论并进行报告。

(三)科学探究的过程与方法

科学方法是人们在科学研究中所遵循的途径和所运用的各种方式及手段的总称。任何一个科学结论的产生都必须通过实践的检验,也都必须采取科学的方法。我们知道,从事任何一项科学研究首先要有假设或假想,然后通过实验来获得验证,并且要求在相同条件下的实验必须可重复进行。这当然需要借助一整套相应的科学方法。这些科学方法可能看起来烦琐和生硬,但它必定是严谨且必要的,这也是科学精神的重要体现。只有按照科学方法设计的、在严格的科学检查和验证下进行的实验才具有科学意义。所以,中学生理解科学探究的过程和方法是科学素养中与科学精神、态度与价值观同样重要的基本要素。

一方面,科学方法是获取科学知识的手段,学生只有掌握了科学探究的过程和方法,才能更快地获得科学知识,也才能更好地理解科学规律,了解它们产生、发展的本质原因,并理解科学过程;另一方面,科学方法作为思维和行为的方式,蕴含着极大的价值,而学生一旦将科学方法内化为自己的思维和行为方式,其必将终身受益。

(四)科学精神

目前,科学精神的定义有很多,简单来说,科学精神应该是人类从长期的科学探索中概括衍生出来的关于人在处事行事中所具有的一种精神气质,也是一种对世界和人生深刻认识和理解的探索精神。科学知识强调的是确定性,而科学精神强调的却是不确定性。现代科学发展的特征之一是科学在不断发展,所以科学理论是在发展中前进和不断完善的。因此,科学精神就是怀疑的、批判的和创新的精神,其主要体现在客观求实、积极探索和质疑创新。

科学以客观事实为基础来探求事物的客观规律,求实是科学精神的基础。因此,求实精神应渗透到中学生的日常学习活动中,学生要以敏锐的目光,透过实践的表面而深入到事物的本质。创新是指凭借自己的智力去发现和掌握他人所尚未知道的知识,并能进行运用。对中学生而言,其重点是培养创造性思维的主动性和自觉性。

(五)科学品质

科学品质主要是指对科学的态度、兴趣、情感、动机等一些非智力因素。

这些品质既具有强化学习过程的作用，又对学生学习科学具有控制调节的反作用。科学态度主要表现在严肃认真、一丝不苟、尊重客观事实；能对问题持怀疑和批评的态度；能善于与人合作；能正确认识自己在群体中的地位。科学情感主要包括对科学的热爱，相信科学技术的力量，渴求科学知识；关心自然，对自然事物和所发生的现象具有好奇心，喜欢进行观察和探究；关心环境、各种资源的合理开发和利用，具有社会责任感和创新的欲望。科学情感在相当大程度上对学生努力学习科学知识起着重要作用，同时它也是他们将来走上社会为国家和人民贡献力量以及为人类造福的内驱力之一。

（六）科学价值观

科学价值观是指在科学实践活动中形成对科学本身、科学事物的基本看法和价值取向。培养学生正确的科学价值观不仅应让学生正确估价科学对社会的影响，还应让学生崇尚科学、反对迷信，并且要让学生懂得在即将到来的知识经济社会中，科学技术将在社会发展中起着很大的推动作用。此外，正确的科学价值观还应当认同科学理论的相对性，因此人类必须要进行不断地探索和奋斗。

三、相关概念的界定

世界各国都把提高学生的科学素养作为科学教育的宗旨。科学素养可以从社会视角和教育层面来看，它在教育领域中存在两个共同的特征。首先，科学教育要面向大众，而不是针对少数的精英教育，学生学习科学知识的目的是为以后的生存和发展做准备。其次，科学教育的内容不只包括学科知识，还应包含科学内容以外的文化和社会问题等内涵。因此，在教育层面上，人们需要厘清科学素养的内涵。

（一）“科学素养”含义的理解

科学素养由詹姆斯·布莱恩特·科南特于 1952 年在《科学中的普通教育》一书中提出，将科学素养作为普通教育的一方面。他从学校科学课程的角度来探讨这个概念，并且提倡大学及中等教育、普通教育中普及科学素养这一理念。他认为，真正的普通教育是对大多数青少年来说的，高中阶段的普通教育对本科阶段更为重要，在普通教育的内容上，普通教育不只是让学生掌握比较多的学科知识，单纯的学科知识没有把学生的个人情感经验和他作为群居生物的实践经验相结合，其主要目的是通过实施教育来使学生能够把知识和人类的文化经验相互结合在一起，把科学知识和人的价值判断相联系，学生对与错的判断不仅要体现在教学层面上，还要体现在伦理价值层面上。

1958年,美国斯坦福大学学者、科学教育家保罗·赫德在《科学素养:对美国学校的意义》中指出,科学素养体现在人们对科学本质的理解及科学技术对社会的作用。由此,科学素养的理念被真正引入基础教育中。美国科学教育标准明确规定,具备科学素养的人能够理解生产所需要的科学概念,掌握科学过程,能够进行个人决策、参与公民和文化事物。依赫德所言,对科学本质的理解是科学素养的重要内容。英国哲学家、教育家培根首先对科学的本质进行了论述。他认为,科学就是"推理+经验"。他还说:"没有经验,任何东西都不能被充分证实。这是因为获得认识有两种方法,即通过推理和通过经验。"当时的科学界认为科学知识是客观可验证的,一旦经过证实的事物就成为客观存在的、固定不变的,而且这些知识被认为具有权威性。因此,科学知识产生的过程也就被模式化,人的思维方式也随之固定化。正如美国科学史家、科学哲学家、历史主义科学观和建构主义的早期代表人物托马斯·库恩在《科学革命的结构》中所认为的,发现始于意识到反常,即始于认识到自然界总是以某种方法违反支配常规科学的范式所做的预测。现代科学哲学观认为,科学知识也是具有可错性的,不是一成不变的,科学的过程是不断寻找错误的过程,科学的本质是通过大胆的猜想和假设探寻事物的真理,是探究的过程。因此,对未知事物的探究、猜想和怀疑,是认识科学本质的一个重要条件。

1966年,美国威斯康星大学的教育学者米尔顿·佩拉搜集了1946年到1964年间有关研究科学素养的报刊及相关文章,并归纳出科学素养的内容是由科学与人类之间的关系、科学与技术之间的关系和差异、科学与社会的联系、了解基本的科学概念与科学本质的内涵,以及科学研究工作者所遵循的伦理原则等构成的。所以,佩拉在前人研究的基础上对科学素养所涉及的内容所进行的总结,为进一步对科学素养进行定性研究提供了依据。

1974年,美国俄亥俄州立大学的教育学者维克托·沙瓦尔特总结了20世纪50年代到20世纪70年代的文献,并对具有科学素养的人下了一个描述性的定义:第一,准确运用适当的科学原理、概念、定理探索宇宙世界;第二,理解科学本质的内在含义;第三,应用科学知识解决实际问题,提出解决问题的各种方法策略,并深入了解自然界;第四,科学教育要培养学生的整体宇宙观;第五,科学知识的作用应对人类社会有一定的价值;第六,要多角度思考科学、技术和社会的关系;第七,培养人们与科技有关的技能。

1983年,美国芝加哥科学院和国际科学素养促进中心主任米勒将科学素养概括为三个维度。第一,对科学原理、科学过程和方法的理解;第二,对典型科学概念和科学术语的理解;第三,科学、技术与社会对个人影响的认识。

（二）我国高中化学课程标准中的界定

我国《普通高中化学课程标准（实验）》中指出，从化学知识与技能、过程与方法、情感态度与价值观等三维目标来培养学生的科学素养。其中，知识与技能的要求：理解基本的化学概念原理，认识化学现象的本质，理解化学变化的基本规律，获得有关化学实验的基本技能，重视化学与其他学科之间的联系，并且能够综合运用有关的化学知识来解决实际的化学问题。过程与方法的要求：学习科学探究的基本方法，让学生经历探究的过程，并进一步理解科学探究的意义；还要具有较强的问题意识，并善于发现有价值的、可探究的化学问题；还要敢于质疑，善于与人合作交流，在学习中善于运用多种手段搜集和查阅资料，并对资料进行分类、比较等。情感态度与价值观的要求：能够发现学习化学的兴趣，体验科学探究过程中的喜悦与艰辛，能够关注有关化学的热点问题，并且具备将化学知识应用于生活与生产实践的意识，还能够对化学在生活和社会中起的作用做出正确的价值判断。

综上所述，从科学素养这个词的提出到不同学科将其作为科学教育目标来进行研究，在科学教育方面能够体现出它的含义。科学素养的形成是一个动态发展的过程，而非静态不变的。学生的科学素养是多维度构成的，与科学知识，科学方法，科学能力，科学探究过程，科学、技术和社会的关系，以及个人的情感和价值观有联系。所以，我们要对科学素养进行定性的研究，需要划定明确的范围，还要找出各学者之间研究的共性，然后再对其内涵进行界定。

（三）本书对科学素养的界定

笔者将科学素养界定为四个方面，主要从科学的知识与技能，科学探究过程与方法，科学态度及兴趣，以及科学、技术与社会之间的关系这四个维度来进行介绍。下面，笔者将分别对其进行简单介绍。

1. 科学的知识与技能

科学的知识与技能包括化学基本概念、原理及化学常识性知识，从而让学生能够用化学知识解释日常生活中的一些现象，理解日常化学现象的本质，还能够从物质变化的宏观现象联系到化学微观本质。

2. 科学探究过程与方法

科学探究过程与方法包括化学实验探究、合作和科学思维方式。知识是客观经验与自我构建的知识的综合。在基础化学实验过程中，我们能够了解简单实验方法的运用，并且在化学实验中能够运用学过的化学知识提出自己的实验方案，还能在进行化学实验时或在现实的生活中对某些现象提出自己的化学问题。

3. 科学态度及兴趣

科学态度及兴趣包括学生在化学实验中的态度和对化学热点问题的关注,学生具备获取化学信息的能力,具有参与社会的意识,以及学生面对化学实验问题及异常现象所表现出的态度,还包括学生在做化学实验时所表现出的合作和交流的意识。

4. 科学、技术与社会之间的关系

科学、技术及社会之间的关系包括学生了解化学在人类社会与自然生活中的作用,了解化学在社会发展中起到"双刃剑"的作用,形成辩证看待化学与人类社会发展的思维,并具有参与社会和解决社会问题的意识以及正确的价值观和社会责任感。

第二节　高中化学实验培养学生科学素养的价值审视

化学课程在教学中通过有目的的教学活动来促进学生主动获得经验。高中化学新课改立足于学生适应现代社会的生活和需要,将学生已有的经验和生活实际紧密联系起来,从而帮助学生了解化学同人类生活的密切关系。其强调学生体验科学探究的过程,让学生体会化学实验过程中的兴趣,并构建以"知识与技能""过程与方法"及"情感态度与价值观"相融合的体系。化学属于实践性比较强的学科,化学实验在高中化学教学中占有重要的地位。化学实验能让学生体验学习的过程,增强学生的观察能力,更重要的是让学生在观察实验现象中锻炼思维。在化学实验中,学生相互交流和合作,从而促进学生形成良好的协作能力。学生学习化学的目的是为了能够将其更好地运用到社会和生活中,而不仅仅只关注累积和存储了多少化学基本知识。正如苏霍姆林斯基所说:"我坚信,孩子们在学习上遇到困难的一个原因就是知识对他们来说往往成了滞销的货物,知识的积累似乎是'为了储存',而'不进入流通过程',从而使其得不到运用。"

一、对化学微观认识下学生理解科学本质的思考

化学概念、原理能够促进学生正确理解化学变化和能量转化规律,了解化学反应原理在生活及生产中的应用,会运用化学概念和反应原理对自然界中的化学现象进行合理地解释,从而提高学生探求化学知识的兴趣。在学习化学原理时,学生会感觉化学概念和原理比较抽象、难以理解,而且难以在化学现象与化学原理之间建立一种思维转化,其观察到的化学现象只停留在感性认识上。有人认为,化学概念、原理可以体现出思想性、解释性和预见性,是科学本质教学的主要内容。例如,以电解饱和食盐水溶液的实验为例,

图 1 -1 所示的就是电解饱和食盐水实验的装置和药品。

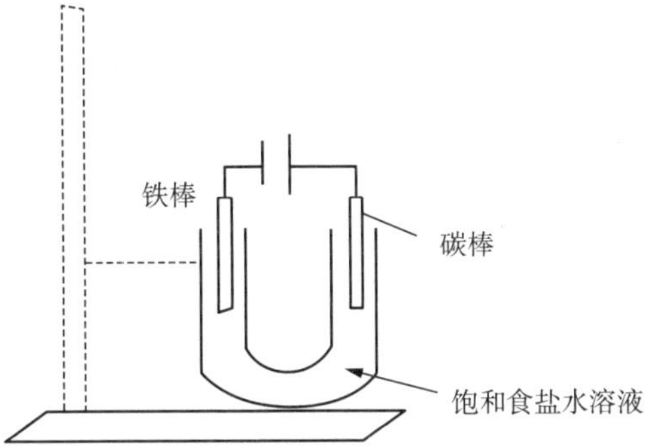

图 1－1　电解饱和食盐水实验

在“U”型管中加入一定浓度的食盐水，用碳棒作为电解池的阳极，用铁棒作电解池的阴极，然后向“U”型管的阴阳两极滴入几滴酚酞溶液，在接通电源后观察现象，从而让学生通过电解实验的宏观现象来加深对化学反应的微观认识。学生观察到化学现象，会通过感官在大脑中呈现出客观反映，而且这些现象通常伴随着发光、发热、气味或溶液的颜色变化。学生将观察到的现象联系到物质中的粒子构成和变化运动，然后将宏观的化学现象联系到粒子之间的微观运动，最后能够用化学符号同宏观与微观之间进行转换。有学者认为，化学基本原理的学习涉及学生对化学宏观现象、微观现象及符号表征之间的认识，即观察到的现象在头脑中反应所表现出的宏观表征；符号表征是指化学物质及反应机理由符号和图形的形式在头脑中的呈现。在上述的实验中，我们会明显观察到“U”型管中的两极附近会有气泡不断冒出，以碳棒为阳极的附近出现红色，用淀粉碘化钾试纸放在阴极附近发现试纸会变蓝，最后颜色褪去。以上这些现象属于感觉器官对所感知的现象在学生头脑中的反映，属于学生对外部现象的宏观表征。从观察到的颜色变化和气泡的生成等客观现象逐渐认识到伴随着物理现象的化学微粒之间的运动、电子的转移，然后通过物理现象分析物质的微观组成、判断电子的转移是理解化学基本原理的能力的体现。在学生学习电解食盐水之前，学生应该先了解电解池的组成，把电解池的主要构成原理认识清楚，如果学生不清楚电解池中的阳离子向阴极聚集，阴离子向阳极聚集，那么学生也就不会判断出氯离子向阳极移动生成氯气，氢离子向阴极移动形成氢气。当学生了解到电解原理和指示剂的变色原理时，学生在头脑中就会对现象进行归类，将食盐水这个名词转化成化学式的形式，把溶液中的各种离子进行划分（钠离子、氯离子、氢离子、氢氧根离子）。学生头脑中形成以宏观现象为基础的感性经验，然后通过已有的基本化学知识作为链接,从而将宏观现象和微观离子有机结合。学生在学习化学过程中,关键要理解化学微观粒子之间的变化规律,而且在化学中呈现的宏观现象是微观粒子变化的内在体现。从认识论角度来说,化学实验现象凸显感官刺激,微观变化体现化学变化的本质,从现象到本质的认识是学生学习化学的一种质的飞跃,这不仅能增强学生运用化学基本知识来分析问题的能力,还能拓展学生如何解决问题的思维。

二、对科学探究下科学精神的诉求

在高中化学课程中,新课标指出,“过程与方法”的目的在于培养学生的思维方式和解决问题的能力,其主要体现在化学实验探究的过程。美国学者彼得森认为,科学探究是运用逻辑推测、观察、实验和比较等方法来对事物之间的关系进行分析的一种调查研究活动。科学探究不仅能够培养学生严谨的探索知识的态度,打破传统的以教师为权威的固有观念,还能提高学生敢于怀疑并提出问题的能力,这也是培养学生创新思维的一种科学有效的方法。也有学者认为,注重学生的观察能力与思考能力的结合是化学新课程中增强科学探究能力的一项指标。

化学实验探究过程渗透着各种基本化学实验的方法,在探究实验活动中,实验观察能力不仅是靠学生的视觉和嗅觉去感知物质的变化,还要让学生自己亲自实践参与实验过程,观察实验的现象、图形、化学分子模型及生产生活中的化学现象,即先从事物的感性认识开始,再对感知到的各种现象进行分析、比较、分类、综合和推断,从而提高学生的观察品质。观察能力的获得需要学生在化学实验过程中反复进行尝试和体验。在实验过程中,每位学生都有自己的思维方式。对于同一个化学实验现象来说,不同的学生可能会有不同的思考角度,这就可以让学生在实验过程中相互交流、相互合作,学生经过反思后会更有针对性地进行观察,而这些都需要教师给予学生一定的探究空间。正如杜威所言:“一切知识或证实的可断言性都依赖于探究,而探究确实是和有问题的东西(和被怀疑的东西)联系的。”

传统的化学教学过于注重掌握化学基本概念和原理,忽视学生的过程体验和化学实验方法的运用,脱离学生的已有经验,教师讲授固定的知识,学生也就接受所谓权威的知识,而且学生对知识的确定性没有任何怀疑,在长期固定的学习环境下,学生的思维方式显得单一,机械地记忆化学性质、背化学方程式,当遇到有关化学问题时,其头脑中的化学知识与问题之间仍然是孤立的,所以新课改的理念就要求学生的学习方式从接受学习转向自主、合作和探究的学习,并在注重获得化学基本知识的同时,要让学生体验获取知识的过程与方法。当遇到实验问题时,学生可以在已有经验的基础上采取正确的实验方法，从而能够使问题进一步明确并得到有效解决。

在化学史上，法国化学家拉瓦锡通过采用分析与实验的方法发现了氧元素，从而推翻了由波义耳提出的“燃素说”。拉瓦锡通过做实验来验证当时的“燃素说”，他用曲颈瓶作为实验容器，将锡放入曲颈瓶中，先将容器密封，然后称取燃烧后物质的质量，最终发现燃烧前后物质的质量相同；当空气进入曲颈瓶时，发现燃烧的物质有变化，再次称取时发现质量比密闭时要重。拉瓦锡又用不同金属在同样条件下重复这个实验，实验结果与锡的燃烧结果相同。拉瓦锡通过燃烧实验证明出物质在燃烧时，空气中的一种成分与实验物质结合使质量增加，最终证明空气中支持燃烧的元素——“氧”，从而打破了波义耳所说的是一种“燃素”进入瓶子中的论断。在拉瓦锡实验过程中，他用定量实验和控制变量的方法科学地分析了物质燃烧前后质量的变化，并用不同的金属重复验证自己的假设和推断，从而得出正确的结论。从化学史上经典事例可以看出，掌握化学实验方法、大胆假设和推测实验所遇到的现象，以及小心进行验证都是解决问题的途径。因此，在化学教学中，教师要培养学生的怀疑精神和意志力，要促使学生乐于观察事物，并主动参与探究活动，还要提高学生的猜想和假设的能力。

三、对化学回归生活世界的审视

从现代社会发展的角度来分析，科学和技术的进步带给社会新的契机，这也要求人们的知识需要与现代社会相适应。对于教学来说，其主要是要求学生学习方式和思维方式的转变。传统的学习方式所带来的结果是学生学习到的知识在头脑中只是静态的存储，但不能解决现实问题，并且这些知识属于固化的知识，不是灵活的知识，不能够转化为学生的思想。所以，当学生处在特定的问题情境中时，只有将原有的知识内化成学生的思维，才会凭借原有经验作为认识问题的手段来有目的性地分析问题和解决问题。

有人认为，在教学过程中，教师应当教给学生有用的化学知识和能够为学生的生活服务的化学知识，然后利用生活化和社会化的情境来让学生在应用中学习。在我们的日常生活中，很多生活日用品与化学有关，一个人具备基本的化学科学素养，可以用化学思维的方式去分析日常生活中与化学知识有关的现象。例如，在厨房炒菜时，我们经常会用到料酒、食醋和其他调味料，我们把食醋和料酒混合加入高温加热的锅中，就会散发出一种香味。我们用化学思维去思考和分析，料酒中含有醇类（ROH），食醋的主要成分是醋酸（CH_3COOH），醇类与醋酸在满足一定的条件下会发生酯化反应（$ROH+CH_3COOH = CH_3COOR+H_2O$），酯类一般会带有香料的气味。学生通过自己在厨房做菜，就能把自己学习到的化学知识加以应用，并且能够解释生活中的常见问题,这也能增强学生对所学知识的实际应用能力。又如,在化学教学中,教师联系化学与学生的生活,对基本营养物质进行教学,其具体的教学片段如下所示。

教学片段:基本营养物质

师:我们人体所需的基本营养物质有哪些?

生:蛋白质、糖类、脂肪。

师:我们除了这三种主要的营养物质外,还需要哪些营养物质?

生:水、无机盐、维生素,还有一些微量元素。

师:当我们人体缺少某一种微量元素时,就会影响健康,会导致人体出现某种病症。同学们,你们能举出我们生活中的实例吗?

生:缺碘会导致甲状腺肿大,也就是我们常说的大脖子病;缺锌会使我们的头发变红。

师:除此之外,你们还知道缺少哪些元素会影响我们的健康呢?

生:铁元素。

师:由于我们人体缺少了某些微量元素,导致人体的免疫力下降,从而导致出现某些疾病。今天我就带大家学习糖类、脂肪和蛋白质的内容。

师:我们日常生活中都有什么糖?

生:红糖、白糖。

师:我们需要把糖进行简单的分类,在我们生活中输液时所用的是什么糖?

生:葡萄糖。

师:糖类可分为单糖、二糖和多糖。我们平时见过最多的是什么糖?

生:二糖。

师:糖类通常也会被称为碳水化合物,为什么会这样称呼呢?葡萄糖的分子式是什么呢?

生:$C_6H_{12}O_6$。

师:为什么我们可以把它称为碳水化合物呢?实际上我们可以把$C_6H_{12}O_6$写成碳和水的形式,即$C_6(H_2O)_6$。

我们从上面的教学片段中可以看到,化学与我们的生活息息相关,让学生感受到化学对于生活的重要性,不仅可以促进学生将化学知识运用到实际生活中,还可以让学生体会到生活世界与化学紧密联系。从现代的哲学研究来看,科学教育来源于生活世界,又超越于生活世界。正如,很多哲学家都提到科学和生活的关系,德国的思想家胡塞尔说:“科学世界向生活世界回归”。如果科学教育中缺少了生活价值的成分,就容易导致科学世界对生活世界的非人类化处理的情境，并且人们享受不到科学所带来的乐趣，人们无法在生活价值中进行反思，其生活也就会变得缺少意义。化学与学生的生活也是如此，化学的教学内容应该与学生的生活相互联系，让化学回归到学生的生活中去，在生活中体会化学带给他们的乐趣，并在现实的生活情境中发现与化学有关的问题，从而使学生认识到化学来源于生活世界，并且在实际生活中体现出它的价值。

四、对化学与技术、社会之间关系的价值审视

高中化学课程在培养学生掌握化学基本知识和技能的同时，从认识化学与技术、社会和环境的关系上来培养学生正确认识化学技术对社会产生的影响，进而让学生形成正确的科学价值观。正如联合国教科文组织国际教育发展委员会提道的："科学，在实质上是培养个性的各方面和满足个性的各种要求的决定因素。科学不是强加在个人身上的'片面知识'和理智工具的总和。"所以，我们要认识到化学教学在潜移默化中对学生的价值理性的渗透。科学和技术的革命使人们认识到科学教育的地位和作用。在科学与技术发展的同时，人们日益依赖的自然环境问题便成为社会关注的焦点，而环境教育已经成为公民科学素养教育的组成部分，这时就形成一种新的教育模式，即"科学-技术-社会-环境"课程。有学者认为，在化学课程中渗透 STSE (Science Technology Society Environment) 理念，使化学教学更加贴近生活、贴近社会、贴近社会科技发展的前沿，把自然学科和人文社会学科的知识交织在一起，有助于促进学生从多角度思考问题，培养学生的积极态度和社会公德心。因此，高中化学教学内容应突出学生的生活、贴近社会，提高学生的社会责任意识，并培养学生的价值理性。例如，在化学教学中可以用实际情境的案例让学生通过价值比较来认识化学与社会之间的关系。

五、对典型案例的分析

你决定赞成还是反对 R 地区的居民将通过投票来决定是否同意 A 公司在他们居住的附近建立氨产品化工厂。假如你是该地区的居民，你会怎么选择？你将会如何做出自己的决定？

你可以根据这些问题通过讨论和交流来考虑是否建立氨产品化工厂，从而来考虑建立化工厂给你和其他居民所带来的利益和风险。下面是你可能要考虑的因素。

积极方面：促进当地经济的发展，工厂会提供一定的工作岗位来解决当地居民的工作。因为该地区有了生产氨及氨产品的工厂，本地区的肥料运输成本将会降低。同时，该地区的氨工厂企业还能为当地财政增加税收。

消极方面：氨产品是在高温高压的条件下生产的，从事氨生产的工人会遭受到事故的威胁。氨成品也存在着化学危险，在常温常压下会挥发出刺激性气味的气体，在运输的过程中也会容易发生泄漏，会对人们的健康产生威胁。此外，在氨的生产过程中，可能会污染到当地水质，不仅不利于农作物的生长，还会影响居民的健康。

教师通过这个贴近生活的案例，让学生自己去思考化学与社会生活的问题，给学生一定的交流和讨论的空间，让学生感受到化学与人们生活的联系是紧密的，还可以让学生参与到化学与社会生活的问题中，从而让学生认识到化学在社会发展中的价值。

就人的价值理性而言，有人认为，价值理性体现在具体的社会情境中，其以现代科学技术、艺术、文学和道德等文化生活为载体。高中化学新课改倡导以人为本，以学生的全面发展为目标来培养学生思考问题的能力，并以辩证思维的方式对事物加以分析。有学者认为，在科学知识中包含着崇尚真理、严谨和自由探索等丰富的价值观，在竞争激烈的社会中，科学技术作为支撑国家竞争力的支柱，同时科学教育也要兼顾科学与人文精神相结合的培养目的。因此，在化学教育中培养学生具备科学与人文的精神也是必要的。

教师需要把生活中和社会中相关的化学素材与化学教学有机结合，让化学回归学生的生活，并将化学知识与学生个人经验相结合，从而凸显化学在个人的生活中所起到的作用和具有的较高社会价值。

第三节 高中化学实验教学中科学素养培养的功能

教学活动中的化学实验已经不仅仅是为了给学生提供感性认识的直观手段，更是为了充分激发学生的学习兴趣，从而让学生能够更好地掌握化学知识、实验技能和科学方法，最终成为培养学生科学能力、科学态度和科学观念的一种非常重要的途径和方法。由此可见，化学实验具有培养学生科学素质的功能。

一、获取知识的功能

在化学实验中，无论是探究性实验还是验证性实验，我们都能够让学生对所学的化学原理和化学事实有更深刻的理解和记忆。在初中阶段，化学实验的知识技能是化学教学的重要内容。因此，两种实验都具有获取和巩固知识的功能。例如，高中二年级的化学课程中有关氮的氧化物性质中，NO_2与水的反应是个难点。教师若巧设实验，将一瓶 NO 与一瓶空气混合，无色气体就会变成红棕色，在加水后红棕色消失，从而得到无色溶液，这时学生不难理解 NO 易在空气中氧化和 NO_2 能与水反应这两个性质，但 NO_2 与水的反应不是普通的化合反应，生成物中还有 NO，这是学习上的难点。教师这时再打开瓶盖，在瓶口附近又会出现红棕色，但颜色淡了，我们可以证明产物中不仅有硝酸，还有 NO，并且 NO 的量比以前减少。教师利用这组精心设计的组合系列实验和实验中鲜明的现象，可以帮助学生认识 NO_2 的性质。此时，教师可以顺势对学生进行恰当引导，让学生能够顺利突破化学知识的难点。在现代化学课堂教学中，利用实验让学生获取知识功能已被广大教师所接受。

二、训练方法的功能

观察方法可以通过观察化学仪器、装置、化学实验、化学性质及其变化来对学生进行训练。例如，从底部到顶部，从左到右整体观察实验装置。学生可以基于这种观察方法快速找到观察的中心部分，并进行重点观察。教师通过对比实验，可以让学生学会比较观察方法；通过对实验现象的理解分析、归纳总结和得出结论，可以训练学生思维方法；通过化学实验，可以训练学生如何进行观察。

从方法论的角度来看，化学实验方法本身是一个重要的方法，学生想要完成化学实验，就要从知识和操作上了解实验本身的要求；要了解并学会控制实验条件，就要消除一定的干扰因素，并尽量保证观察的准确性和全面性；在实验过程中，要随时将观察到的现象和测量的数据记录下来，并准备好处理一切可能出现的问题或偶发事件。在实验结束后，教师还要进行计算、处理数据、绘制图表、归纳概括得出结论，以及清洗和整理仪器等工作。在教师指导下选择和安装仪器、使用试剂、观察、操作、对照、分析和判断等，都是能使学生接受科学的训练方法。

三、养成品质的功能

科学态度是需要通过实践活动习得和养成的。高中化学教学中的实验，虽然不是为了创立新理论和发现新规律，但却要求实验者必须去认真对待。无论是对仪器的使用、装置的连接、药品的取用添加、操作方法和步骤，还是现象和数据的记录等，都必须严肃认真、一丝不苟、实事求是。特别是当实验由于仪器洗刷不净、药品用量不当、溶液浓度不准、操作不规范、实验条件控制不佳而导致实验失败或观察到的现象及数据与他人的实验结果或预期的理想结果有出入时，学生往往以书本知识为依据，以大多数的结果为标准来处理问题或修正实验结果。这正是教师对学生进行科学态度教育的时机，也是化学实验对科学态度培养功能的要求。

国内外教育界的统计结果表明，中学生因为喜欢做化学实验而喜爱学习化学的人数占被调查的70%以上。这是由于化学实验现象新奇、生动、鲜明,化学仪器、化学模型的外观美、造型美对学生具有很大的吸引力,很容易使学生的感官受到刺激而引起兴奋,从而激发学生浓厚的直接兴趣,但这种兴趣具有不稳定性。化学实验成功的喜悦,还可以激发学生的间接兴趣。学生根据所学的知识,通过亲手操作产生预期的实验现象,得出科学结论,达到实验预期的目的,或学生根据所学的知识,在教师的指导下独立设计出各种实验方案,成功地解决了某一个化学问题,从而产生成功的喜悦,激发出了间接兴趣。间接兴趣是一种较为稳定的兴趣,它可以激发学生更大的实验热情,并且可以成为学生进一步学习的强大动力。

四、培养观念的功能

高中化学教学要培养的观念主要是世界的物质性、物质运动的永恒性、对立统一观念、量变到质变的观念以及内因与外因的关系。这些观念可以在实验教学中通过学生观察化学现象、分析实验原理、设计实验方案和体验实验过程等加以渗透和形成。例如,在影响化学平衡因素的实验中,体现着内因与外因的关系。其中,可逆反应是内因,是变化的依据;影响因素是外因,只有通过可逆反应才能发生作用。氧化与还原、溶解与结晶、化合与分解的实验使学生真切地意识到世界上的一切事物都充满矛盾;向 $AL(OH)_3$中加入NaOH、$Fe(OH)_2$的氧化实验可以使学生亲自体验到任何事物的变化都是一个由量变到质变的过程。尽管分子、离子这些微粒大家都看不见、摸不着,但通过分子运动的实验和离子的检验,我们可证明它们是客观存在的。

五、发展能力的功能

思维能力和观察能力是相互渗透、相互促进且密不可分的两种能力。在观察实验时,其不仅调动了大脑的感受功能,还相应地触发了储存和记忆功能。如能对感受到的信息进行加工,就会触发判断区的思维功能,从而将感性认识上升到理性认识,才能从本质上认识客观事物。我们在观察的基础上进行思维模式,在思维的作用下观察。可见,实验具有培养观察能力与思维能力的功能。实验能力的培养主要依靠实验,而化学实验就是动手动脑的实践活动,是探究问题的过程,其在培养学生的创新能力方面有着独特的功能。

第四节　在高中化学实验教学中提高科学素养的途径

在化学教学中提高学生的科学素养,我们主要从教师的教学和相关教育部门对实验设施的投入两方面提出针对性的策略。首先,构建化学宏观与微观之间转化的机制;其次,加强化学实验教学来培养学生科学探究的能力;再次，教师要合理利用新教材，善于结合现实生活素材来开发教学资源；然后，在教学中渗透 STSE 教育来培养学生的科学和人文相结合的素养；最后，学校加强硬件设施，加强化学实验室建设和实验设备的配置。

一、加强化学实验教学

新的化学课程以提高学生的科学素养为宗旨，从“知识与技能”“过程与方法”“情感态度与价值观”三个维度来阐释新的化学课程目标，并倡导从学生和社会发展的需要出发来发挥学科优势，进而激发学生学习化学的兴趣、求知欲和创新意识，并引导学生主动积极、生动活泼地学习，从而使他们在学习化学基本知识和技能的过程中，了解科学探究的基本过程和方法，并在探究过程中增进情感体验，最终让学生养成正确的科学态度并形成正确的科学价值观。

化学是一门以实验为基础的学科，做好化学实验有利于帮助学生掌握科学知识，有利于培养学生创新思维能力，还有利于培育学生科学素养。因此，在新的化学课程理念指导下，加强实验教学就可以促进学生可持续发展和健康成长。

实验是化学学科赖以产生和发展的基础，是化学教学中落实素质教育和培养学生化学科学素养的重要渠道和主阵地。当前，有些化学教师对化学实验在教学中的作用缺乏足够的认识且普遍存在重理论轻实验、重结论轻过程的现象，这样不利于学生化学科学素养的提高。在中学化学实验教学中，教师要转变观念，并发挥实验的优势，还要捕捉契机，从而提高学生的化学科学素养。

（一）转变实验教学观念，培养学生掌握科学的研究方法

知识只有靠自己的思维得来才是属于自己的。因此，化学教学应该是化学活动的教学而不应是化学活动结果的教学，其更重要的不是结论而是认知的过程。

以实验为基础是化学教学最基本的特征之一。从实验现象到某一化学概念、规律的形成需要一个过程，在这个过程中，教师不仅要重视教给学生如何通过实验现象或结果的分析形成概念或规律，还要教给学生如何进一步深入理解概念或规律形成的思路和方法。传统的实验教学目的是“重结论”，而不是将实验作为“再发现”的过程，其可以视为知识的形成过程。因此，学生只是机械地接受知识，这不利于学生掌握科学的研究方法。所以，教师应转变观念，建立以实验教学为基础的化学教学观，并充分挖掘化学实验的教学潜能，从而为实施素质教育创造条件，并营造一个良好的化学实验教学环境。

(二)改革演示实验

目前,中学化学演示实验多为教师先演示,学生观察现象,然后归纳得出物质的性质、制法或定律,最后由学生通过实验进行验证。在实验中,学生往往只是简单机械地重复,没有积极地思维和创新,也没有探索的目标和方向,更有甚者根本不动手,只是旁观,他们照样能将实验报告册上的内容写得比亲自做过实验的学生还好。这种实验模式缺乏对学生独立思考能力、丰富想象力、独立动手实践能力、创新意识和创造能力的培养,也不利于学生科学素养的提高。因此,我们必须转变实验教学的观念,改变传统实验教学模式,培养学生掌握科学的研究方法。

例如,在金属钠与水反应的演示实验中,教师不但要教会学生对实验现象进行正确的观察和描述:钠浮在水面上,熔成小球,小球不停地在水面上转动,发出"嘶嘶"响声,有水雾及气体生成,使酚酞试液变红等,而且能得出结论:钠能与水反应产生氢气,同时生成 NaOH。更重要的是,教师还要启发学生思考,并用学生已有的知识以及联系钠的物理性质,对这一系列现象进行合理的解释和说明。这样做可以让学生养成独立思考和探索事物的习惯,从而让学生学会从实验中掌握知识的科学途径和方法。

(三)重视学生分组实验教学

当前,许多学校的分组实验是学生唯一能够自己动手接触化学实验的机会。然而就是在这么难得的机会面前,我们的教师和学生往往还会陷入误区。教师认为这不是新课,都是讲过的内容,所以不太注意研究这类课型的"教法"和"学法",而学生则大多被无目的的兴趣所驱使,只觉得动动手,很好玩。这便错过了训练能力和完善素质的大好时机。为了避免这种误区的形成,一方面应积极调整和改革演示实验的形式,另一方面还应努力探索学生分组实验的形式。

对于高一年级来说,熟练化学实验的基本操作是学生分组实验的任务之一,形成良好的观察品质、能够合理地解释实验并获得相应的实验结论就显得更为重要了。为了培养学生严谨治学的科学态度,把一些验证性的学生分组实验改为实验测试或实验考查的形式,而且在考查的标准中制订一些鼓励性的条目,如"能够观察到实验的异常现象""能够解释实验的异常现象""能够发现实验成功的某些具体措施""能够提出完成实验的其他实验方案"等,然后通过这样的测试与考查,让学生在巩固已有知识的基础上提高观察兴趣,优化观察品质,进而完善学生的学科素质。

在高二、高三年级,大部分学生分组实验已经以边讲边实验的方式完成,余下的要么是一些装置复杂、耗时较长的实验,要么便是实验习题。对于这些实验来说,教师可以要求学生以研究实验的方式来完成。研究的问题主要有:实验条件的确定及其原因、实验装置的选择及其依据、药品加入顺序和实验操作顺序对实验有无影响及其影响结果,以及对学生所验证的实验或对学生所设计的实验方案进行诊断,并分析其是否存在有失严谨以及可以改进的地方,等等。学生在形成了这种研究性的实验习惯后,就会在实验过程中自主地发现问题并最终解决问题,从而达到完善学科素质的教学目的。

总之,当教师的教育观念更新后,我们便可立足于素质教育的大教育观的高度,并在工作实践中积极、努力地营造完善学生科学素养的实验教学环境,进而使化学实验教学发挥更卓越的功效,使学生获得更有实效性的培养与训练。

二、化学实验教学提高学生科学素养的对策探讨

改进实验装置,恰当地对实验进行拓展和延伸,不仅可以让学生积极参与,还可以激励他们不断去粗取精、去伪存真、由表及里地探求知识,这也是培养学生创造性思维的有效途径。

(一)构建化学"宏观-微观"模型,促进学生的微观认识

化学反应中的微观现象对于高中生来说显得有些抽象,从宏观现象到化学微观认识需要学生抽象的思维。有学者认为,学生的思维方式容易受到已有经验的影响,而且这些经验可以在宏观现象中获得,这种思维影响到学生微观认识,从而造成学生概念性知识的认识和空间可视性想象能力缺乏,学生的思维不能从宏观现象转为微观现象。因此,教师要在教学过程中增加微观可视化策略,让学生体验化学实验宏观表征,合理运用图形、图像和模型建构运用微观可视化的模型。

1. 模拟化学微观模型,增强学生的直观思维

教师通过化学实验教学向学生展示出实验的现象,在化学宏观知识与微观知识之间建立一种实质性关联,宏观知识与微观知识缺少联系会导致学生头脑中仅停留在观察到的物理现象层面上,学生无法通过感觉器官来将感知的外部现象同微粒之间的变化及化学符号相互联系。教师应该有意识地将宏观实验现象与微观知识搭建"链接",从而让学生通过"链接"由宏观现象过渡到化学知识的微观再认识。在学习化学时,有些学生习惯去记忆和背诵化学方程式和化学概念,只是单纯地把化学符号和所代表的物质记忆下来,但没有理解化学概念和化学方程式所蕴含的微观知识和内涵。如果将学习化学概念等同于学习语言一样去重复操作,学生将不能理解符号及概念的意义和内涵,从而隔离了化学概念和学生认知的联系。在进行化学教学时,教师要加强实验的教学,并运用多媒体和计算机技术来建构微观模型,然后以图

像或者实体模型的形式向学生展示可视化的模型。例如,在学习晶体的章节时,教师可以用生活中常见的物质作为素材进行演示实验,最常见的晶体可以用我们日常生活中的食盐、糖,用幻灯片展示出食盐的晶体结构,以立体的图形播放在大屏幕上,并用动画形式演示 NaCl 晶体的结构,而学生通过放大的 NaCl 晶体认识到食盐晶体的微观结构,这样比教师在课堂上直接讲授的效果要好很多。

2. 联系“宏-微-符”,以理解化学微观本质

对学生而言,化学概念、原理在高中化学中属于抽象性、晦涩性的知识,在提升学生思维能力方面起一定作用。有人也说过,化学概念、原理因为有概括性、逻辑性、解释性、思想性和预见性的特征,在教学中一直被当作是科学本质教学的内容。所以,教师应该让学生从微观角度去认识物质变化的规律,使学生形成一定的迁移应用的能力。在高中化学的知识中,离子反应占有很重要的地位,它既是初中复分解反应的深化,又是学习元素化合物、选修模块中电解质溶液的基础。在化学教学中,化学实验是最直观的教学手段之一,所以教师设计化学实验不仅可以调动学生的兴趣和注意力,还能加深学生对化学现象的直观反应,而且学生在通过直观化学现象的感性思维联系化学微观本质时,还能构建自己的化学思维能力。

(二)加强化学实验教学,提高学生的探究能力

华东师范大学教授叶澜指出:学校教育的教学功能要向形成“学习、探究、创造、反思和发展”这样一个富有生成意义的育人功能转换。通过这样的教学,使学习逐渐成为学生的一种习惯的处世方式,成为学生的一种生存常态。如果教师把书本知识强加给学生,学生就会机械性地去死记硬背而没有理解知识的本质内涵,这不仅使学生失去了反思的能力,还让学生对教师讲授的知识深信不疑。这样,学生会认为从教师或者答案中获取的知识都是完美的,而学生的思维习惯也将会局限于课堂中和听信权威,从而不利于学生创造性思维的发展。

1. 开展探究性的实验教学,以增加学生的探究体验

教师应在化学教学中增加探究性活动,在化学实验活动中提高学生的探究能力,从而让学生亲自动手操作实验,并亲身经历化学实验过程。学生在参与的过程中将自己已有的化学知识运用于实践,可以亲身感受知识是如何运用的,在实验中可以凭借实验现象来验证所学化学知识,可以通过感官来感受到知识的运用,并逐渐从感知到想象,再由想象上升到深层次理解。所以,教师在设置探究实验时不仅要考虑学生的生活经验,还要选取生活中真实的事例创设问题情境,让学生真实体验到化学的重要性和实用性,从而让

学生养成细致观察和勤于思考的习惯。例如,在学习“二价铁离子的还原性”时,教师可以设置如下所示的情境。

二价铁离子还原性的探究情境

师:同学们在吃苹果时会把苹果皮削掉,你们发现苹果的颜色有什么变化吗?

生:会看到被削了皮的苹果变成浅黄色。

师:同学们知道苹果变色的原因吗?如果我们从商店买一瓶鲜苹果汁打开瓶盖,放置一段时间会出现颜色变化吗?如果苹果汁颜色有变化,那是什么原因呢?接下来,老师就带领大家来探究二价铁离子的还原性和二价铁离子转化成三价铁离子的条件。

教师从生活的现象出发来创设问题情境,不仅让学生体会到化学与生活之间的联系,还能感受到化学在生活中的重要性,从而帮助学生运用化学知识解决生活中的问题。

2. 创设家庭式化学小实验,增强学生收集信息的能力

针对学校中化学实验教学资源的短缺和学生参与化学实验时间的不足,学校可以鼓励教师倡导家庭小实验的策略。家庭化学小实验不但能够让学生在家中采用常见的生活材料作为实验药品进行实验,而且学生可以将所学化学知识与生活中常见的化学现象结合起来,亲自动手进行小实验。这样既可以让学生感受化学知识同自己实际生活之间的联系,又可以培养学生独立探索的精神和创造、探究能力。同时,化学知识在生活中的应用加深了学生对化学知识的理解,进一步激发学生的学习兴趣。下面,笔者以科学探究实验“原电池”为例来进行说明。

家庭实验——“原电池”

实验用品:电极材料——学生可能用到碳棒、Mg、Zn、Fe。其中,碳棒可以是用过的电池中的碳棒,Mg和Zn不常见,可以让学生把废旧电路板上的Zn取下,在这个过程中就体现了学生之间的协作分工和合作交流。

电解质材料:电解质大多都是属于能够导电的溶液,在家庭中我们可以让学生用橘子、食醋、食盐水来代替,而这些材料都属于很常见的水果和厨房中常用的材料。

其他实验器材:小灯泡或者二极管、电流计。

实验过程:学生可以用苹果、橘子、猕猴桃作为电源的电极,分别用不同水果作为电极,然后通过小灯泡的亮度来判断电流的强度,从而推断出哪种水果的酸度更强。

实验材料的收集不仅可以促使学生自己动手体验,还可以培养学生搜集信息的能力。通过家庭小实验,教师让学生感受到化学知识与生活紧密联系,也能够激发学生的兴趣。此外,学生亲自动手进行实验,在实验过程中,几位学生可以结合成小组的形式操作实验,这样可以培养学生的合作和交流的能力。学生根据实验条件查找相关课外资料,在这个搜集化学信息的过程中,他们就可以运用网络、课外资料和科普书籍等不同的信息来源,从中获取与日常生活息息相关的化学知识。因此,家庭化学小实验既是学生接触日常生活化学知识的有效途径,又可以培养学生在课堂以外获取化学信息的能力。

3. 巧用实验"异常"现象,增强学生的化学问题意识

教师在指导学生化学实验时,要有意识地通过改变实验条件、调整操作顺序、增加或者减少试剂的用量来巧妙设计实验"异常",以引发学生的认知冲突,激发学生的兴趣。我们可以把这种异常现象看作是教学情境,在特定情境下产生异常的实验现象打破了学生固有的思维方式,改变了原有预期的实验结果,并且在实验结果不确定的前提下,让学生联系所学知识与实验出现的非预期现象产生认知冲突,从而调动了学生发现问题的主动性。学生参与化学实验是开放性的体验过程,教师要想充分发挥学生的创新思维,就需要学生在亲身实践的问题中主动思考和探究。教师在实验教学中充当引导者和促进者的角色,其还可以把化学实验中的"意外"现象经过情境预设来转化成有待探究的问题。在科学史上,也有研究者受到实验的"异常"现象的启发,最终使自己的研究得到进展。

青霉素的发现

英国著名的细菌学家、生物学家佛莱明在培养葡萄球菌进行实验的过程中,经过观察,他从培养葡萄球菌的容器中看到了绿霉。如果根据一般实验的经验,我们会认为这个实验是不成功的。但是,佛莱明没有立即把容器中的试剂倒掉,而是对器皿中的异常现象产生疑惑,并发现在绿霉周围也没有其他的杂菌生长,这就说明金黄色葡萄球菌消失了。佛莱明对这种异常现象产生疑问,金黄色葡萄球菌是否是被新生长的绿霉杀死?为了验证提出的这个设想正确与否,他反复进行了实验研究,于 1929 年得出重要结论,并在 1945 年获得诺贝尔奖。

这个案例可以让学生和教师从中得到启示。就青霉素的发现这一科学史实来说,弗莱明开始的预期实验目标是培养葡萄球菌,然而其实验结果却出乎意料,容器中培养出来了其他杂菌,但这时弗莱明还不知道杂菌的性质,按照常规的结论来说,这次实验培养是不成功的。如果他当时把容器中的菌落扔掉,就不会对这种"异常"现象产生怀疑,正是他的这种怀疑精神使他开

始探究引起这种现象的原因。由此我们可以认为,异于常规的现象或者在实验中的一些错误更容易引起对事物的关注和探索。正如英国科学哲学家卡尔·波普尔所认为的,科学是一个不断猜想和假设并从中发现错误的过程,在发现错误后提出新的假设,循环往复地前进。他还强调我们是人,人是会犯错误的,因此错误是能够加以改正的。所以,在做化学实验中,失误是在所难免的。在化学教学过程中,学生的思维能力和动手能力有限,学生会遇到实验仪器操作问题或利用化学基本原理完成实验步骤等运用能力上的问题。例如,学生对化学实验仪器的熟悉程度不够,不能正确选用化学实验仪器,不能够把化学反应原理正确运用到实际操作中,不能灵活地将化学理论知识与化学实验操作相结合。这时,教师应该让学生亲自参与到实验中,还要鼓励学生在错误中尝试,然后由错误发现自身存在的问题。

(三)合理利用教学资源,挖掘内在知识

高中化学新教材采用的是人教版配套的必修模块和选修模块。与旧教材相比,新教材在结构和内容上都发生了很大的变化,从而导致有些新手教师难以把握新教材的重难点,并且不能灵活地挖掘隐含在教材中的一些知识。有人认为,对于新教材来说,教师只关注教材中基础知识的内容,忽略了教材中的拓展性栏目,如科学史话、资料卡片、科学视野等栏目没有被教师有效地利用,这样就会造成一种教学资源的浪费。因此,教师需要对新教材中的隐含性知识进行深入研究,需要对教材的各个栏目体现的主题进行归纳和总结。教师在利用科学史话中的故事讲述科学家是如何进行实验的过程中,还要把科学精神和科学态度渗透到教学中。

1. 加强化学史的教学,培养学生的科学态度

在进行苯的教学时,科学史话栏目中设置了苯的发现和苯分子结构学说,教材以化学故事的形式讲述苯的发现的历史过程,这就需要教师对教材中的知识进行深入钻研。

科学史话——苯的发现

德国化学家凯库勒是一位很有想象力的学者,他曾提出碳四价和碳原子之间可以连接成链这一重要理论假说。对于苯的组成结构,他通过实验事实加以分析之后认为苯是一个稳定的“核”,六个碳原子之间的联结非常稳固,而且排列十分紧凑,它可以与其他碳原子相连形成芳香族化合物。于是,凯库勒集中精力研究这六个碳原子的“核”,其提出了多种开链式结构而又因其实验结果不符被一一否定。1865 年,他终于悟出闭合链的形式是解决苯分子结构的关键,他以“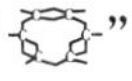”的结构形式表示苯的组成。1866 年,他又提出苯分子是一个由六个碳原子以单、双键相互交替结合而成的环状链,用“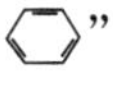”的形

式表示,后来简化成现在所说的凯库勒式,即“”,并且一直沿用至今。

关于凯库勒悟出苯分子的环状结构的经过一直是化学史上的一个趣闻。据他所说,这来自一个梦。那是他还在比利时的根特大学任教,在一个晚上,他在书房中睡着了,眼前出现了旋转的碳原子。碳原子的长链像蛇一样盘绕卷曲,仿佛看见一条蛇咬住自己的尾巴来回旋转。这时他猛然醒来,接着整理苯环结构的假说,又忙了一夜。对此,凯库勒说:“我们应该会做梦!……那么,我们就会发现真理……但不要在清醒的整理检验之前,就宣布我们的梦。”

教师应该指出的是,凯库勒能够从梦中得到启发,并且成功地提出重要的结构学说,这并不是偶然,这是由于他善于独立思考,平时总是思考有关原子、分子和结构等问题,这才会梦其所思;更重要的是,他善于捕捉直觉形象,并以事实为依据,以严肃的科学态度进行多方面的分析和探讨,这才使他的研究得以突破。

从教材中“苯的发现”这一科学史话栏目来看,科学史实以生动形象的历史故事呈现给学生。首先,学生可以通过阅读了解苯是如何被发现的,同时激发学生对苯及与苯有关知识的学习兴趣。其次,教师要运用这个科学史实案例进行内涵的剖析,以苯的结构形式的演进为主题,对于苯结构的确定,凯库勒做了大量实验,先确定了苯具有六个“核”的稳定结构,并在 1865 年先以闭合链的结构形式代表苯的结构,然后再经过多次实验,于 1866 年提出以六个碳原子为框架的单、双键交替构成的环状链。由此可知,科学知识不是固定不变的,知识本身并不完美,知识是随着特定环境和情境而变化的。知识在不断地更新,科学知识不是客观存在的事物,而是人们主观建构的、相对的、暂时的最佳合理性。正如建构主义所认为的,科学知识的获取是科学家依据原有知识、经验和背景建构的过程。苯的结构学说的建立是凯库勒在实验、已有知识和特定背景下建构出来的。通过苯结构发现的学习不仅可以让学生知道科学知识产生的过程,还可以让学生之间通过讨论和交流进行反思,以增强学生对科学本质的认识。因此,教材中的化学史内容在很大程度上影响着学生的学习态度,而教师在教学过程中合理使用新教材的内容就会对学生学习方式的转变起到很大的作用。

2. 开展化学问题讨论,培养学生的合作意识

对联系社会及生活的化学热点问题而言,教师可以组织学生进行小组讨论活动。以化学实际问题为导向,让小组之间协作交流和讨论,这样也可以增强学生互相协作和交流的能力。

例如,我们可以开展一个有关当地水质污染检验的讨论活动,并采取角

色扮演的方式来让学生成为活动参与的主体，而且活动的过程主要在学生和学生之间进行。每位学生充当不同的角色，如环保局局长、化工厂主管等，并假设化工厂主管打算在喀什市吐曼河附近建立一个化工厂。化工厂主管认为，在当地建立化工企业可以发展当地的经济，这时环保局局长需要思考采取哪些措施来应对。在这个活动过程中，学生之间会就生活中的问题进行讨论，每位学生发表自己的看法，采用角色扮演的方式可使学生从他人的角度思考问题，从而启发学生对个人利益和社会责任的思考。

针对一些学生在做化学实验时不喜欢与同学合作的现状，笔者建议教师要多组织学生开展实际化学问题讨论的活动。教师要选取学生身边的有关化学的日常生活问题来作为学生讨论的主题。

（四）渗透 STSE 教育理念，提升学生的综合素养

化学教材中的 STSE 内容很丰富，其中涉及生活、生产、化工能源、饮食、环境、生态和健康等。这些 STSE 教育内容都体现了社会发展的时代性，涵盖了新的科学技术和科技在生产、生活中的应用，并从价值观角度阐述了科学、技术与社会的关系。教师在教学中进行 STSE 教育的策略要突出三个方面。

1. 联系生活中的化学，培养学生学以致用的能力

二氧化硫的性质

材料 1："空中死神——酸雨"

酸雨，一般是指 pH 值小于 5.6 的降水，pH 值为 5.6 是蒸馏水与空气中的二氧化碳（浓度一般为 316g/t）达到溶解平衡时的酸度。酸雨对土壤、建筑物和植物等腐蚀性很大，因此酸雨有"空中死神"的称号。在我国的广东、广西、四川盆地及贵州大部分地区容易形成酸雨区。

材料 2：脱硫技术

在工业生产中，为避免含硫化合物对空气的污染，脱硫技术在含硫工业中起到了环保作用。第一种脱硫工艺属于钙基固硫，即在含硫的反应物中加入生石灰，这样矿物质中的硫元素可以被吸收，还可以用石灰浆液放置在反应装置的烟道口处来吸收含硫的烟气，从而起到脱硫的效果。第二种脱硫是通过加入催化剂（铝矾土）来使烟道中的二氧化硫与一氧化碳发生反应，同时我们可以回收一定的硫黄。

材料 3：生活中的含硫食品

在我们的日常生活中，二氧化硫在食品中得到了广泛的应用，可以使食品外观变得美观，如有些果干、银耳等都经过了硫的熏制。有些不法分子采用传统的硫黄熏蒸工艺来改变银耳的颜色，这样就导致了人们食用的银耳中含有危害身体健康的二氧化硫。

在学习二氧化硫的性质时,我们要联系学生的现实生活情境,从学生的生活中选取教学材料。材料1中的案例可以让学生认识酸雨的形成原因和危害,在教学过程中,教师最好采用幻灯片和视频播放的形式来把酸雨腐蚀建筑、破坏植被和土壤等危害形象地展现给学生。这样将化学知识与现实生活有机结合,就可以让学生感受到化学与自己周围世界联系紧密。然后,教师再结合材料2中的脱硫技术向学生介绍除去尾气二氧化硫的化学方法,从而在教学中突出了化学在生活及生产中的实用性,并让学生认识到化学可以为生活及生产服务。材料3用学生熟知的果干、银耳等作为教学题材,这样学生就不会感到陌生,这是因为日常生活中的食品既能给学生亲切感,又能增加学生的学习兴趣。在教学后,学生也会清楚地认识到用硫去处理银耳,其颜色就会变得比以前白。通过这个与化学有关的生活现象,不但使学生学习到二氧化硫具有漂白性,而且在实际的生活情境中学习化学知识,也能够加强学生对化学知识的运用能力。

2. 实施STSE理念教学,丰富学生的人文素养

有人认为,让学生形成正确的科学价值观,培养学生正确认识化学技术对社会所产生的影响,就要通过认识化学、技术、社会与环境(STSE)之间的关系,并在实际情境中运用所学化学知识来解决遇到的与化学有关的问题。因此,在化学教学中不仅要培养学生正确的价值取向,还要让学生思考与社会有关的问题。教师应该善于创设相关化学问题情境,并引导学生去积极讨论和交流,例如环境恶化、粮食短缺、水资源污染等问题。学生可以通过合作与交流的形式来表达各自的看法,学生与学生之间相互评价,教师和学生之间相互评价,再通过教师的正确引导,让学生形成正确的科学价值观。

3. 利用地方区域特色,开发与生活有关的教学素材

开发当地的化学教学资源,不仅可以为教师增添多种教学素材,还能把当地教学资源同培养学生的人文素养相结合,通过化学教学将人文与科学有机融合,从而促进学生的人文精神的发展。校本课程的开发不仅为教师提供了展示专业能力的平台,还可以提高教师对教学资源的有效利用。

培养学生的科学素养是化学教育的宗旨,我们要为提高学生的科学素养提出相应的对策。下面,笔者分别从教师的教学层面和教育部门的管理层面来进行阐述。

从教师的教学层面来讲,在有关化学原理基本知识的教学中,化学原理知识具有抽象难理解的特点,构建宏观现象和微观粒子之间的可视化模型,既增加了视觉上的感性认识,又搭建了感性认识与理性认识之间的桥梁。对科学本质的理解是科学素养的前提,科学是不断寻找错误的过程,其实质就

是对事物进行探究。所以,教师要加强学生化学实验探究的能力,就要在实际的教学中让学生多参与实验,多去体验实验的过程,还要鼓励学生进行家庭化学实验,从而让实验贴近学生的现实生活。此外,教师巧妙地运用化学"异常"现象来培养学生的问题意识和创造性思维意识。这样做可以培养学生认识化学、技术、社会与环境之间的关系的能力。教师在教学中渗透 STSE 教育理念,联系生活中的化学科学,结合高中化学课程内容,使学生的科学精神、科学态度在学习中和今后的生活中有所提升;教师还可以通过 STSE 教育让化学教育回归生活,从而培养学生学以致用的能力,并用有关化学的社会热点问题作为情境教学的素材,以培养学生关心社会的意识和培养学生科学与人文的素养。

从教育部门的管理层面来讲,学校需要加大化学实验室和实验设备的投资,要从硬件上保证每位学生能够走进化学实验室,还要引进国外化学实验教学中的前沿的数字化实验,并尽量多地投入现代化实验仪器。另外,教育部门要促进学校与学校之间的合作,从而实现实验教学资源的共享。

三、改革实验教学模式

教学模式既是教学基础理论的具体化,又是教学经验的概括。教学模式与教学基础理论相比,具有更强的可操作性,所以它也是教学基础理论和教学实践的中介。当前,在我国的化学实验教学中主要有验证性实验的教学模式与探究性实验的教学模式。根据新课程的特点和新的教育理念,验证性实验的教学模式逐渐转变为探究性实验的教学模式。二者各有优点,我们在教学中应尽可能选择合适的教学模式。

(一)改进验证性实验教学模式

我国传统的中学化学实验有两大特点,其一是实验教学形式是以演示实验为主,其二是实验教学模式是以验证性教学为主。验证性实验的教学模式是按"问题—原理—结论—实验证明"的程序教学的。这种模式简明、清晰,有利于学生对相关结论的认可、理解和记忆,也有利于教师对整个教学过程的控制,其教学步骤的设计和实施可以做到丝毫不差。教师可以充分把握教学的时间和进程。例如,在讲到某些元素、化合物性质时,教师首先要给出这些单质和化合物的物理性质和化学性质,然后再做一个或几个演示实验给予验证。从培养学生综合能力的角度看,长期和单一地选用这种模式实施实验教学显然是不妥当的。

为了改变这种单一的教学模式,教师在教学中可以进行两个方面的尝试。

第一,教师可根据实际情况来调整知识教学和实验教学的先后顺序。教学的顺序一般是先讲授后做化学实验。为了提高教学效果,教师可以调整为学生先做实验后讲授。例如,在讲“元素性质和结构的关系”这一节时,教师可以先组织学生做同周期、同主族元素性质的递变实验,而课本上的演示则放在组织学生讨论实验结果进行推理时作补充和校正使用。因为学生事先对递变规律没有印象,只有通过自己得到的结论进行讨论分析、推理得出,所以学生操作认真,观察细致,思维活跃,这样做能更好地培养学生能力。

第二,对实验的内容进行局部的变动有时也能达到较好的效果。例如,在验证卤化银的性质实验中,向氯化钠、溴化钠、碘化钾三种溶液中各加入3滴硝酸银溶液,再分别加入少量稀硝酸,观察现象。这是个被动型的实验。在准备实验时,教师可以把它做形式上的变换,原来的氯化钠、溴化钠、碘化钾再加上碳酸钠四种溶液都未贴标签,只贴上A、B、C、D符号,要求学生通过实验找出这四种溶液分别是哪一种。这样做可使被动型实验变为主动型、探索型实验。此外,学生通过实验不仅巩固了自己对氯化银、溴化银和碘化银的性质的认识,还学会了物质的检验方法,锻炼了自己的实验能力和观察能力。

(二)开展探究性实验教学模式

探究性实验的教学模式通常按“实验—问题—讨论—结论”或“问题—讨论—实验—结论”的程序进行教学。我们仍以元素、化合物性质实验为例,首先做实验,其次从实验给出的种种现象中寻找出一些关键性问题,再次以问题的探究方式展开讨论,最后由师生共同给出有关的结论;或者,教师先提出问题,然后带着问题来引导和组织学生探讨,进而根据在探讨中产生的一些问题设计出实验,最后通过实验给出最客观的答案。无疑,采用探究性实验教学模式,更能促使学生学习如何自主地发现问题、如何设计实验、如何观察实验以及如何用学过的知识来解决问题或发现新的规律等,同时也更能激发学生学习的动机,所以把验证性实验变为探究性实验,对发展学生多种能力的培养具有重要的意义。

1. 探究性实验教学的理论依据与指导思想

探究性实验来自“探究性学习”,后者是在20世纪80年代美国掀起的教育现代化运动中由施瓦布倡导提出来的。他认为,学生学习的过程与科学家的研究过程在本质上是一致的。探究性实验有利于激发学生的学习兴趣,有利于训练学生动手操作的能力,有利于学生个性的发展,有利于激励学生探索创新和促进知识迁移,而且能引起广大化学教育工作者的关注。它的理论依据和指导思想主要有皮亚杰的教学思想和布鲁纳的教学思想。

(1)皮亚杰的教学思想

当代瑞士心理学家皮亚杰,通过研究学生的认识发展,创立了发生认识的理论体系,并提出“知识源于行动”和“认识发生于主、客体之间的相互作用”的观点。他提出，教育应大力发展学生的主动性，而且学生的学习必须是一个主动的过程，其强调教师应当注意“自我发现法”的教学。皮亚杰认为，学生自我发现的东西，才能积极地被同化。此外，他还强调“活动教学”，并认为让儿童在活动中学习是儿童教育的最高原则。只有儿童自己自发和具体地参与了各种活动，才能得以获得真实的知识。

(2)布鲁纳的教学思想

美国哈佛大学教授、心理学家布鲁纳认为，发现包括用自己的头脑亲自获得知识的一切形式。他主张在教学过程中，学生在教师的指导下，围绕一定的问题，依据教师与教材提供的材料，通过积极的思维活动亲自探索和主动研究，并让学生亲自把事物整理就绪，从而使自己成为“发现者”。此外，他还要求教师要培养学生的直觉思维，强调学生要大胆猜测，还要用直觉思维去感知问题情境，从而“顿悟”，最终解决难题。

2. 探究性实验教学的功能

探究性实验教学的中心是探究，它要求学生在相互合作的前提下进行探究性实验设计。探究性实验的设计对发展学生的科学探究能力和提高他们的科学素养具有重要意义。第一，它可以激发学生的化学学习兴趣。学生根据自己所学的化学知识，独立地或在教师启发下设计出各种实验方案，并成功地解决化学实验问题，从而获得成功后的喜悦，这可以激发其自身更大的学习热情，并进一步成为其学习化学的强大动力。第二，设计化学实验方案需要学生灵活地和创造性地运用所学的化学基础知识和化学实验基本技能，进一步发展他们解决化学实验问题的能力和创造能力。第三，进行化学实验设计还需要学生掌握各种科学方法(如实验、测定、实验条件的控制、假说等)，需要学生具有严肃认真、一丝不苟和敢于创新的精神，这有利于学生认识和掌握科学过程与科学方法，最终让学生形成正确的化学实验情感态度与价值观。那么，探究性实验设计在哪些方面能促进学生科学素养的形成呢？笔者认为，其具体表现在六个方面。

(1)有利于培养学生发现问题的能力

伟大的科学家爱因斯坦曾说：“提出一个问题往往比解决一个问题更重要。”探究是从提出问题开始的，而“问题”把学生带入探索未知的境地。所以，提高学生化学探究性实验设计能力的目的之一就是激励学生用敏锐的眼光观察周围的世界，发现未知的、自己感兴趣的、与化学有关的问题，从而激起学生的探索欲望，最终增强学生提出问题的意识和提高学生发现问题的能力，而这也是现代人观察纷繁复杂的自然现象和适应社会所必须具备的能力。

(2)有利于培养学生获取信息和处理信息的能力

由于研究的问题具有很强的综合性与开放性,寻找和收集与课题相关的各种信息和资料便成为一项重要而艰巨的任务。为了查找有价值的资料,学生必须了解和利用所有可能的信息渠道,如报纸、杂志、教科书、工具书、影视、互联网等,在必要时还需要进行实地观察和访谈。在对自然科学题目的探究中,学生必须会使用一些相关的仪器、设备来获得所需要的实验数据。许多研究结果表明,学生通过参加探究活动,其获取信息和处理信息的能力有很大提高。

(3)有利于培养学生的语言表达能力和书面表达能力

探究为学生锻炼语言表达能力和书面表达能力创设了非常有利的客观环境。首先,在探究过程中,学生之间要针对随时出现的问题展开讨论,甚至是辩论,进而相互交流想法和意见。这就要求每位学生必须把握住问题的要害,梳理发言的论据,而且要清楚、明白、系统地阐述自己的观点。然后,在总结研究成果的时候,学生要用规范和科学的书面语言,把探究的过程和结果表述出来,以达到汇报或交流的目的。学生在这方面受到的锻炼远大于传统教学所能达到的效果。最后,对于探究的过程和结果,教师要求学生能用评议、文字、图表和模型等方式来进行表述,并书写出探究报告。就整个过程而言,其往往需要与他人合作、交流或参考他人的建议,这也就要求学生一方面要敢于依据已有科学知识与客观事实提出自己的见解,另一方面要能够倾听和尊重他人提出的不同观点和评议,交换和分析不同的意见,能够根据科学事实修正自己的观点,进一步养成善于与人交流、分享与协作的习惯。这样,学生的语言表达能力和书面表达能力自然而然地也会得到提高。

(4)有利于培养学生科学探究的精神

探究是一个严谨、系统的过程,其要求学生具有踏实、认真的态度,还要用科学研究的思维方式与方法来审视和处理问题。同时,探究活动本身对学生的毅力和勇气也给予了实际的考验。在探究过程中,学生会遇到很多预想不到的问题和困难,有时还会遭受一些挫折和失败。经过这样的锻炼后,学生会对科学研究的过程产生更加深刻的感受和认识,从而培养学生一种不畏艰难、勇于进取的科学探索精神。

(5)有利于学生掌握反思与评价的方式、方法

反思的意义在于用理性的眼光肯定成绩,并为下一次实验积累经验;找出上一次实验的不足,为下一次实验吸取教训,以避免类似失误出现。评价的意义在于强化和导向,是对于实验过程中出现的正与误、完善与缺陷进行

的评估，还能起到再认识的作用。如果失败，教师应实事求是地和学生一起找出失败的原因，并为重做这个实验做好充分的准备，这样就能提高学生的学习质量。此外，反思和评价都需要以正确的实验教学方法为参照，这样才能把实验引向“柳暗花明”的境界。

(6)帮助学生完成对科学探究的亲身体验

做探究性实验是一种能动的过程，其强调的是学生亲自动手做而不是别人做给他看。整个实验过程是师生互动和全员再学习的过程。在实验过程中，学生可能因实验结果不同而各执一端，此时教师要善于引导，并点评实验结果，以巩固实验成果。我们不能要求千篇一律，要允许存在疑虑；见解可以不同，但要能自圆其说，并以此来激起学生继续探究的兴趣。

在亲历探究的过程后，学生经历挫折与失败、成功与兴奋，这其中的许多感受和体验是他们理解科学的本质、理解科学精神的意义与价值的基础。即使有学生的探究走了弯路，遭到挫折和艰辛，甚至最终也没有找到问题的答案而不得不求助于教师直接给出解释，但学生仍从这一亲历过程中获得很多东西，这对学生具有重要的教育价值。当然，在多数探究中，教师要适时给予适当的帮助和引导，从而使学生的探究在经历一段努力之后能获得结果，并让学生体验到有所收获的喜悦和兴奋。否则，学生总是探究不出东西，最终就会丧失对探究的兴趣和信心。

3. 探究性实验教学的模式和案例

探究性实验教学模式有很多种，其中常见的模式可概括为“问题—探究—诊断—报告”。该模式中的探究是探究性实验教学的核心，它要求学生在相互合作的前提下设计实验方案并进行实验探究，进而得出结论。其具体包括通过所掌握知识或收集的信息做出比较合理的实验设计假设(反应机理的假设、实验装置的假设等)；依据假设并结合具体过程来猜想可能的实验想象和结论；列出实验步骤；根据所得的实验现象并对照假设来分析归纳，最终得出结论。

模式中的诊断过程包括反思和交流两个重要方面。在各组做出实验结论后，要求各组成员首先认真总结小组的探究过程；其次，通过小组间的交流来比较各小组的探究过程和思维结论，从中获取成功的经验和失败的教训，从而调整或重新设计实验方案，使自己的实验探究过程更趋合理；再次，教师对本次实验进行总结和评价；最后，要求每组报告各自的实验现象与探究结论，并撰写实验报告。对于实验中仅仅依靠学生自己难以解决的问题，我们可以通过这个模式来教学，即利用教师的诊断和指导来让学生合作学习，并指导学生很好地完成实验。

氨气还原氧化铜实验

实验背景分析:氨气中N元素的化合价为-3价,根据氧化还原反应的原理来判断其是否具有还原性。学生曾经学习过氢气和一氧化碳还原氧化铜的实验,通过相似和类比的联想,学生能够通过实验探索得出氨气具有还原性这一重要的化学性质。

学生探究:学生根据氧化还原反应的原理和氨气中氮元素的化合价为-3价,能够初步判断出氨气具有还原性。但在拟订实验方案时,各组围绕实验装置进行争论:有小组认为氨气的密度比空气小,主张用氢气还原氧化铜的实验装置和实验步骤;另外的小组则认为氨气是具有刺激性气味的气体,为了防止氨气被排放到空气中,主张采用一氧化碳的实验装置和实验步骤,但尾气用稀硫酸去吸收。最后,教师总结各小组的实验方案,主要为两种。下面,笔者将对其进行介绍。

方案一拟订的实验步骤:第一,用氢氧化钙和氯化铵制取一定量的氨气。第二,将少量的氧化铜装入硬质大试管中(实验装置同氢气还原氧化铜)。第三,加热氢氧化钙和氯化铵的混合物并将氨气通入大试管中,从而排尽试管中空气。第四,继续通入氨气,同时加热大试管,并使反应进行。第五,在反应结束后,停止加热至大试管冷却,并观察实验现象。

方案二拟订的实验步骤:第一,用氢氧化钙和氯化铵加热制取一定量的氨气。第二,将少量的氧化铜装入玻璃管中(两端放一小段细铜丝,防止爆炸),并用一导管通至小烧杯的稀硫酸的液面之上,以便将尾气吸收。第三,加热氢氧化钙和氯化铵的混合物将氨气通入玻璃管中,排尽试管中的空气。第四,继续通入氨气,同时加热玻璃管,使反应进行。第五,在反应结束后,应停止加热至玻璃管冷却,并观察实验现象。

实验的实施:各小组的学生根据自己拟订的实验步骤进行实验,观察和记录实验现象,并做出实验结论。

实验诊断与评价:各小组汇报实验过程和实验现象,并总结和归纳此类实验的实施过程。

按照方案一进行实验的小组学生观察到氧化铜由黑色转变为光亮的红色,管口有水生成,同时也闻到氨气的刺激性气味;按照方案二进行实验的小组学生不但可以观察到与方案一小组实验的相同的实验现象,而且实验时间比较短,并且剩余的氨气也被吸收,从而防止了氨气对空气的污染。

教师评价:通过对氨气还原氧化铜的实验探究,学生能够根据氧化还原反应原理判断出氨气的还原性,并能够将氢气和一氧化碳还原氧化铜的实验与氨气还原氧化铜联系起来,这样既复习了前面所学的知识,又通过实验探究出氨气的还原性。按照方案二实验的小组同时也注意到在实验中如何有效防止尾气对空气的污染,但还应该在玻璃管口放上石棉绒,以防止氧化铜被氨气流冲走。

可以肯定的是,探究性实验教学模式的研究不但能改变以往偏重学科知识和学科技能训练的教学方法和被动接受的学习方式,还能充分发挥学生学习化学的主动性和创造性,它必定会形成21世纪化学教学的特点、方式和氛围。

四、完善实验过程

(一)创设良好情境,以激发学生实验的欲望

兴趣是学习的原动力,因此在实验之前,如能激发学生产生强烈的实验欲望,使学生主动参与进去,那实验的效果就会明显不同。如在学生学习了单质钠的化学性质后,教师要求学生写出钠与硫酸铜溶液反应的方程式。学生就会根据金属活动性顺序,把钠排在铜的前面,并认为钠能把铜从硫酸铜溶液中置换出来,然后不假思索地写出 $2Na+CuSO_4 = Na_2SO_4+Cu$。

实践是检验真理的唯一标准。教师可要求学生根据方程式设计实验,并要求学生回答观察到实验现象时,实验事实证明并没有析出铜。这一情境激发学生动手去做类似的实验,如金属钠与硫酸镁溶液反应等。

(二)设计实验,训练学生的科学思维

在明确研究问题以后,实验的设计显得举足轻重。一个好的设计可以使研究的问题迎刃而解,相反,一个不科学的设计,可能导致错误的结果产生,从而形成错误的认识。例如,在学习"酸"时,介绍讲到浓硫酸有一重要特性,即吸水性,书上没有演示实验,此时教师可以引导学生在已有知识的基础上,利用课外时间,设计既安全又能说明浓硫酸吸水性的实验。学生经过思考,得出了许多可行的实验方案。

方案一:在一支小试管里加入5mL饱和氯化钠溶液,在该溶液中加入2mL浓硫酸,立即析出氯化钠白色晶体。

方案二:用小刀切一块富含水分的苹果块,在天平上称其质量,用塑料绳固定,放入盛有10~20mL浓硫酸的试剂瓶液面约1.5cm上方,盖上橡皮塞使其密封,静置20分钟,苹果块有些萎缩,将苹果块取出在天平上称量,其质量明显减少。

因此,在安全范围内大胆地让学生自我设计,进行实验,并自行探索,就能很好地训练学生科学的思维。

（三）完善实验记录，提高实验的质量

学生在实验之后，大都想得到一个较为正确的结论，并体验到成功的快乐，从而激发出更浓的学习兴趣。实际情况可能会有偏差，有的学生实验做得很好，但到最后，就是没能有自己的见解，就会显得很沮丧。笔者认为，这些问题主要出在对实验的记录上。在实验过程中，有些现象是比较微妙的，有些现象是比较复杂的，这就要求学生在仔细观察的基础上，及时把观察到的现象有规律地、科学地记录下来，以方便以后的总结。例如，考察学校附近的水资源，教师在带领学生观察的同时，要提醒学生及时做好记录。

实践证明，加强实验记录，不但能提高实验质量，而且有助于培养学生良好的实验习惯，让学生受益匪浅。

（四）器材的整理，让学生做到有始有终

在实验后，教师如果给学生 1 ~ 2 分钟的时间去整理器材，会有以下三点好处：

第一，进一步培养了学生的动手能力。器材要整理得快、好，不是一件容易做到的事，所以学生只有在良好的动手能力下，才能有条不紊地做到这一点。

第二，给学生一段暂时放松的时间，以便学生更好地进行下一个环节的学习。我们知道，学生要能很成功地完成几个实验，必须集中精力、开动脑筋，这样一来，学生也就比较容易疲劳。因此，整理器材正好给了他们一个暂时缓冲的机会。另外，桌上的仪器摆放得整整齐齐，也会让人看得舒服。

第三，有利于培养学生良好的实验习惯。经过这样的训练后，学生在以后的实验中就不至于把各种器材乱丢乱放了，否则，他在整理器材时花的时间就要比其他同学多。

（五）实验总结，体验成功与失败

在实验总结时，教师要创设学生能畅谈的氛围，使学生勇于说出自己的认识和感受，哪怕是错误的认识，但那毕竟是学生通过自己的努力获得的。所以，教师不要轻易地否定学生，而是要给予他们更多的鼓励，使他们体验到成功的快乐。同时，教师还要指出学生在实验过程中的一些不良行为，并要求他们及时改正。

五、注重实验评价

目前，实验教学一般采用单一的书面形式评价，它不能全面反映学生的实验水平、实验态度和习惯，从而造成学生做与不做实验得到的评价差异并不大的现象。因此，在对学生实验评价中，我们必须改变只注重对结果的评价，尽力做到既要注重结果，又要注重实验过程，也就是注重学生实验能力、科学方法、科学态度、技能与情感的培养。在实验过程中，教师既要重视学生对实验原理、实验结果和实验仪器使用的理解，又要重视学生在实验过程中所体现出的实验态度和能力，并且对实验成功与否的认定不限于是否得到实验结果，更重要的是学生是否参与了实验过程。在评价方式上，教师可以采用定性与定量相结合，并采用如考查、评估、考试等多种形式相结合的方式。

第二章　高中化学加强化学实验教学实践

第一节　化学实验过程中应遵循的原则

一、科学性原则

科学性原则是高中化学实验教学中的原则,而且这个原则要渗透到实验教学的各个环节中。不管是什么类型的化学实验,我们首先应考虑实验的科学性以及实验的原理、实验的操作程序和实验的方法必须是正确的,如果这几个方面都无法保障,那么实验就没必要再进行下去了。在实验中,学生要在教师的指导下动手、动脑做实验,然后通过安装仪器、排除故障,以及感受实验中的失败和挫折等来培养自己的探索精神和坚强毅力。此外,教师可通过细心观察,并学会透过现象看本质,进而让学生养成在实验中一丝不苟的严谨作风,还可在实验结果分析中培养学生实事求是的美德,也可在分工协作的实验中锻炼学生的交际能力、组织能力和学生的管理能力……这些都是成为一个科技工作者必备的基本素养。在教学中,教师可以根据教育方针来使学生在实验教学中掌握现代化学的基本理论、方法和技能,并通过化学实验来认识科学,培养学生各方面的能力与创新精神。此外,教师必须要保证实验教学内容的正确性、科学知识的可靠性,要根据学生的认知能力和发展潜力,引导学生学习现代化学实验技术的新成就和新技术。在实验的过程中,我们要实事求是,实验装置要求具有合理性,在实验的操作中还必须保证科学规范,并力求得到的实验效果具有价值性。

二、可行性原则

在实验的过程中,我们必须要保证实验的安全性。实验室属于公共场所,所以在做实验之前,教师需要对学生做好实验室的安全教育,而且在实验过程中要尽可能使用无毒或是毒性极小的药品。对于一些危险系数较大的实验,教师可以选择运用信息技术来进行辅助实验教学。此外,实验的可行性还要看实验的效果与实验现象是否明显,能不能够对问题进行说明。这样的实验既有利于师生共同参与对问题的研究，又能得出结论。所以，化学教研组应该组织教师在授课前集体进行动手实验，对于一些现象不直观的实验项目进行研讨与改进，也可以以此作为课堂教学的素材，在教学授课前设计一些探究式教学课堂的导入或导入实验，与学生一起进行探讨，从而让学生在教师的指导下设计并完成实验。

三、简约性原则

在确保科学、安全和现象直观的前提下，实验方案应该尽量设计为简单的实验装置，简单易行的操作步骤，方便易得的实验用品，还能在比较短的时间里完成实验方案，从而有效地利用课堂时间，并提高教师的效率。有的学生在实验过程中采用常规的组合实验方案列出四组平行实验的12个操作步骤，而有的学生则可以先对实验原理进行分析推理，仅用6个操作步骤或7个操作步骤就能够完成实验，而且实验设计的成果是实验方案。虽然各种实验的具体实验设计的目的、内容和形式不尽相同，但就一个相对完整的化学实验方案来说，其内容一般包括：实验课题、实验目的、实验原理、实验用品及规格、实验装置步骤和操作方法、注意事项、实验现象及结果和交流讨论。对于同一个化学实验课题来说，我们可以设计出多种实验方案，这就需要在实验前对实验方案做出选择，然后根据化学实验设计的原则和高中化学实验教学的试剂情况来进行判断。

四、绿色化原则

在实验的过程中，我们尽量减少实验试剂的用量，以减少“三废”的排放，这是由于实验改进的目标是减少和消除实验过程中的化学污染和减少浪费。所以，要在实验的源头（药品尽量无毒）、实验过程中（有害物质零排放）和实验结束时（物质可循环利用）实现现在提倡的“增强学生的环保意识”。自20世纪90年代以来，被誉为“新化学”理念的绿色化学应运而生，并在全球范围内越来越受到重视。绿色化学的提出对化学家来说是一项新的挑战，各行各业对此都非常重视，而且美国还为此专门设立了“绿色化学挑战奖”，以表彰那些在绿色化学领域中做出杰出成就的科学家与企业。用绿色化学对化学工业进行改头换面，从而为人类的未来造福。

绿色化学又称为“环境无害化学”“环境友好化学”“情节化学”，它涉及有机合成、催化、生物化学和分析化学等相关科目，而且内容涉及广泛。绿色化学的最大特点就是在实验开始就采用预防污染的科学手段，因此其过程和终端均为零排放或零污染。世界上很多国家已把“化学的绿色化”作为21世纪化学进展的主要方向之一。同样，绿色化学思想是一种化学、技术、社会与环境协调发展的思想，是社会对化学科学发展的新要求，它对于保护人类赖以生存的环境和实现人类社会的可持续发展具有重要的意义。

五、微型化原则

在化学实验教学中，学生探索实验的最好途径就是实验的微型化。以往的化学实验，大多是在烧杯、试管和烧瓶中进行，体积相对较大。而微型化的实验使用的反应仪器是常规体积的几分之一，常在九孔板、注射器和小玻璃瓶中进行。由于缩小了反应的装置，其必然要减少试剂的用量，这也是节约试剂的最好典范。与此同时，整个实验消耗的时间也大大地缩短了，这也是提高课堂效率的有效途径。采用化学实验微型化不光是能够节约药品，还能够有效地减少有害物质的排放，增强实验效果。微型化的实验药品用量非常少，同时又在相对密闭的空间中进行，所以这也是一种相对安全的实验教学方法。高中化学实验中硫的燃烧、氯气的性质、氨的制取和性质、苯的性质、铜和硝酸的反应实验均可以采用微型化的方法。

第二节　加强高中化学实验教学实践

一、将生活用品引入化学实验，增强学生的探究兴趣

在新课程教育体系中，学科教学越来越关注学生的现代生活。生活化的科技综合实践活动与各学科教学形成一个有机的整体，二者既有相对独立性，又存在紧密联系。具体说来，生活化的科技综合实践活动与学科教学存在三个方面的联系。第一，学科教学的知识可以在生活化的科技综合实践活动中得到延伸、综合、重组与提升。第二，在生活化的科技综合实践活动中，学生所发现的问题和所获得的知识技能可以在各学科领域的教学中得到拓展和加深。第三，在某些情况下，生活化的科技综合实践活动也可以和学科教学互相结合。也就是说，在生活化的科技综合实践活动中，学生需要综合运用各学科教学中掌握的基础知识和技能开展活动，而学生在科技综合实践活动中自主获得的知识和解决问题的基本能力不仅能促进学科课程的学习，还有助于学生对知识的整合。

（一）高中化学实践教学生活化的教学需要

生活化的科技综合实践活动是学科教学的一种补充，它对学科教学产生了巨大的影响，这种影响虽说是潜移默化的，但其又是不可忽视的。其具体的影响主要表现在以下四个方面。

1. 有利于学生学习方式的转变

如今的学习已不能像以前那样“上课记笔记，考试背笔记，考完扔笔记”

地去应付考试。这种被动的学习压抑了学生的个性,扼杀了他们的积极性和创造力,学生在学习中也体验不到任何乐趣。同时,这种学习基本是单打独斗式的,很少有合作的机会。由于缺乏与同伴的交流,学生的思维很难打开,学生就缺乏团队精神和人际交往的能力。在生活化的科技综合实践活动中,学生组建课题小组,通过合作的方式,在教师的指导下开展查阅资料、社会调查、采访、实验和模型制作等多样的学习活动。随着活动的深入开展,生活化的科技综合实践活动势必冲击学生原有的学习方式,并带来学生生活方式的变革和生活空间的拓展与延伸。因此,生活化的科技综合实践活动对于学生学习方式的转变具有推动作用。

2. 有利于教师教学方式的转变

在传统观念影响下,许多教师认为教学过程就是简单的教和学的叠加,教学就是“讲课”,就是把书本知识传授给学生,并教会学生应试能力。这种教学观使得教学过程成为单向的信息传递,其中“教”只不过是把书本上的既定知识传授给学生,而“学”也只不过是单纯接受教师讲解的知识。实际上,教学已不是简单的接受与传递,它包含着反思、建构与创造的因子。在真正的教学中,学生的知识学习不应只是无条件接受教师传授书本知识,而应是主动选择和建构,并将知识纳入自己的生活世界,教师的知识传授也不应只是传递现成的知识技能,而应是教会学生学习知识和建构意义的过程。这就需要教师不断地进行教学反思,并养成问题意识和探究精神,这样才能加深对教学过程的认识,提高教师教学实践的水平。随着生活化的科技综合实践活动的深入开展,许多教师开始超越原有的传递性教学,并开始走向研究性教学。

3. 有利于课程实施趋向生活化

生活化的科技综合实践活动的影响还在于使学科课程生活化。长期以来,我们的课程远离学生的现实生活,过于关注“书本世界”和“知识世界”,过于强调掌握知识和技能的重要性,但却忽视了对学生情感的培养。由此塑造出来的学生所缺乏的不是知识和技能,而是健全的人格和丰富的个性。学生是生活中的人,而以往的课程恰恰忽视了生活的重要性,忽视了学生鲜活的经验。生活是人生命存在的必须,也是人生价值得以实现的基础。课程只有面向学生的生活,才能真正改变学生的生存状态,提升他们的生活质量;只有面向学生的生活,才能为学生所熟悉,才能真正引起学生的兴趣,而学生也才能在熟悉的情境中感受现实生活的意义,并建构新的意义。新课程的一个基本点就在于打破各门课程的分割,加强课程与学生经验的联系,并使课程回归学生的生活。生活化的科技综合实践活动正是在这种理念的引领下诞生的,其选题主要来自生活,并注重学生个人的生活体验,还逐渐影响了教师的课程观,从而使教师的课堂教学面向学生的现实生活。

4. 有利于建立平等互动的新型师生关系

在生活化的科技综合实践活动中,教师常常与他所指导的小组的学生一起讨论题目,设计研究方案,确定研究方法,启发学生的思维,并鼓励学生大胆说出自己的想法,以帮助学生将研究进一步深入下去。教师也逐渐了解到学生的真实想法,并试着去倾听学生,进而引导他们,给他们表达想法的机会。学生也开始喜欢与教师交往,并愿意同教师分享自己的想法。久而久之,师生之间形成了一种平等对话的氛围。正是这种平等对话,拉近了教师与学生之间的距离,让他们彼此欣赏、彼此接纳,并构建了和谐融洽的学习氛围,形成了一种平等合作、对话理解的新型师生关系,为学生的全面发展和健康成长创造了更为宽松、自由的空间。

(二)高中化学生活化教学实验设计与可行性分析

纵观整个高中阶段的化学教材,生活化素材丰富多样,涉及生产、生活的方方面面。笔者以人教版高中《化学1》为例进行展开,并从图片、问题和实验三个角度来选取教材中的生活化素材予以呈现,希望能为广大教育工作者提供一定的参考和借鉴。

1. 人教版高中《化学1》中的图片资源(见表2-1)

表2-1 人教版高中《化学1》中生活化图片资源

章节	包含的图片资源
第一章 从实验学化学	一些常用危险化学品的标志 海水淡化工厂 检测糖尿病用的试纸
第二章 化学物质及其变化	图书馆中分类陈列的图书 稀豆浆是一种胶体 树林中的丁达尔效应 燃料的燃烧室氧化还原反应
第三章 金属及其化合物	焰色反应可制成节日烟火 氧化铁可制作墙涂料 铜绿 合金的广泛应用 后母戊鼎 铝制饮料罐可回收利用

（续表）

章节	包含的图片资源
第四章 非金属及其化合物	硅的广泛存在 水晶、玛瑙、二氧化硅的用途 硅胶常用作干燥剂 应用广泛的硅酸盐产品 既耐高温又耐低温的硅橡胶制品 新型陶瓷制成的人造骨等 硅芯片是各种计算机、微电子产品的核心、硅太阳能电池 瑞典化学家——舍勒 漂粉精用于游泳池的消毒，而有些高级的游泳池则用臭氧、活性炭等进行消毒 飞机播撒 AgI 是实现人工降雨的一种方法 空气质量日报 火箭进入太空 酸雨、炼铜 自然界中氮的循环

通过对人教版《化学 1》生活化素材的整理可以看出，本学习阶段可以利用的生活化图片素材共有 20 多处。图片是直观教学的重要形式之一，丰富多彩的图片为学生对知识的直观感知奠定了基础。高中化学知识逻辑性较强，尤其是概念原理部分的教学内容偏离实际生活，学生难于理解。在教材中，形象生动的图片素材可以在生涩的教学内容与学生的实际生活之间架构桥梁，这不仅有利于学生对知识内涵的理解和把握，还具有重要的实用价值。

2. 人教版高中《化学 1》中的问题资源（见表 2－2）

表 2－2　人教版高中《化学 1》中生活化问题资源

章节	包含的问题资源
第一章 从实验学化学	思考与交流：引发安全事故的原因以及教训 思考与交流：沙里淘金 学与问：举例说明生活中有益和有价值的杂质
第二章 化学物质及变化	科学视野：溶液、胶体的性质对比及其应用 思考与交流：离子反应的应用实例

（续表）

章节	包含的问题资源
第三章 金属及其化合物	科学视野:未来金属——钛 资料卡片:为什么明矾可以净水 资料卡片:铜盐有哪些性质 学与问:合金的定义、性质及用途 实践活动:你经常使用的工具是什么(如自行车、汽车或火车),其中使用了哪些纯金属?使用了哪些合金? 思考与交流:如何运用材料 实践活动:角色扮演 科学视野:用途广泛的稀土金属
第四章 非金属及其化学物	科学视野:硅酸盐 科学视野:新型陶瓷 科学史话:氯气的发现和确认 学与问:氯气作为自来水消毒剂 科学视野:成盐元素——卤素 资料卡片:预防硫化氢中毒 科学视野:火箭为什么能飞上天 资料卡片:氮的循环

通过对人教版高中《化学1》生活化素材的整理可以看出,本学习阶段可以利用的生活化问题素材共有20多处。问题是检验学生学习成果的重要载体,所以富含生活元素的问题对提高学生解决问题的能力起到了重要的作用。丰富多彩的图片素材不仅有利于学生学习积极性的提高,还便于教师教学工作的顺利开展,而且这对于教育工作者来说也具有很高的参考价值。

3. 人教版高中《化学1》中的实验资源(见表2-3)

表2-3 人教版高中《化学1》中相关的实验资源

章节	包含的实验资源
第一章 从实验学化学	过滤和蒸发 实验室制取蒸馏水的装置 萃取和分液 科学探究:电解水实验 配制溶液
第二章 化学物质及其变化	科学探究 科学视野:电泳现象

（续表）

章节	包含的实验资源
第三章 金属及其化合物	钠的燃烧 加热铝箔 金属钠与水反应 铁粉和水蒸气反应 铝与盐酸、铝与氢氧化钠溶液反应 过氧化钠与水反应 碳酸钠和碳酸氢钠的性质 金属的焰色反应 氢氧化铁和氢氧化亚铁的生成 三价铁离子的检验以及转化
第四章 非金属及其化合物	氢气在氯气中燃烧 氯水的漂白作用 干燥的氯气能否漂白物质 氯离子的检验 二氧化硫溶于水 氨溶于水的喷泉实验 氨与氯化氢的反应 蔗糖与浓硫酸的实验

通过对人教版《化学 1》生活化素材的整理可以看出，本学习阶段可以利用的实验素材共有 20 多处。实验是化学教学的基础，所以，充分利用教材中设定的实验素材，同时融入生活化的元素进行重组和创新，在一定程度上比图片素材和问题素材更有说服力，也更易被学生所接受。

综上可以看出，人教版教材编写者在高一阶段化学教学实验素材的选取上做了大量的工作。在实际教学中，教师可以根据实际情况结合课本上的实验，并结合生活化的知识，在充分利用教材的基础上推陈出新，从而达到良好的教学效果。

纵观整个高中化学课程体系，我们可以归纳为：第一，从三维目标窥见课程内容的多元性。第二，义务教育阶段为入门，高中必修阶段为发展，高中选修阶段为个性化的深入和提高，三个阶段依次递进，由此可见课程内容的层次性。第三，新课程贴近生活，更加关注学生自身的诉求，可见课程内容的建构性。第四，不同模块对同一知识点的不同要求和随处可见课程内容的特色性。因此，教师可以通过对整个中学化学教学内容的理解和把握来筛选出其中可以用于生活化教学的素材，加以整合，从而达到更好的教学目的。

（三）高中化学实验生活化情境创设的案例

化学在我们身边无处不在，只要我们稍微留心，一些日常用品就可以拿来做实验。例如，食醋（CH_3COOH）可以去除我们日常生活中壶胆里面的水垢；洁厕灵（HCL）可以代替稀盐酸；米汤主要成分为淀粉，其可以用来进行碘单质的检验；小苏打（碳酸氢钠，$NaHCO_3$）和苏打（碳酸钠，Na_2CO_3）也可以“走进”实验室。将学生日常生活物品引入到化学实验中，既可增添化学实验的趣味性，又能够充分调动起学生的兴趣。

在课堂中，粉笔可以被用来当实验载体。粉笔通常是将碳酸钙和熟石膏按质量比2∶3混合，再加水进行调和成浆状，然后注入模具中而得到的，能够作为液体实验中很好的载体，如做汽油、乙醇、苯等液体的燃烧实验、焰色反应实验、“粉笔生烟”（氯化氢和氨水）实验、层析分离实验等。此外，粉笔还可以用作电解饱和食盐水的实验载体。

电解饱和食盐水

实验分析：在做这个实验时，学生通常会仿照课本电解$CuCl_2$的实验装置组装和实验，实验缺乏趣味性，一些学生懒得动手实验。为了调动学生的积极性，教师在实验课堂上用粉笔为载体做了这个实验。

实验过程：将一支白色粉笔浸润在滴有少许酚酞的饱和食盐水中，取出，将连接直流电源的惰性电极接触已处理过的粉笔的两端，将淀粉碘化钾试纸置于阳极的一端，进行观察，不久我们就可以看到，与电源正极相连的一端试纸出现蓝色，与负极连接的一端呈红色。这是因为在阳极一端产生氯气，置换出碘化钾中的碘，碘遇淀粉变蓝色，而在阴极生成有氢氧化钠，使酚酞变红色。

在实验过程中，学生的积极性很高，在讨论实验现象时，平时不怎么发言的学生也积极参与了讨论，而且课堂效果很好。

实验评价：整个实验响应微型化、绿色化号召，试剂用量少，阳极产生的氯气直接与碘化钾反应生成碘单质，不仅防止了有毒的氯气污染实验环境，还验证了氯气的生成，环保高效，步骤简单，效果明显。

氯气的制备及检验

教学引入：84消毒液和洁厕灵是家庭和公共场所经常用到的两种清洁用品，我们都知道，84消毒液能快速杀毒、杀菌，在2003年非典暴发的时候经常大面积使用；洁厕灵大家都不陌生，常用来快速清洗马桶，那大家使用这两种产品的时候有没有留意过它们的主要成分？

学生纷纷讨论（大多数学生都知道84消毒液的成分是NaClO，但不清楚洁厕灵的成分）。

师(提问):有没有人觉得两者同时用效果会更彻底而同时用过这两者?

生:没有。

师:看来大家不怎么做家务啊,现在网上疯传两者同时使用会导致死亡,大家怎么看(提示:洁厕灵的主要成分为 HCl)?

生(热议):用氧化还原的知识分析,二者混合会反应,HCl 中的 Cl 是 -1 价,NaCl 中的 Cl 是+1 价,二者相遇可能会发生价态的归中反应,生成 Cl_2,Cl_2有毒。

引发探究:大家分析的正确与否,由同学们自己进行探究,现在提供给大家洁厕灵和 84 消毒液,自己组装实验仪器,在实验前大家要先考虑两个问题:第一,怎样验证产物?第二,怎样处理可能的产物尾气,从而保护自己的安全?

教学评价:采用这种与生活息息相关的案例引入,再加上提供给学生的实验药品是我们的日用品,学生的探究兴趣和热情高涨,教师在课堂上看到学生动手的积极性很高,对现象的分析也很到位,所以教师就在一旁指导,并尽量纠正学生操作上的错误,课堂的整体反应很好。

二、渗透绿色化学教育,提高学生的环保意识

新课程标准强调,使学生意识到生活与化学的紧密关系,让学生感受到化学在人们社会生活中和解决社会许多问题中发挥的巨大作用,让学生意识到化学在减少化学污染等问题中能起到重要作用,还能将环保意识转变成实际行动。教师作为引导者,就应该在课堂中带领学生形成绿色化学的观念,以强化学生的实验安全意识。

(一)学生实验安全与环境保护意识的培养

在教学过程中,教师是对学生进行教育的主要实施者,教师的思想和言行对学生有着最直接、最有效的影响。从"安全意识"的培养角度来说,教师在教学过程中要做到以下五点。

第一,教师在化学实验教学中要一丝不苟地做好演示实验。教师在演示实验中的一举一动都直接影响学生亲自动手操作实验时的态度和方法。因此,哪怕是最常用的仪器,在使用时也不可存在丝毫的大意。对于一些存在危险隐患的实验,教师更要在课前进行充分的备课,还要考虑可能导致学生发生突发情况的因素。

第二,教师在化学实验教学中要合理使用反例。对于一些由于错误操作而导致实验安全隐患的后果,教师可以利用实验室进行模拟操作,并用一些错误的反例来加以验证,用这种方式来增强学生规范实验的印象。例如,不纯的可燃气体点燃会爆炸,水倒入浓硫酸中进行稀释会造成液体飞溅。又

如，在加热时先撤酒精灯而导致水倒流引起的试管炸裂。此外，教师可在条件允许的情况下对可能出现的问题进行合理的设计，一些不会引起事故的实验，教师都可以在教学活动前进行实验。

第三，教师在化学实验教学中要对学生进行严格监督，以培养学生良好的实验操作习惯。学生的年龄决定了他们对什么都富有好奇心，而且好动也是学生的天性。因此，教师在平时的实验中，除了要讲清楚规范操作和安全要求外，加强对学生的监督管理也是高中化学实验教学中一个必不可少的环节。

第四，教师在学生做实验的过程中要增强防范意识，以培养学生自救能力。例如，强酸、强碱溅到身上时应如何快速处理，学生在遇到紧急情况时应该如何处理和进行自救，等等。

第五，在实验教学中，教师可以利用录像实验辅助教学。对于一些相对较复杂、较危险、要求高、时间长的实验，教师不适合在课堂上进行演示实验，其就可以将实验拍摄成录像，以便于在课堂上进行播放。这样既能够保证实验的真实性和直观性，又便于学生观察实验现象，同时还能够提高课堂教学的密度。

例如，教师在讲“碳还原二氧化碳”时，很多学生很难想象这个实验该如何去做。教师就可以利用铁管，将铁管作为木炭还原二氧化碳的反应器，然后将实验拍成简短的录像。运用这种方式，教师就可以在教学中为学生展示一个复杂并且反应时间较长的实验，还能够在课堂上起到良好的效果。同时，教师要对化学实验进行不断的改进，并且在实验中要最大限度地避免有毒害的气体外溢或是有腐蚀性的液体外漏的现象。在实验过程中，教师还要对有害气体增加吸收或是转化装置，从而使反应实验生成的气体无法任意排入大气中。如在制取二氧化硫、硫化氢、二氧化氮、氯气等有毒气体时，对产生的这类气体我们可以用碱性溶液（如氢氧化钠溶液）来吸收。

在化学实验教学中，学生需要了解各种化学实验事故发生的原因，要按照演示操作流程认真仔细地操作，从而最大限度地避免各种事故的发生，并且在做实验时要保证安全。在实验操作中，教师还需要教育学生一定要严格遵循操作规程，以防止学生一味追求实验趣味而胡乱实验。在学生制取有毒气体时，教师应要求学生尽可能利用少量的反应物来制取少量的有毒物质，以把实验污染减少到最低程度。安全实验的关键是要按照操作规定进行，化不安全为安全，反之安全也变得不安全。同时，同学们要克服恐惧心理。在实验前，学生要先熟悉操作规定，并充分了解实验的反应规律，对于实验中不懂的问题要主动进行询问，不可自行做主。否则，在化学实验教学过程中，如果一旦发生突发事故，就可能会危及师生的安全，甚至造成严重的后果。

（二）高中化学绿色化的教学案例

在化学实验中向学生渗透绿色化学思想，教师就应该从细节做起，如在实验药品的选择上，就要秉承着绿色化学的思想。学生在做银镜反应实验时，课本中常选用稀硝酸清洗银镜，这是利用了单质银和稀硝酸的反应，在教学活动中我们也逐渐习惯了这样做，但对实验进行延伸，发现实验过程中会产生 NO，这是种有毒物质，其不仅会造成环境污染，还让学生的健康受到了影响。为了避免这种污染，在实验中我们可以利用氧化还原反应的知识，稍加推理，运用双氧水或是氯化铁对稀硝酸进行替换，进而洗去银镜，这样生成的产物环保无污染。实验的尾气处理同样是考查学生绿色化学意识的方式，在做黑面包实验的时候，教师可以对学生进行绿色化的引导。

黑面包实验

实验分析：笔者曾经在做这个实验时是按照课本步骤进行的，在实验时总是咳嗽，之后研究了该实验，很快发现实验会产生 SO_2，有污染，后来笔者把作为反应器的小烧杯放在一个透明的盛有 NaOH 溶液的水槽内，再在小烧杯外罩上大烧杯，大烧杯口浸入 NaOH 液面。经过这种处理发现可以避免 SO_2 的污染。

实验引入：大家通过预习黑面包的实验，可以让学生先探讨会发生什么化学反应。

学生讨论、回答：$C+2H_2SO_4(浓)$ ══ $CO_2+2SO_2+2H_2O$。

师：如果直接按照课本进行该实验，会有什么后果？

生：产物有 SO_2，会有污染，我们会被笼罩在酸雾中，要是在我们教室下雨，那就是酸雨……

师：大家说得很对，那我们该怎么做才能避免这种情况发生呢？

生：吸收尾气、用 NaOH 溶液吸收，并且可以罩个大烧杯……

师：大家的意见综合综合，我们的实验改进就成功了，大家思考怎样组装实验装置？请大家自行尝试实验。

小组学生尝试组装仪器，并分析可能出现的现象。

笔者在教室来回观察，稍微指点，学生的装置慢慢成形，然后逐渐成功。

教学评价：让学生在实验中尝试探索课堂实验的尾气处理，在实验过程中感受防止污染的重要性，以逐渐渗透绿色化学思想，从而提高学生的环保意识。

三、开展家庭小实验,增进学生的学习兴趣

兴趣是学习最好的老师,所以教师在课后为学生适当地布置一些家庭小实验是增强学生对化学实验兴趣的很好的途径。学生在家庭中的实验设备有限,所以学生想要完成实验就必须对家中可以充当化学实验仪器的替代品进行寻觅与挖掘,在家中做好一次实验就等于完成了一次实验的创新。开展家庭实验,不仅可以让学生体会到化学的实用性,了解化学在生活中的运用,拉近学生与化学知识的距离,还可以让学生发现化学知识是触手可及、随处可见的。例如,在学完氯气后,教师可布置学生收集生活中常见的含氯化合物的名称、用途,并制成资料卡片,从而让学生体会生活中的化学;在学完原电池后,教师可以布置自制水果电池,以加深学生对原电池装置必要条件的理解;在学完醋酸后,教师可以布置去除暖瓶水垢,让学生体会由强酸制弱酸的生活案例;等等。通过家庭实验的实践活动,不仅可以丰富学生的化学生活,还能提高学生的化学素质。

教师在化学实验探究的教学中,应该充分发挥引导作用,让学生从生活实际出发,发现生活和生产中存在的化学问题,以培养学生产生"学化学的最终目的是解决生活实际问题"的想法。然后,通过教师的指引和生活化的教学,学生会逐渐了解化学和实际生活生产的密切关系,也有机会体验到利用所学的知识解决实际问题的过程,从而就会有学习化学的积极性。

利用生活物品自制酸碱指示剂

[说明]查阅资料,完成实验,并用该指示剂检测家用试剂的变色情况,进而提交实验报告。

[实验报告摘录1]

实验名称:用胡萝卜皮制酸碱指示剂

实验目的:制取酸碱指示剂,了解酸碱指示剂的变色原理。

实验原理:很多花和植物的果实中都含有植物色素,我们利用植物色素在不同酸碱性溶液中的颜色的不同,就可初步判断溶液的酸碱性。

实验用品:胡萝卜、酒精、纯净水、盐水、白醋、肥皂水、纱布、一次性杯、筷子、滴管。

实验步骤:

第一,取一根胡萝卜洗净,小心刮下红皮,切碎、捣烂成泥,然后加酒精浸泡。

第二,半天后,加水稀释,并用纱布过滤,然后将滤液装入透明的杯子中。

第三,分别取纯净水、盐水、白醋和肥皂水在四个一次性水杯中,再用滴管分别向四个杯中滴加自制指示剂,并观察现象。

实验现象：用胡萝卜皮制成的指示剂呈橙色，当其滴入纯净水、盐水、白醋中，无明显现象；当其滴入肥皂水中，溶液呈淡绿色。

[实验报告摘录2]

实验名称：从紫包菜中提取酸碱指示剂

实验目的：制取酸碱指示剂，了解酸碱指示剂的变色原理。

实验原理：许多植物果实中含有植物色素，其在不同酸碱性溶液中的颜色不同。

实验用品：紫包菜、白醋、苏打水、纯净水、不锈钢锅、透明一次性纸杯、筷子。

实验步骤：

第一，将紫包菜洗净，切碎、捣烂成泥并放入不锈钢锅内，加水淹没，煮沸15分钟，并不断搅拌。

第二，放到室温后将菜汁滤入一次性纸杯中。

第三，分别取纯净水、白醋、苏打水在三个一次性纸杯中，再用滴管分别向三个杯中滴加紫包菜菜汁，然后观察现象。

实验现象：紫包菜菜汁呈紫色，当其滴入纯净水中，无明显现象；当其滴入白醋中，溶液呈红色；当其滴入苏打水中，溶液呈绿色。

四、引导学生科学探究，培养学生的实验探究能力

新课标鼓励把课堂还给学生，让学生融入课堂实验探究活动中，并成为课堂的主体。化学教学中最好的探究对象就是化学实验，在实验探究中不仅容易暴露学生的一些问题，同时还能够锻炼学生解决实际问题的能力；在实验中不仅可以展现学生的智慧，挖掘学生潜在的能力，还可以锻炼学生实验操作技能，并培养学生的合作意识，培养学生独立思考与独立解决问题的能力。

（一）学生科学探究能力的构成

科学探究能力是进行科学探究活动的根本保证。一个完整的探究活动包含的能力要素有提出问题、做出假设、制订假设、收集信息、进行实验、分析论证、反思与评价、表达与交流等八个要素。这八个要素互相联系并通常出现在探究学习活动中，但这些要素也不全是不可或缺的，我们可依据样本实验内容来确定所需的探究环节。根据高中化学实验课堂中对科学探究能力的要求，我们可以通过探究式化学实验来培养学生科学探究能力。

1. 提出观点与解答问题的能力

在提出问题时，学生在日常生活或教师所创设的情境中要达到的知识目

标要求与现有知识水平之间存在差距。“问题”是探究学习过程的关键,所以学生提出的有价值的问题能够使探究活动顺利进行。学生要先对问题进行判断,分析实验的可能性,选择合适的课题,然后教师在教学过程中要引导学生去观察和发现,从而促进学生观察品质的提升。

2. 提出猜想与假设的能力

猜想与假设是学生依据知识经验对所提出的问题的可能答案做出的推断。做出假设是探究活动过程中的重要环节,其直接影响探究活动计划的制订。在这个过程中,学生要积极动脑,对活动中的现象进行观察思考,并运用多种思维方法来大胆推测所提问题的可能答案,从而萌发创新意识。科学的发展实际就是猜想和假设不断被证实或改进的过程。学生合理的猜想与假设不仅可以促进探究活动的进行,还可以为收集信息和论证解释信息提供一个大致的轮廓。好猜想的提出需要教师的有效引导和学生已有的丰富的相关知识。在学生的探究学习中,猜想或假设可以为制订计划或设计方案奠定前提条件。好猜想具有的特点:与已知的科学理论相一致;与已知的事实和信息相吻合;所提出的猜想是可以被验证的。

3. 制订计划的能力

制订出切实可行的活动计划可以将探究活动具体化、程序化,是验证猜想、假设活动有效并顺利进行的保障,还是科学探究活动的重要环节。依据所要研究的课题,学生可以通过不同的方法进行探究,如观察分析、实验、调查等。由于学生的能力发展不平衡,最好的探究方式是采取小组合作探究,即学生预先根据实验特点多次尝试选择需要的装置器材,并提出切实可行的操作步骤,还要做到在探究计划过程中明确目标。

4. 化学实验操作的能力

实验是进行科学探究活动的重要方式。实验操作是探究活动的中心环节。在这一环节中,学生已有的相关的实验基本操作技能是使探究活动顺利进行的前提。所以,教师在教学过程中要创造时机让学生多参与实验过程,要让学生体验实验操作的重要性,并让学生多次操作,以促进其实验操作技能的提升。学生在实验探究活动中不仅可以学会观察,还可以在相互交流中提升自身的基本操作能力,提高控制实验条件的能力。

5. 收集证据的能力

证据就是解释观点所用的依据。在探究活动中检验学生提出的猜想或假设正确与否的依据也是证据。证据的存在是广泛的,收集的途径也比较多,而且已有的知识经验、报纸杂志、他人的研究成果、调查访问和观看影视、互联网等都是探究活动中常用的收集证据的途径。让学生了解收集证据的常用方法，并在探究学习活动中让学生采取合适的方式收集所需证据。当然，在探究学习中收集信息主要是通过化学实验。所以，重复实验和测量可以提高学生收集信息的可信度。

实验的顺利实施和在实验过程中学生客观观察实验现象并记录实验数据是学生收集证据能力的关键。教师在教学活动中要引导学生能够按照实验计划进行实验操作，并认真记录实验信息，以培养学生良好的观察品质，从而为结论的说明准备真实可靠的资料。

6. 分析证据，形成结论的能力

学生收集来的证据和探究结论不可相提并论，在实验探究活动中，探究者需要运用分析比较、分门别类和归纳概括等方法来对所收集到的事实和信息进行整理，并联系已有的知识来分析事物间的因果关系，最后形成探究结论。

7. 反思与评价的能力

反思与评价是提高探究活动的有效性和确保学生学习质量的一种策略。通过反思与评价，学生能够对探究活动进行调整完善，能对自己和别人的探究成果有一个客观的认识，还能加深自己对知识的理解。在反思与评价过程中，学生再次回顾探究学习活动的过程，甄别在探究过程中的行为与结果，并对自己在探究学习活动中的表现及探究成果有一个客观的评价，还能增强自己对知识理解的广度与深度。同时，学生通过分析，不仅可以探究活动中出现的结果与假设的不同点，还有可能发现新的问题，而且探究能力也可以在不断的反思中得以提升。

8. 合作与交流的能力

在探究活动中同学相互交流，明确表达自己的意见，乐于倾听别人的意见，分享他人的资料和成果，进一步完善自己的探究方案。在活动探究过程中，每位学生从不同的角度提出对问题的理解，其收集到的证据和对证据的分析也会有所不同。因此，学生之间一起讨论解决问题的办法，承担一定的责任，可使学生的优势互补，还能提高学生与人合作的能力，从而使学生在知识、情感和技能等方面得到长足的进步和发展。

（二）在高中化学实验中培养学生探究能力的策略

教师作为探究活动的引航者，必须时刻关注整个探究过程，要重视选择教学策略，要根据探究问题的特征来选用不同的探究教学策略，与学生的知识结构、能力水平和兴趣爱好相适应，并立足于学生的长远发展，灵活机动地选择教学策略。

1. 提出问题的教学策略

问题是进行“科学探究”的前提，也是科学探究的核心。问题质量的好坏和探究价值的高低,对探究的效果起决定作用。所以,教师要培养学生较强的问题意识,才能够让学生发现有探究价值的问题。教师创设的问题要适合学生认知能力的探究深度和思维厚度。一旦发现学生的思维较肤浅片面,教师就要组织小组讨论,并引导学生进行深入的思考,还要举一反三,从而促使学生就原问题进行深入细致的思考,直到探究的最深处。

(1)从"化学实验"中找问题

"实验"是化学课的特点,多彩的实验现象、鲜明的实验环境能激起学生获得知识的强烈欲望。教材中的演示实验、探究活动和家庭小实验等都必须让学生集中注意力,认真观察分析,以明确观察目标。在实验过程中,我们要对观察要点多持怀疑的态度,而且不满足于教材中的固有信息,其必然会有数不完的问题素材。所以,教师可以从以下各方面进行提问:实验方案是否完整,实验设计是否合理,实验装置可否改进,实验产物的存在形式,能否寻找实验药品的替代品,等等。例如,在实验室制取氯气用是二氧化锰,我们可否用其他药品如高锰酸钾来代替,其有什么作用?有没有尾气吸收装置?可用什么溶液来吸收?又如,砖是一种建筑材料,其颜色是由其中的铁的化合物决定的,那么我们怎样检验红砖和青砖中铁的存在形式呢?

(2)设计问题情境,引发学生提出问题

精心设计的问题情境是引发学生提出问题的主要策略。好的问题情境可以充分激发学生强烈的问题意识和探究欲望。在教学中,教师选择并设计探究活动内容,可以采用不同的方式去创设问题情境。

① 通过化学实验创设问题情境。强烈的问题意识能激发学生认知的冲动性和思维的活跃性。教师利用教材中的实验素材可优化实验内容,还可以多角度创设问题情境,从而激发学生的多种思维能力。例如,学生在学习铁及其化合物时,教师可选用市场保健品中抗贫血补铁的药品来设置问题情境,让学生查找资料检验铁元素是否存在,以及铁元素的存在形式。这不仅会激发学生的探究兴趣,还可以促进探究活动的顺利进行。

② 通过有层次的设问创设问题情境。在学生探究活动中,教师要善于引导学生,并由浅入深地从多角度发问,创设一种能够激起学生探究欲望的层次分明的问题情境,并为学生进入探究学习状态做好准备。例如,向学生介绍酸的氧化性和氧化性酸时,教师可以让学生联系铁的性质,然后通过多次发问来引导学生渐入情境。例如,常见酸有什么?酸的共性和特性分别是什么?酸与其他物质作用何时体现酸性或者氧化性?氧化性酸有什么特点?哪些酸可以把铁氧化为高价铁?诸如此类的问题可以引导学生在探究过程中多次质疑,进而让学生发现问题。

2. 猜想与假设的教学策略

猜想与假设是制订科学探究活动计划的依据。学生利用已有的知识、经验和提出的问题建立起联系，并灵活运用多种思维方法，大胆猜测。学生在这一活动环节中可以充分体现出他的创造性。所以，教师一方面应鼓励学生进行大胆猜想和假设，另一方面还需交给学生探究所需的知识背景。此外，在探究活动中，我们要组织成立实验探究小组，给学生充足的时间，深入思考，以发挥自己的想象力，还要对问题的可能答案做出假设，让学生利用已有的知识对提出的假设做初步的分析判断，并与组内成员进行交流和讨论，从而充分发挥实验探究小组的作用。

在实验过程中有时会出现实验异常现象，这也可以提高学生的猜想与假设能力。例如，在学习铝及其化合物的性质时，我们可以利用学生已知铝比铁活泼这一事实来设置实验，把相同粗细的铝片和铁片同时放入相同浓度的盐酸中，会发现铁片附近先冒出气泡，这种“出人意料”的现象让学生产生了认知冲突，还激起了大家的兴趣。学生各抒己见，提出各种假设，加深了学生对铝及其化合物的认识。然后，学生据此做出假设，最终找出问题的可能答案。

3. 实验设计的教学策略

第一，多为学生提供机会去设计化学实验。设计实验是复杂的，需要学生积极动脑和动手，从中可以体现出学生的探究水平。在探究活动中，学生参与制订探究计划的过程也是发展学生探究能力的过程。为学生创造进行化学实验设计的机会，不仅可以让学生经历实验设计的过程，还可以让他们体会到提出的设计要切实可行，要安全、简洁。这样做不仅可以帮助学生掌握实验设计的常用方法，还可以提升学生设计实验的水平。

第二，提高学生进行化学实验设计前的计划性。教师应依据学生的知识基础和能力发展现状来引导学生做好准备工作，并制订设计化学实验的计划。首先，在活动开始前，让学生积极做好思想准备，明确探究什么，以及如何探究等。然后，留出探究活动所需的时间，并准备好所用的仪器装置。在探究活动时，教师首先明确探究问题，把这些问题分解成几个小问题，精心设计，并选用适当的方法来各个击破。例如，市场上补铁保健品可以用来辅助治疗缺铁性贫血的病人，学生自己设计实验方案检验保健品中铁元素的存在形式，检验保健品中存在的是 Fe^{2+} 还是 Fe^{3+}。大部分学生有一定的知识基础，能写出实验所用试剂和药品。教师要给学生将知识转化为能力的机会，提供给学生实验设计所需的一般步骤，让学生自己查找资料，从而让学生灵活地运用已有的知识——“Fe^{2+}、Fe^{3+} 的性质”来设计实验方案。

第三，鼓励学生积极改进和优化化学实验设计的方案。在学生进行实验探究活动时,教师要鼓励学生积极参加实验设计的过程,要精心思考和周密设计探究问题的答案,鼓励学生设计多种方案,并且要用多种证据论述课题。同时,教师要引导学生善于评价,并借鉴别人的设计方案,要善于倾听别人对自己方案的看法和建议,然后通过师生和生生间的协作来提出完善实验方案的建议,从而取长补短、优势互补。

4. 收集证据的教学策略

在实验教学过程中,教师可以引导学生认真观察,并让其养成善于收集信息的习惯。此外,教师还要注重学生实验观察能力的培养,让学生多留意生活,多留意身边的和化学相关的问题,养成良好的观察品质。在实验探究活动中,我们常用的收集信息的方式除了观察,还有测量、使用信息工具查询(因特网、教材资料)等。所以,教师在这一环节中要有目的地锻炼学生,引导学生自主学习,并积极主动搜寻得出问题的可能答案所需要的依据,为验证提出的假设提供确凿的信息。

5. 解释与结论的教学策略

解释是"科学探究"的核心。任何事物的本质属性都比较隐蔽,因此我们需要对实验事实和实验收集到的数据进行充分的处理。在这一活动中,学生要有足够的知识储备,要有足够的思维能力,还要对处理过的数据进行合理的解释,从而得出恰当的结论。在这一环节中,我们要注重培养学生积极的情感体验,还要增强学生在探究学习中的成就感和自我价值感,并提高学生得出结论的能力。

6. 表达与交流的教学策略

学生通过表达与交流可以展示自己在探究过程中的体验、感受,以及在探究过程中获得的结论和方法。探究小组成员间、探究小组间及学生与教师间都可以进行交流。所以,教师应尊重学生,使他们勇于表达自己的观点,还要努力为学生创造宽松的、无拘无束的教学环境,因为自由的课堂气氛可以让学生的交流活动更好地进行。此外,教师要引导学生以听众的身份来构思和表达自己的探究过程和结论,做到观点明确。

(三)培养学生探究精神的教学案例

碳酸氢钠和碳酸钠

【教学目标】

1. 掌握 $NaHCO_3$和 Na_2CO_3的性质、用途、相互转化与鉴别

2. 采用对比、分析、讨论、归纳和实验探究的方法来培养学生的观察能力、动手能力和思维能力

【教学重难点】

比较 $NaHCO_3$ 和 Na_2CO_3 的热稳定性，并掌握鉴别它们的方法。

【教学方法】

探究活动教学法。

【教学过程】

在钠的化合物中，比较重要的、常见的有 Na_2O、Na_2O_2、NaOH、Na_2SO_3、NaCl、Na_2CO_3 和 $NaHCO_3$。在本节课中，我们来共同认识 $NaHCO_3$ 和 Na_2CO_3，并探究它们的性质。

（一）探究 $NaHCO_3$ 和 Na_2CO_3 固体的性质和区别

师：我们知道，根据不同的标准可以将物质分为不同的类别。这两种化合物从什么角度来看属于同一类物质，从什么角度来看又属于不同类物质呢？

学生思考、交流，并派出代表作答。

师：$NaHCO_3$ 和 Na_2CO_3 从阳离子的角度来说都属于钠盐，从阴离子的角度来说一个是酸式盐、另一个是正盐。下面，我们来认识一下它们，看看它们到底有什么不同。

[学生活动]认识二者的不同。

1. 分组实验，完成探究活动
2. 按要求在空白处填写内容
3. 汇报

[小结]总结学生的汇报。

师：通过刚才的探究，区分这两者的固体有哪些方法？

学生思考、交流并作答。

（二）探究 $NaHCO_3$ 和 Na_2CO_3 的水溶性以及水溶液的性质

师：刚才通过探究一，我们比较了 Na_2CO_3 和 $NaHCO_3$ 固体。那么，它们在水溶液中的性质又如何呢？

[学生活动]

1. 分组实验，完成探究活动二
2. 按要求在空白处填写内容
3. 汇报

[小结]总结学生的汇报。

师：$NaHCO_3$ 在水溶液中电离产物是什么？生成的是 Na^+、H^+ 和 CO_3^{2-} 还是电离生成 Na^+、HCO_3^-？为什么？

学生思考、交流并作答。

[小结]若 $NaHCO_3$ 在水溶液中电离生成 Na^+、H^+ 和 CO_3^{2-}，则其水溶液应该呈酸性，而事实上它呈碱性，所以 $NaHCO_3$ 在水溶液中电离生成 Na^+、

HCO_3^-。如果学生有兴趣了解为什么 $NaHCO_3$ 和 Na_2CO_3 的水溶液都呈碱性,可以选择《化学反应与原理》一书进行学习。

师:$NaHCO_3$ 和 Na_2CO_3 作为钠的碳酸盐,应该都能与盐酸等强酸反应,那么我们怎样设计实验来比较它们的固体与盐酸反应的快慢且使结论真实可信?请同学们在课后思考并互相交流。

【教学评价】

把实验课堂交给学生,让学生在实验探究中体会做实验的乐趣,通过课堂观察,学生的探究积极性比在以往实验时更高,在实验时大家互相监督,其实验操作也更加规范了。

氢氧化铝的性质

【教材分析】

氢氧化铝是铝的重要化合物,在教学中,笔者发现很多学生对氢氧化铝"两性"的应用能力差。因此,在这次教学实践中,笔者特别注意在教学时突出探究氢氧化铝的性质。

【教学目的】

1. 通过实验来探究氢氧化铝的制备方法,并掌握氢氧化铝的"两性"及制法

2. 通过实验探究来提高学生的实验动手能力,并增强学生对化学的兴趣

【教学重难点】

$Al(OH)_3$ 的"两性"。

【教学过程】

师:通过之前的学习,我们知道 Al 和 Al_2O_3 都能与酸、强碱溶液反应,那么 $Al(OH)_3$ 是不是也有这样特殊的性质呢?我们知道 $Al(OH)_3$ 是一种白色难溶物,下面我们将通过实验来探究上述猜想。

实验大纲:第一,选取已备好的试剂,并制备少量的 $Al(OH)_3$。[试剂:浓度为 0.5mol/L 的 $Al_2(SO_4)_3$ 溶液,10% 的氨水,浓度为 2mol/L 的 NaOH 溶液,浓度为 2mol/L 的盐酸]

第二,将第一步制备出来的 $Al(OH)_3$ 分为两份,并分别溶于 NaOH 溶液和盐酸中观察。

[分组讨论]讨论第一步的制备方案,每组给出方案。

[整理]

方案 1:取少量 $Al_2(SO_4)_3$ 溶液于试管中,向其中加入少量 NaOH 溶液,制备氢氧化铝沉淀。

方案 2:取少量 $Al_2(SO_4)_3$ 溶液于试管中,向其中加入少量氨水,制备氢氧

化铝沉淀。

［分组实验］

各小组按照自己整理的方案进行实验。

［实验效果分析］

六个小组有的成功制取了氢氧化铝沉淀，有的失败了，笔者请他们总结失败的现象，共同分析原因。

按方案1实验，开始出现了白色沉淀，但停止加液后振荡试管，发现沉淀消失了。

按方案2进行的实验，实验很成功。

［教师重现实验现象］

第一，向含少量 $Al_2(SO_4)_3$ 溶液的试管中，逐滴滴加 NaOH 溶液。

第二，向含少量 $Al_2(SO_4)_3$ 溶液的试管中，逐滴滴加氨水。

［现象］在上述的第一组中，先出现白色沉淀，后又随着 NaOH 溶液的加入，沉淀逐渐消失，而第二组中，出现白色沉淀，无论氨水再怎样加入，其沉淀都无变化。

师：请大家推测第一组现象的原因。

生：$Al(OH)_3$ 能与强碱 NaOH 反应，但不能和弱碱氨水反应，所以 $Al(OH)_3$ 是两性氢氧化物。

师：那大家用刚才成功制得的 $Al(OH)_3$ 进行实验来验证我们的推测。

［分组实验］将 $Al(OH)_3$ 分装入两支试管中，分别加入 NaOH 溶液和盐酸，边加边振荡，进行观察。

［现象］两支试管中 $Al(OH)_3$ 都全部溶解。

师：$Al(OH)_3$ 是两性氢氧化物，分别和 NaOH 溶液、盐酸发生复分解反应，生成了偏铝酸盐和铝盐。下面，请大家写出上述实验中发生的化学反应方程式。

［学生思考、整理］

(1)实验室制备 $Al(OH)_3$，应该选用什么试剂？

(2)画出第一组实验的试剂-沉淀物质的量曲线。

教学评价：通过实验由学生自行探究 $Al(OH)_3$ 的制备方法和性质，由失败的实验结果来引发思考探究，学生的探究积极性很高，从学生思考整理化学方程式和画实验曲线的情况来看，学生的总结概括能力很高。

五、引导改进实验，培养学生的创新能力

课堂实验要注重实验效果的明显性。教师在做课堂实验之前，要先自己动手进行实验，在实验过程中找到容易出现的明显的异常现象。在教学过程中，教师可以将出现的异常现象作为课题来呈现在学生的面前，以激发学生

对问题的思考,进而引发探究和创新实验的兴趣。

铜与稀硝酸反应的实验教学设计

【教材分析】

本实验是新版人教版化学必修一的最后一节内容。在课本上,关于铜和浓、稀硝酸的反应只是作了理论性的介绍,并要求掌握,但没有给出相应的实验设计,而在课下的题目中却常常设计此问题的实验题,所以学生在做这类题目的时候,往往会出现许多问题。因此,就铜与硝酸的反应问题,笔者补充设计了相关实验——怎样设计实验证明铜与稀硝酸反应的气体产物是一氧化氮。

【教学目标】

1. 通过铜与硝酸反应的实验探究来掌握硝酸的化学性质——强氧化性、不稳定性

2. 通过实验探究创新的过程让学生学会评价和反思,并让学生树立环保的意识

【教学重难点】

硝酸的强氧化性和不稳定性。

【教学过程】(见表2-4)

表2-4 教学过程

教师活动	学生活动
【复习】铜与浓、稀硝酸的反应。 $4HN0_3$(浓)$+Cu = Cu(NO_3)_2+2NO_2\uparrow+2H_20$ $8HN0_3$(浓)$+3Cu = 3Cu(NO_3)_2+2N0\uparrow+4H_20$ 【演示实验】 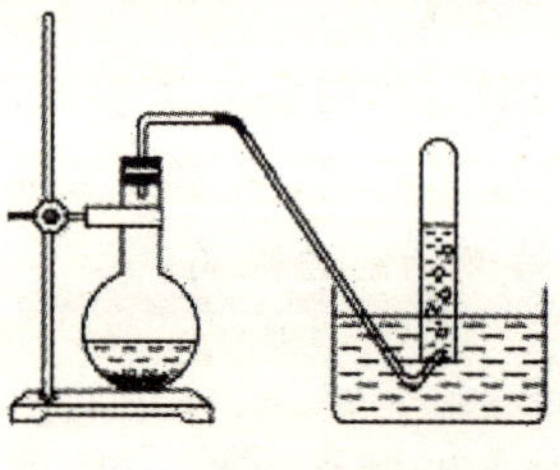 图2-1 稀硝酸与铜的反应	[学生观察] 现象:有红棕色气体产生。 [学生思考] 解答:可能是先生成的NO气体遇到了装置中的空气,从而转化来的。

（续表）

教师活动	学生活动
问：为什么会产生红棕色气体？红棕色气体是什么？ ［问］能不能证明反应开始时的气体产物是 NO 气体？如何设计？ 注意设计的实验要有明显的实验现象，能观察到无色的 NO 气体生成，并能观察无色的 NO 气体遇到空气中的 O_2 转变为红棕色的 NO_2 气体的过程，同时还要防止尾气污染环境。	［学生讨论］自行设计改进措施。 学生 1：在锥形瓶中倒入适量的氢氧化钠溶液，然后在锥形瓶中放置一个盛有稀硝酸的小烧杯，在橡皮塞上插入铜丝。先利用磷燃烧耗尽锥形瓶中的氧气。在反应后，向装置中缓慢通入空气，其装置具体如图 2-2 所示。 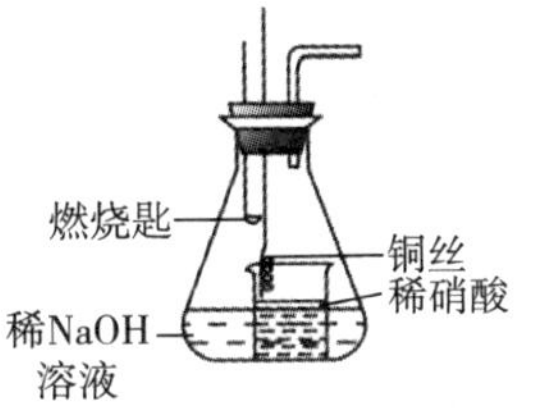 图 2-2　学生 1 的实验装置
［对学生 1 的分析］ 第一，改进合理，装置中的空气能被除尽；用氢氧化钠溶液可以吸收 NO 和 NO_2 气体；利用铜丝升降，能控制反应。 第二，装置复杂，磷燃烧虽然耗尽锥形瓶中的氧气，但产生的白烟会影响实验效果。	学生 2：在烧瓶中放入铜片，在分液漏斗中加稀硝酸。先往装置中通入一定量的氮气，然后滴入稀硝酸；在反应结束后再向装置中慢慢通入空气，其装置如图 2-3 所示。 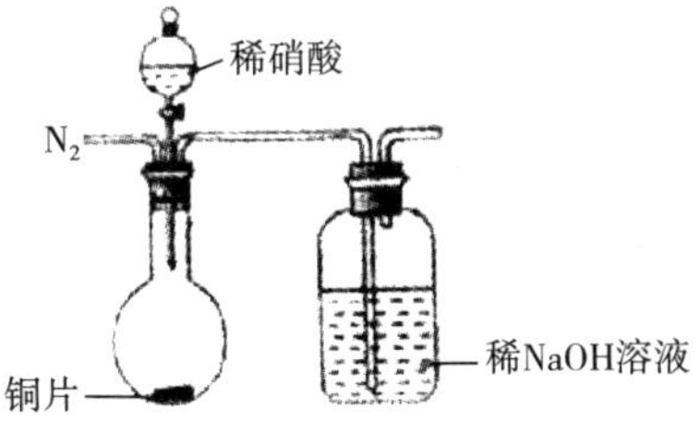 图 2-3　学生 2 的实验装置
［对学生 2 的分析］ 第一，改进的思路很好，在反应前将装置中空气排尽，其产物不会污染空气。 第二，实验室中氮气不易得到。	

（续表）

<table>
<tr><th>教师活动</th><th>学生活动</th></tr>
<tr><td>

［对学生 3 的分析］
第一，该装置简单明了，操作方便，实验过程中没有空气的干扰，而且产生的气体被吸入注射器，不会污染空气。
第二，装置有些浪费药品。

［师生共同讨论］
用注射器来进行铜与稀硝酸的反应，简便又洁净。我们可以采用如图 2－5 所示的实验装置。
稀硝酸与铜反应生成无色的气体，反应结束后，再向注射器中通入一些空气，我们可观察到无色气体变为红棕色。

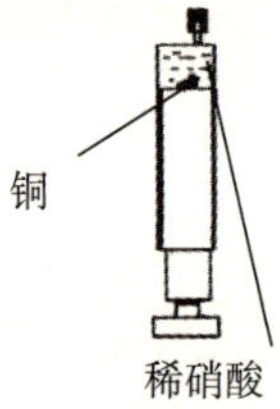

图 2－5　实验装置
［分析］该装置具有学生 3 的创新改进实验设计的优点，还具备微型化的特征。

</td><td>

学生 3：将试管中加满稀硝酸，在橡皮塞上插上铜丝和一支注射器，其实验装置如图 2－4 所示。

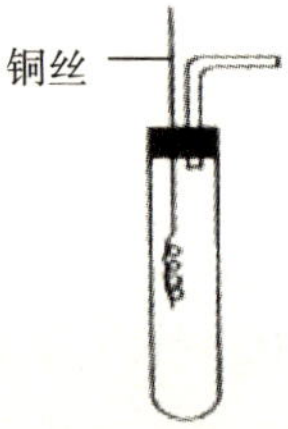

图 2－4　学生 3 的实验装置

［学生整理］

</td></tr>
</table>

【教学评价】

本节课主要是引导学生发现问题、主动质疑和对实验进行改善，我们还要把实验的主导权交给学生，让学生体会探究的乐趣。从教学过程来看，学生的参与性很强，而学生组装实验仪器的能力比前几节课要好些。但因为时间有限，本次课没有进一步研究硝酸的氧化还原规律。

第三节　翻转课堂在高中化学实验教学中的实践应用

一、翻转课堂教学内容的选择

在上面研究的基础上，我们明确了翻转课堂教学内容的选择依据及原则，只有根据翻转课堂教学内容的选择依据和原则来确定教学内容，并进行针对性的教学设计，才能高效地开展翻转课堂的教学活动，进而将翻转课堂蕴含的教学理念淋漓尽致地展现。通过对人教版《化学 1》的分析和实践，笔者归纳总结出适用于高中化学翻转课堂的教学内容主要包括三个模块。

(一)元素化合物知识模块

元素化合物是高中化学知识非常重要的基础部分，是全面认识化学学科和构建化学知识网络的阶梯和载体。学生只有在掌握元素化合物知识的前提下，才能对化学基本概念进行深入的理解，并且在学习化学实验和化学计算等知识时才不会感觉空洞和乏味。元素化合物知识的学习直接影响高中阶段整个化学知识的学习过程。元素化合物的知识包括反应元素及其化合物的性质、存在形式、制法和用途等多方面的内容，是联系化学与实际生产生活的知识。人教版《化学 1》中元素化合物知识的分布如图 2 - 6 所示。

- 元素化合物
  - 金属及其化合物
    - 钠及其化合物
      - 钠的物理性质和化学性质
      - 氧化钠和过氧化钠
      - 碳酸钠和碳酸氢钠
    - 铝及其化合物
      - 铝的两性
      - 氧化铝和氢氧化铝
    - 铁及其化合物
      - 铁粉与水蒸气反应
      - 铁的氧化物和氢氧化物
      - 铁盐和亚铁盐
    - 合金
  - 非金属及其化合物
    - 硅及其化合物
      - 硅单质
      - 二氧化硅和硅酸
      - 硅酸盐
    - 氯及其化合物
      - 氯气
      - 氯水和次氯酸
      - 次氯酸盐
    - 硫及其化合物
      - 硫单质
      - 二氧化硫和三氧化硫
      - 硫酸
    - 氮及其化合物
      - 氮气
      - 二氧化氮和一氧化氮
      - 氨和铵盐
      - 硝酸

图 2 - 6　人教版《化学 1》元素化合物知识分布

选择元素化合物知识模块作为开展高中化学翻转课堂的教学内容，其主要是基于元素化合物知识具有三个特点和翻转优势。

1. 知识点生动形象和直观化

《化学1》中的元素化合物知识大多是元素与其化合物之间转化的宏观表现，具有生动直观、形象具体和便于理解等特点，而且新知识的接受程度在学生自主学习能力范围内。所以，学生在翻转课堂的课前自主学习阶段完成知识建构时，一般不会有太大的困难。

2. 知识点零散繁杂，学生难以记忆

《化学1》中的元素化合物知识所涉及的元素及其化合物种类较多，包含碱金属，几种重要金属元素及其化合物，以及碳族、氮族、氧族、卤族等非金属元素及其化合物，其涉及的化学反应方程式相对较多，在众多的反应方程式中，既有符合一般规律的，又有具有特殊规律的，致使教学内容相对庞杂，学生记忆起来也相对困难。针对元素化合物知识的这一特点，以及新课改后虽然大量删减元素化合物知识的教学内容和教学时间，但是由高考的考查内容和难度却并未降低的现状，我们可以看出在传统课堂中所开展的元素化合物知识的教学，仍然是重知轻能、重教轻学，甚至是重结果轻过程。在紧张有限的教学课时安排内，教师一味地讲解，学生机械地记忆。从学生的角度来看，感觉知识零散，思维混乱，感受不到学习的成就感。这些本是易于理解的知识点，但学生却很难去发掘、提取和处理。

将翻转课堂教学模式应用于元素化合物的教学，教师在课前自主学习环节将元素化合物的知识网络建构的任务全权交给学生，并且给学生提供充足的学习时间，让学生在自主学习任务单的指导下自己决定怎样学和学多少次，最终达到熟练掌握的程度，打下扎实的化学知识基础。回到课堂中，几乎各个层次学习能力的学生都在同一起跑线上，这时教师再系统地对学习这类知识应具有的逻辑思维能力进行强化，从而帮助学生形成学习元素化合物知识的系统思维方法。

3. 知识点与实际生产生活紧密联系

在日常生活中，学生对《化学1》中所涉及的元素及其化合物并不陌生，如铝制品和铁制品随处可见，俗称小苏打的碳酸氢钠也是日常生活中的调料品，漂白粉的主要成分次氯酸钙、无机肥料铵盐也是再熟悉不过的。因此，选择元素化合物知识进行翻转，让学生真真实实感受到知识来源于生活，最终应用于生活。将“以学生为主体”作为理念的翻转课堂，可以让学生能够更好地在原有生活经验和认知基础上建构新知识，使学生在课前自主学习阶段基本能对相对繁杂和易混淆的元素化合物新知识进行有效区别，最终提高知识的辨别程度和学生的记忆效率。

（二）化学基本概念知识模块

化学基本概念是高中化学教学内容的核心，呈现化学学科的本质，也是整个高中化学学习的重难点。学生在理解了化学基本概念后，就能突破对事实性知识仅局限于描述性水平的困境，也能更进一步地认识元素化合物的性质和化学反应的本质。化学基本概念是指反应物质及其变化的本质属性和内在规律的化学知识，属于化学理论性知识。人教版《化学 1》中化学基本概念知识的分布如图 2－7 所示。

- 化学基本概念
  - 化学计量在实验中的应用
    - 物质的量
    - 阿伏伽德罗常数
    - 摩尔质量
    - 气体摩尔体积
    - 物质的量浓度
  - 物质的分类
    - 分散系
    - 溶液、胶体和浊液
    - 丁达尔效应
  - 离子反应
    - 电解质和非电解质
    - 电离
    - 离子反应
  - 氧化还原反应
    - 氧化还原反应
    - 氧化剂和还原剂

图 2－7　人教版《化学 1》中化学基本概念知识的分布

选择化学基本概念作为开展高中化学翻转课堂的教学内容，主要是基于化学基本概念知识具有三个特点和翻转优势。

1. 知识点抽象枯燥和具有高度概括性

《化学 1》中的基本概念反映了物质及其相互间变化的微观本质，同时也是对同一类事物的理论概述，其具有空洞不易捉摸、高度概括性和不易理解等特点。如物质的量是高中阶段学生首次接触到的化学概念，是建立化学微观世界和宏观世界的有效桥梁，其直接影响到整个高中化学的学习过程，但学生一般很难深入理解其本质，并且易与物质的质量相混，学生在应用时就会觉得抽象难懂。因此，在进行化学基本概念教学时，教师应注重引导学生进行概念形成过程的推理，务必让学生透彻理解作为固着点的概念理论，以保证后续概念的学习。翻转课堂最大的特点在于其在最大化完成课前预习的基础上延长了课堂学习的时间。在课堂中，学生自身有了自主学习阶段形成的化学概念的认知基础，而教师则有了更多的时间来一对一地进行个性化引导，以让学生发现概念的本质，并在课堂中给予学生充足的时间和机会，同时通过作业检测来区分概念和熟练概念的应用，透彻理解其本质，保证学生对抽象难懂的化学概念的理解清晰度，最终让学生形成建立概念间相互关系的能力。

2. 知识点更注重结论的获得过程

奥苏贝尔认为，概念是对同类事物共同关键特征的概括，也是区分不同事物的重要标准。化学基本概念的学习过程需要学生通过积极主动的思维活动来进行不断地假设和检验。概念形成的过程不只注重结论的获得，还要让学生亲身体验结论的获得过程。因此，化学概念的获取不应是机械被动的，相反要充分发挥学生的自主能动性。这一学习理念与翻转课堂中“以学生为主体”的教学理念是相契合的，将翻转课堂应用在化学基本概念的教学中能更好地体现教师在教学过程中对理论性知识获得过程的重视，还有利于强化概念间的相互联系。

3. 知识点有助于发挥学生的思维能力

《化学 1》中的基本概念是在具体丰富的事物中抽象总结出来的，其自然会有助于学生逻辑思维能力的培养，同时学生在运用化学基本概念去分析化学反应和化学现象时，也会对物质的性质、组成、结构及其变化有更深一步的理解。翻转课堂教学不仅能够让学生把课前自主学习过程中的困惑带到课中与同学、教师讨论，还能通过生生和师生的相互对话、交流等形式来尽可能发展学生的个体思维能力，而教学不再是将教师课前设定的逻辑思维能力强加给学生，学生的抽象思维能力会最大化地得以发挥，最终让学生都可以以自己的思维方式来清晰地理解概念的本质。

（三）化学实验知识模块

化学是一门以实验为基础的学科，化学实验是化学课程中不可或缺的重要部分。它能将零散庞杂的元素化合物知识以实验现象的形式呈现，并为学生认识化学物质提供化学实验事实，进而加强学生对知识的记忆和理解。同时，化学实验有助于将抽象难懂的基本概念直观化，以便于学生理解和接受。化学实验属于化学技能性知识，其中，演示实验是把抽象的化学知识形象化的有效手段，探究实验则是在学生具有一定认知基础上自主探索化学新知识的过程。人教版《化学 1》中化学实验知识的分布如图 2 - 8 所示。

从图 2 - 8 中，我们可以发现，人教版《化学 1》中的化学实验主要是基本的化学实验操作，更注重教师的操作演示，所以其更适合以演示实验的形式开展教学。但对于人教版《化学 1》中的部分元素化合物知识或化学基本概念知识，为了便于学生理解知识点的本质，建议教师以演示实验或探究实验的

- 化学实验
  - 化学实验安全
    - 实验室安全规则
    - 实验意外事故紧急处理方法
    - 药品的安全存放及仪器的正确操作
  - 混合物的分离和提纯
    - 过滤
    - 蒸发
    - 蒸馏
    - 萃取
    - 分液
  - 物质的量在化学实验中的应用 ——→ 配制一定物质的量的溶液

图 2－8　人教版《化学 1》中的化学实验知识分布

形式呈现。例如，在学习 $Al(OH)_3$ 两性的时候，为了更好地让学生感受 $Al(OH)_3$ 不溶于弱碱而溶于强碱，相比于直接讲授，教师以演示实验的方式呈现知识，更容易让学生接受。由此可见，化学实验和具体的化学事实性知识或化学理论性知识是相结合的，不宜孤立、机械的学习，而且化学实验不是单纯的操作训练，它是化学知识的直观化。

1. 演示实验注重拉近实验与学生的距离

演示实验和探究实验各有其侧重的教育教学功能。演示实验重在能让学生近距离观察实验现象或教师的操作示范。在传统课堂中，一般是教师演示，学生观察实验现象或者是教师示范，学生观看，进而让学生模仿操作。而在实际的教学实践中，往往出现座位靠后的学生观察不到实验现象和教师的示范操作而不能直观地感受化学知识，造成学生自己在练习操作中错误连连，从而没有达到开展演示实验的目的。把演示实验进行翻转后，将教师的实验演示制成录像，其实验现象便可以近距离地呈现在每位学生面前。对于操作性演示实验来说，教师可以将演示录像与知识点的讲解相结合，录制成微视频。课前，学生可以近距离地观察实验演示，可以多次观看教师的示范操作，还可以有充裕的时间思考现象背后的本质，同时这也降低了学生在课中自主实验时错误操作的频率。将翻转课堂应用于演示实验的教学中，既能保证所有学生走近演示实验，又有利于凸显演示的意义。

2. 探究实验注重探究能力的培养及隐性知识的传授

探究实验重在培养学生的科学探究能力，要让学生切身感受探究的过程。如果将探究实验进行翻转课堂教学，在学习任务单中提出了“设计探究方案”的学习任务，学生在学习了基础知识后也能完成实验方案的设计。但是，由于课堂中学生要对课前自主学习存在的问题进行交流，教师要进行个性化指导和学习结果的检测，最终没有足够的时间进行协作探究，而学生大多只能按课前设计的方案盲目探究，不能很好地达到探究实验的效果。同时，探究过程更多体现的是一种对科学的态度。在翻转课堂中，教师在教学时要将更多的时间用于一对一的个性化指导或分组解答，而不能陪伴学生经历探究的过程，常常会容易忽视将自己对科学的态度和情感传递给学生，从而弱化了教师对科学的积极态度、对问题的思考方式和教师的个人魅力等隐性知识的传授。相反，在传统课堂中，教师在进行探究性实验时，能够为学生提供充足的时间，让学生分组讨论设计实验方案，然后进行实验，最终确定出实验的最佳方案。在这一过程中，学生完整有效地体验了探究的全过程，并且教师在探究的氛围中，将自己对科学的态度、情感和对问题的思考方式传达给了学生。因此，探究实验以传统课堂的模式开展更有利于凸显探究的意义。

综上所述，根据各知识模块的特点与翻转课堂特点的契合程度，笔者认为人教版《化学 1》中适于高中化学翻转课堂的教学内容包括元素化合物知识模块、化学基本概念知识模块和化学实验知识模块中的演示实验。

二、翻转课堂实验设计原则与策略

以上内容详细介绍了人教版《化学 1》中不同模块知识点具有不同的特点，并论述了将翻转课堂应用于不同知识模块时，其教学效果会存在差异，最终分析总结出在元素化合物知识模块、化学基本概念知识模块和演示实验模块中开展翻转课堂，其翻转效果要更好。本部分将阐述高中化学翻转课堂教学设计的原则，并针对适合翻转的教学内容提出与之相对应的策略。

（一）高中化学翻转课堂实验教学设计原则

1. 以学生为认知主体的原则

翻转课堂是知识建构与知识内化过程的“翻转”。在此过程中，教师与学生的角色实现了转变。翻转课堂要求教师从“知识传播者”向“学习指导者”转变，要求学生由“知识的被动接受者”转变为“知识的主动建构者”。在翻转课堂的知识传递过程中，学生可以在教师设计的学习任务单指导下利用微视频进行自主学习，从而让学生真正成为认知建构的主体。同时，在翻转课堂的课堂教学环节，学生在同学和教师的协作帮助下使课前自主学习中遇到的问题得以解决，最终将新知识扩展和深化。我们根据翻转课堂的特点可以看出，高中化学翻转课堂的教学设计应以学生为认知主体，而教师应成为促进学生学习的催化剂。

2. 学习任务单简明设计的原则

在翻转课堂中，学习任务单具有引导学生前置性学习的重要作用。倘若设计的学习任务单是大篇幅的，将会无法凸显自主学习的重难点，还会隐性削弱学生的学习动机，并在无形中加重了学生的学习负担，会直接影响学生自主学习的效果，其自然也会对后续的课堂教学产生负面影响。因此，我们要将设计学习任务单作为开启翻转课堂的第一步，任务单要做到简洁明了，还要能够让学生带着明确的任务去学习，并抓住重难点，从而让学生达成学习目标。

3. 课前课中紧密联系的原则

课前课中紧密联系能够激发学生的积极性和主动性，让学生在课堂教学中体验来自课前自主学习的成就感，从而提高翻转课堂的教学效果。课前，学生在自主学习后，记录下独自不能解决的问题；课中，教师鼓励学生协作解决问题，如果学生合作不能解决，教师可以一对一地进行个性化的指导或进行全班系统讲授。因此，在翻转课堂教学设计时，教师要保证课堂教学环节是基于学生课前自主学习的结果进行开展的。

4. 互动交流有效性的原则

在翻转课堂教学中，学生内化知识是在课中与同学、教师讨论交流的过程中完成的。因此，交流互动的有效性将直接影响学生对知识的理解和深化。在翻转课堂的教学设计时，教师要根据学生课前自主学习的基本情况和教学内容的重难点来确定有效的探究问题，这也是对课堂交流互动的大致方向有预设的规划和准确的定位，而且我们要确保课堂交流互动的有效性和高质量。

（二）高中化学翻转课堂教学设计策略

1. 元素化合物知识模块在翻转课堂教学中的设计

在元素化合物的传统课堂中，一般是教师先讲授物质的性质和相关的实验，再进行演示验证实验和讲解相关的练习。而将翻转课堂教学模式应用于元素化合物知识的教学中，旨在构建出以元素及其化合物的性质为主线，以演示实验为载体，将物质的组成、结构、性质、用途、存在形式和制法等知识联系起来的元素化合物翻转课堂教学模式，从而增大固定单位课时的课容量。

（1）设计自主学习任务单

教师根据元素化合物的具体教学内容，在进行教学目标和学情分析后，开始翻转课堂的教学准备。设计自主学习任务单便是翻转课堂教学设计的第一步。元素化合物类翻转课堂自主学习任务单的设计，其核心在于要能够明确指导学生通过观看教学视频来认识物质的组成和结构、基本性质（物理性质和化学性质）、制取方法和用途等，并在自主学习任务单的帮助和引领下能够让学生初步全面认识物质。

（2）开发优质微课

自主学习任务单和微课是一脉相承的。教学视频的开发在很大程度上决定了课前学习任务完成的质量。元素化合物的学习是生活中常见现象学科化的过程,同时也是学生深入认识生活中常见物质的过程。在教学中,教师要充分体现物质结构决定性质、物质性质决定用途、物质用途反映性质和物质性质反映结构的化学学习思想。因此,元素化合物类翻转课堂的教学视频的核心内容应以演示实验为载体,重点介绍元素及其化合物的结构、性质、制取、相互间的转化和其在生活中的应用,而且部分用途可制成选看视频作为扩展内容来供学有余力的学生拓宽视野。

(3)开展课堂教学

① 明确课前自主学习达成的结果。对于元素化合物类的翻转课堂来说,课堂教学环节是在学生自主学习物质的结构、性质、制取与各化合物间的转化和用途等知识点后,所以教师应先针对学生课前学习反馈的问题来明确学生是否通过观看教学视频已经基本认识到了物质的结构、性质及其用途。

② 组织开展合作学习。开展合作学习的目的在于解决课前自主学习中存在的问题,使知识得以内化。在翻转课堂中,探究问题的确定是由师生共同完成的。从教师的方面来讲,教师需要根据教学的目标、教学内容的重难点来提出具有探究价值的问题;从学生的方面来讲,学生需要根据课前自学过程中存在的疑问提出问题,然后再由教师整理出学生提出的个别问题和共性问题,最后教师综合考虑两方面来确定对学生知识内化有实际帮助的问题。接着,教师组织学生先进行独立思考,并让学生尝试自己解决问题,在满足可操作和安全的前提下,鼓励和给予学生机会分组进行物质制取、物质性质验证和物质间转化的实验,从而让学生以直观的手段来感受和认识物质的性质,甚至让学生享受自己制取物质和完成物质间转化的成就感。合作学习阶段以实验为主要手段,不仅可以促进学生内化知识,还可以帮助他们顺应和同化新的认知体系。

③ 作业检测。作业检测是知识进阶内化的重要环节,教师需要关注学生的“最近发展区”,设计出让学生尝试后能解决的具有极限意义的进阶性习题,从而使学生对物质的结构、性质、用途及物质间的转化等知识进行应用和深化。

④ 精讲总结。最后,教师带领学生精讲并总结出物质的主要性质、物质之间转化的方法和物质在生产生活中的用途,最终构建有关物质性质的知识网络体系。

2. 化学基本概念知识模块在翻转课堂教学中的设计

化学基本概念具有一定的理论性、抽象性和系统性,对学生的逻辑思维能力和概括总结能力有着更高层次的要求,当然对教师的知识呈现能力和教学能力也有着更高的考验。在化学基本概念的传统课堂教学中，一般是教师给出相关的化学概念，进而系统地提炼出理解概念的要点，这是一种典型的“填鸭式”教学。事实上，这样的教学模式不仅会导致学生因对概念的理解能力不同而出现在相同教学时间内，有的学生对概念理解不透彻，无法参与课堂，而有的学生已掌握并出现不耐烦的现象。同时，不同学生在学习同一概念时，对概念理解难点的侧重不同，如在引入“物质的量”这一概念时，有的学生对理解“物质的量”定义中的“集合体”有一定的困难，而有的学生却觉得困难在于区分“物质的量”和“摩尔”两个专有名词。将翻转课堂教学模式应用于化学基本概念知识的教学中，其目的是在将原来教师课堂构建化学概念的过程翻转到课前，并且在不削减概念知识展示量的同时，给予学生更多机会决定怎么去学，给予学生更多时间决定学的频率，从而让学生切切实实地亲身经历概念形成的过程，并能够将自己在构建概念过程中存在的问题在课中与同学和教师充分交流和讨论，最终透彻地内化新概念。

(1)设计自主学习任务单

教师根据化学基本概念的具体教学内容，在教学目标分析和学情分析的基础上开始设计自主学习任务单，并利用自主学习任务单来指导学生通过教学视频层层递进地构建化学新概念。学生可以根据自己对新概念的理解能力来反复地播放视频，从而最大程度地理解概念，最终把自己对概念理解存在的困惑记录在自主学习任务单中“困惑与建议”一栏。

(2)开发优质微课

化学基本概念的学习是对一类事实物质进行高度理论概括的过程。在教学中，教师要充分注重让学生感受获得概念的历程，并指导学生如何利用其理论解决实际的问题。因此，化学基本概念翻转课堂的教学视频核心内容应重在采用动画、图片和 ppt 课件相融的形式，再配合教师的讲解来呈现相对比较抽象的概念知识，从而能够让学生从直观的事实性材料中来理解概念的由来和引入概念的意义。

(3)开展课堂教学

① 明确课前自主学习达成的结果。对于化学基本概念类的翻转课堂来说，课堂教学环节是在学生自主构建新概念和独立的自主学习后，每位学生对概念的认知绝对会存在差异。因此，在开展课堂教学之前，教师要明确学生课前自主学习后对新概念的理解存在哪些共性问题和个别问题。

② 组织开展合作讨论。在明确了学生课前自主学习的基本情况后，教师要根据自学中出现的具有探究价值的问题来对学生进行合理地分组，进而组织各小组针对一类问题有效地开展合作讨论，从而让学生在交流合作中深化概念。

③ 组织汇报交流。在确定问题和合作学习后,教师应让学生以灵活多样的方式进行汇报交流,还要给予各小组向其他小组分享讨论成果的机会,从而使学生意识到在理解新概念时可能出现的各类问题,在拓宽学生思维的同时让学生能更全面地掌握和理解概念的要点。在汇报交流中,教师要充分发挥引导的作用,对学生忽略的重难点问题应及时引导学生发现问题并对问题进行深化,从而实现教学重难点的突破。

④ 练习检测。在获得化学新概念后,要实现概念的内化,还得通过必要的练习来让学生知道如何应用新概念解决具体的问题。在这一阶段,教师的引导作用再次显现,所以学生在完成练习的过程中出现任何的疑惑都可以及时向教师反馈,而且教师要对其进行一对一的个性化指导,最终保证每位学生都实现概念深层次的内化。

⑤ 系统精讲。通过练习检测,学生已经重建了自己原有的化学概念知识框架,但此时构建的概念网络体系大多是混乱和无序的,甚至有可能是存在漏洞的,这时教师应该对概念知识进行更深层次的挖掘和高度概括总结,以帮助学生形成新的、清晰的概念网络体系。

3. 化学演示实验知识模块在翻转课堂教学中的设计

人教版《化学 1》承担着首次带领学生走进化学实验室的责任。在这本教材中有许多需要学生掌握操作技巧的基本实验,如容量瓶的正确使用、蒸馏操作等。在操作性的化学演示实验的传统课堂中,一般是教师演示操作,学生认真观察,然后学生模仿教师进行操作练习,但在实际的教学实践中,学生的操作往往总不尽如人意,还会出现各种各样的错误。将翻转课堂教学模式应用到操作性的化学演示实验的教学中,目的是让每一位学生均能近距离观察教师的演示操作,能够重复多次地观看教师的操作示范,并且在课堂自主实验中能降低错误率,从而达到更好的操作练习效果,最终构建让学生注重操作细节和避免常见错误,还能够有充裕时间练习操作的化学演示实验的翻转课堂教学模式。

(1)设计自主学习任务单

教师根据化学演示实验的具体教学内容,在完成教学目标分析和学情分析后,设计引导学生自主学习的任务单,让学生在任务单的引导下通过观看微视频掌握实验操作的要点并意识到操作中容易出现的错误,从而在课堂自主实验时避免常见的错误。此外,学生也可以将自己对实验操作的困惑写在自主学习任务单的"困惑与建议"一栏。

(2)开发优质微课

将人教版《化学 1》中的操作性化学演示实验进行翻转课堂教学,其优势在于学生可以在课前多次观看教师的演示实验视频。化学演示实验翻转课堂的教学视频的核心在于教师在录制视频时能够熟练并准确无误地操作实验,因为学生是通过课前观看教师的教学视频独立完成知识构建的,而教师无意识的一个错误操作都会潜意识地影响到学生的认知建构。此外,教师在将演示录像制作成微视频时,要对关键的操作要点及易出现错误的操作配上提示性说明,以便学生突破学习的重难点。

(3)开展课堂教学

① 明确课前自主学习达成的结果。对于操作性化学演示实验类的翻转课堂来说,课堂教学环节安排在学生掌握了实验的基本操作后。在自主学习阶段,部分学生会对正确的实验操作存在困惑,并且会产生"为什么要这样操作"的疑问。因此,教师在开展课堂教学之前要明确学生在课前学习中对掌握实验操作的要点存在哪些问题。

② 合作讨论。在获取了学生课前自主学习的结果后,教师要根据学生自学中出现的具有探究价值的问题来组织学生分组对问题进行有效的合作讨论,从而让学生在交流合作中解决问题。

③ 组织自主实验。在解决了学生的困惑后,教师要组织学生自己动手进行实验操作。在这个过程中,教师要充分发挥引导者的作用,要在学生操作过程中发现问题,如果是个别少数学生出现的错误,教师可以一对一地进行指导纠正,如果是大多数学生出现的操作错误,则教师应该记录并加以重视,并在以后的教学视频中加以分析和强调。

④ 展示交流。在独立学习和自主实验后组织学生展示自己的实验操作,并对在展示过程中较为优秀的个人进行及时表扬,从而让学生能够享受学习的成就感。当然,教师要对在展示过程中错误较为典型的学生及时鼓励并纠正,从而让其他学生有较为深刻的印象。

⑤ 要点总结。在展示交流之后,学生都意识到了实验操作中需要注意的一些事项,但每位学生认识到的操作要点不尽相同,所以教师要在学生展示交流的基础上引导学生总结出实验操作的所有要点,从而帮助学生建立完整的知识网络体系。

(三)实验案例设计与实施

"氨的性质"翻转课堂教学设计

依据翻转课堂教学内容的选择原则,将"氨的性质"以翻转课堂开展教学。首先,课前的教学视频重在介绍NH_3的性质和用途,通过观看教学视频,学生在自主学习阶段便能了解NH_3的性质与用途之间的关系,并满足元素化合物知识目标性的选择原则。其次,NH_3这一物质贴近学生的生活,属于易理解和易接受的知识点,学生能在自主学习阶段独立完成学习目标,具有了参与课堂教学环节的能动性,从而激发了主动参与学习的动机,满足激发学生内在学习动机的选择原则。再次,在 NH_3 性质知识构建的过程中,学生在独立完成学习目标的同时,还容易发现和提出有探究价值的问题,从而保证了课堂教学的生成性和满足可操作性的选择原则。最后,回到课堂中,教师引导学生解决问题和归纳总结 NH_3 的性质和用途,优化了对元素化合物知识的学习方法,并隐性强调了注重学习态度及学习方法培养的意识,满足有利于长远发展的选择原则。

1. 教学目标分析

第一,了解氨的物理性质和用途,掌握氨、氨水和铵盐主要的化学性质。

第二,知道"喷泉"实验的原理,学会氨的实验室制法。

第三,了解氨的用途及氮元素在自然界中的循环过程。

第四,能够应用所学的知识和化学基本技能去检验铵根离子。

第五,通过对实验现象的观察和分析来加强学生的观察能力和提高应用化学实验发现新知识的能力。

第六,通过"喷泉"实验来培养总结归纳的能力和知识迁移的能力。

2. 学情分析

学生已经对非金属硅以及氯进行了系统的学习,已初步对非金属的通性有了基本的认识,铵盐又是日常生活中常见的物质,学生对含氮化合物已经不陌生,这使得学生在学习氨的时候有规律可循。同时,高中阶段的学生理性思维较强并且自控意识已逐步形成,其具备了一定的分析解决问题的能力和总结归纳的能力。因此,本节教学内容以翻转课堂的形式开展教学,让学生在课前便能在自主学习任务单(如表 2-5 所示)的引导下通过教学视频中教师的讲解及演示实验来自己完成知识的构建。

表 2-5 "NH_3的制备与性质"自主学习任务单

"NH_3的制备与性质"自主学习任务单 班级:________姓名:________学号:________
一、学习指南 1. 课题名称 NH_3的制备与性质。 2. 达成目标 (1)通过观看教学视频,认识到含氮化合物在人类生产生活中的地位及氮元素在自然界中的循环过程。 (2)通过观看教学视频,掌握 NH_3 的实验室制法。

（续表）

(3)通过观看教学视频，了解 NH_3 的物理性质以及喷泉实验的原理，并且能够分析氨水的酸碱性。 (4)通过观看教学视频，掌握 NH_3 的化学性质。 (5)通过观看教学视频，了解铵盐的通性，并学会检验 NH_4^+ 的方法。 3. 学习方法建议 微课学习。 4. 课堂学习形式预告 合作交流、作业检测和系统精讲。
二、学习任务 通过观看教学视频自学，完成下列学习任务： (1)用离子方程式表示出 NH_4^+ 与 OH^- 不能共存的原因。 (2)实验室制取 NH_3 的反应原理：________________。 (3)实验室制取 NH_3 时，强碱为什么不选择 NaOH 或 KOH？铵盐为什么不选择 $(NH_3)_2CO_3$ 或 NH_4NO_3？ (4)实验室制取 NH_3 的发生装置类型是什么？净化装置如何选择？采用什么方法收集 NH_3？ (5)通过观察实验室制取 NH_3 的装置以及观察刚刚收集到的 NH_3 实物，总结 NH_3 的物理性质：________________。 (6)产生喷泉实验的原因是什么？喷泉实验说明氨水显什么性？请分析原因。 (7) NH_3 具有哪些化学性质？ (8) NH_3 的用途有哪些？ (9)铵盐具有哪些化学性质？ (10)如何检验 NH_4^+？
三、困惑与建议 在观看了教学视频和完成了学习任务后，你有什么学习心得体会或困惑。

3. 开发微课

"NH_3 的制备与性质"的微课从展示果园、麦田和化肥的照片开始，让学生感受含氮化合物在人类生产生活中占据着重要的作用，并引领学生来认识氮循环家族中重要的成员——NH_3。NH_4^+ 与 OH^- 生成 $NH_3 \cdot H_2O$，而 $NH_3 \cdot H_2O$ 不稳定，在常温下会分解生成 NH_3 和 H_2O，教师引导学生联想到可用铵盐和强碱制取 NH_3，再针对如何选择铵盐和强碱进行分析。然后，教师在视频中呈现实验室中是如何制取 NH_3 的，并将制取到的 NH_3 在视频中展示给学生，进而带领学生总结归纳出 NH_3 的物理性质。接着，教师进行喷泉实验的演示实验，并带领学生分析实验现象,让学生认识到NH_3溶于水,与水发生化学反应生成$NH_3 \cdot H_2O$,而$NH_3 \cdot H_2O$发生电离生成NH_4^+和OH^-,从而知道氨水显碱性的原因。再由NH_3与H_2O反应的实质迁移到NH_3能与酸的反应,以及从氧化还原的角度对NH_3进行分析,从而得出NH_3的另一个化学性质,能与氧气发生催化氧化。在认识了NH_3的物理性质和化学性质之后,为深化元素化合物学习过程中物质性质决定用途和物质的用途反映性质的学习思想,教师在视频中呈现NH_3在日常生活中的用途,部分用途可制成选看视频,让感兴趣的学生作为知识的扩展。教师再从利用铵盐与强碱可用于制取NH_3、NH_3与酸能够反应的基础上,带领学生认识铵盐并总结铵盐的性质。"NH_3的制备与性质"教学视频的脚本如表2-6所示。

表2-6 "NH_3的制备与性质"教学视频脚本

微视频	核心内容
视频一(30s)	NH_4^+与OH^-生成$NH_3 \cdot H_2O$的离子反应
视频二(2min)	实验室制取NH_3的药品选择
视频三(2min)	NH_3的实验室制备、NH_3的物理性质
视频四(2min)	喷泉试验及现象分析
视频五(2min)	NH_3的化学性质及NH_3的用途
视频六(1min)	铵盐的性质及NH_4^+的检验方法

4. 开展课堂教学

表2-7 教学过程

教学环节	课堂活动
合作探究(以实验为载体)	一、确定探究问题 教师活动:教师以ppt的形式呈现根据教学目标、教学重难点和学生课前自学后反馈的问题来确定的四个探究问题。 第一,为什么实验室一般不采用直接加热氨水的方法制取NH_3? 第二,$CaCl_2$是中性干燥剂,能否用$CaCl_2$干燥NH_3? 第三,哪些气体与液体的组合也能产生喷泉? 第四,NH_3与HCl反应能够产生白烟,和其他酸反应是否也能产生白烟? 设计意图:教师以ppt的形式聚焦问题,并鼓励学生在课前自主学习阶段积极提出问题,培养发现问题和表达问题的能力,以及提高自主学习的质量。

（续表）

教学环节	课堂活动
	二、解决问题 学生活动：学生先独立思考尝试解决问题，然后进行小组交流。教师活动：教师针对学生存在的困惑进行及时的个性化指导。 解决问题一：为什么实验室一般不采用直接加热氨水的方法制取 NH_3？ 加热浓氨水也可以用于实验室快速制取 NH_3，但制取的 NH_3 中常常混有水蒸气且浓氨水一般不稳定，并且在实验室不易保存。 解决问题二：$CaCl_2$ 是中性干燥剂，能否用 $CaCl_2$ 干燥 NH_3？ $CaCl_2$ 是中性干燥剂，但 $CaCl_2$ 容易与 NH_3 反应生成 $CaCl_2 \cdot NH_3$，因此不能用于干燥 NH_3。 解决问题三：哪些气体与液体的组合也能产生喷泉？ 只要能使烧瓶内外产生一定的压强差的气体与液体组合均能产生喷泉。例如，易溶于水的气体与水的组合：NH_3、HCl、SO_2、NO_2；酸性气体与碱液的组合：NH_3、HCl、SO_2、NO_2、H_2S 与 NaOH 溶液；碱性气体与酸液的组合：NH_3 与盐酸溶液。 解决问题四：NH_3 与 HCl 反应能够产生白烟，和其他酸反应是否也能产生白烟？ 教师活动：组织学生以小组为单位完成下列实验。 第一，分别用两根玻璃棒蘸取浓氨水和浓盐酸，然后靠近两根玻璃棒，并观察发生的现象。 第二，分别用两根玻璃棒蘸取浓氨水和浓硫酸，然后靠近两根玻璃棒，并观察发生的现象。 第三，分别用两根玻璃棒蘸取浓氨水和浓硝酸，然后靠近两根玻璃棒，并观察发生的现象。 第四，分别用两根玻璃棒蘸取浓氨水和磷酸，然后靠近两根玻璃棒，并观察发生的现象。 学生活动：根据观察到的实验现象，总结归纳出具有挥发性的酸（浓硝酸、浓盐酸等）遇 NH_3 会产生白烟，难挥发性的酸（浓硫酸、磷酸等）遇 NH_3 不会产生白烟。 设计意图：学生在同学和教师的帮助下，使问题得以解决，不仅提高了学生在学习中的合作意识和解决问题的能力，同时教师在教学中还实现了个性化指导。 三、学生自主实验（将演示实验还给学生） 教师活动：在通过解决问题来内化知识后，组织学生利用实验的手法进一步直观地内化知识。

(续表)

教学环节	课堂活动
	学生活动:以小组为单位完成以下实验。 第一,利用NH_4Cl与$Ca(OH)_2$实验室制取NH_3,从实验过程中巩固NH_3的实验室制法,并通过制得的NH_3来让学生直观感受NH_3的物理性质。 第二,组装装置完成喷泉实验,并从实验过程中认识到喷泉实验成功的关键因素,然后通过直观的实验现象来理解喷泉实验的原理和氨水的性质。 第三,利用浓氨水判断常见酸(稀硫酸、稀盐酸、醋酸、浓盐酸、浓硫酸等)的挥发性,并通过实验过程直观感受NH_3能与酸反应的化学性质。 设计意图:以实验为载体,让学生体验自主学习及协作学习带来的学习成就感,并利用直观的实验手段来让学生内化零散繁杂的元素化合物知识,同时在小组合作实验过程中,提高学生的合作意识。
精讲总结	教师活动:重难点精讲,带领学生对本节的内容进行系统总结。 在教师的引导下,学生自己归纳总结出如下所示的知识点。 1. 氨的实验室制法:$2NH_4Cl+Ca(OH)_2 \xlongequal{\triangle} CaCl_2+2H_2O+2NH_3\uparrow$ 2. 氨的物理性质:氨是一种有刺激性气味、易液化、密度比空气小且极易溶于水的气体。 3. 氨的化学性质: (1)NH_3与水的反应:$NH_3+H_2O \rightleftharpoons NH_3\cdot H_2O \rightleftharpoons NH_4^++OH^-$ (2)NH_3与酸的反应:$NH_3+HCl = NH_4Cl$;$NH_3+HNO_3 = NH_4NO_3$;$2NH_3+H_2SO_4 = (NH_4)_2SO_4$ (3)NH_3的还原性:$4NH_3+5O_2 \xlongequal[\triangle]{催化剂} 4NO+6H_2O$ 4. 氨的用途:氮在自然界中的循环,作制冷剂。 5. 铵盐的性质:铵盐都易溶于水,受热易分解,与碱反应生成氨气。 设计意图:促进学生深化教学内容的重难点,培养归纳总结的能力,并帮助学生深化知识网络体系。

第三章 信息技术下的高中化学实验教学

化学是一门以实验为基础的自然科学。在化学教学过程中，实验是培养学生创新精神、实践能力和激发学生探索欲望的重要途径。所以，我们根据高中化学实验教学的特点，可以将实验分为两大类，即演示实验和探究实验。

目前，在传统化学实验进行过程中，这两大类常见的实验类型，在普通实验室实施的过程中也常常会出现一些问题，如一些实验要求比较严格，造成操作步骤容易出现错误或不够规范，从而影响实验的效果；有些实验药品稀少昂贵，致使实验不能随时反复演示；有些实验时间较长，在有限的时间内完成不了或者十分危险不易操作；有些实验原理或现象不易观察和理解，需要反复进行实验。

为了能够有效解决上述困难及问题，教师将信息技术应用到实验教学中去是一个有效的方法。下面，笔者将介绍两种常见的信息技术支持的高中化学实验教学方法。此外，笔者在本章的第三节中还将介绍信息技术在高中化学实验教学方法中的优势和制约因素。

第一节 虚拟实验支持下的化学实验教学方法

一、信息技术在高中化学实验教学中的应用特点

（一）信息技术应用在实验教学中的特点

随着信息技术的发展，化学实验在高中化学教学中的作用越来越明显，教学也有着新的特点，而且信息技术的应用也更加的广泛。在实验内容上，新教材中对基本技能实验已经不再作详细的规定限制，并且没有规定是教师演示实验还是学生分组实验，不仅让实验教学更加自由，还可以增强学生的创新性，从而提高学生对内容的理解与掌握。一些不易实现的如有危险、有毒或现实条件难以实现的内容，不易观察到的抽象、微观的化学现象和过程等实验可以不再受限于形式。所以，教师可以根据教学的需要和学生的情况进行设计，从而区分教师演示实验和学生实验。

在实验目的上,学生通过实验能够提高对化学知识的理解,从而加深知识的记忆。信息技术的加入可以加强培养学生分析问题和解决问题的能力,并且让学生能够通过丰富开放的实验来更好地学习内容。此外,信息技术的支持不仅可以使化学实验的教学能够更加丰富和完善,还可以克服以往单一的教学模式,从而使教学方法更加多样化,教学内容更加丰富,教学目的也不局限在知识传授上,并更加重视对学生个人能力和思维的培养,为学生的全面发展创造了条件。同时,信息技术在化学实验中的应用应有利于学生信息素养的形成。信息素养是文化素养的一个重要部分,并逐渐加入从小学到大学的教育目标与评价体系中,从而成为评价人才综合素质的一项重要指标。目前,信息技术课程的开设、信息技术的教学应用应成为培养学生信息素养的主渠道。而在信息技术教学应用中,如果仅仅在课堂上使用信息技术作为演示工具,很难培养学生的信息素养。这是因为在信息技术与课程整合的过程中,学生需要实际、恰当地应用信息技术。例如,学生利用网络技术从不同的资源中查找、评价和收集信息;利用数据处理技术来分析实验数据、绘制图表和汇报研究成果;利用虚拟技术模拟研究现实问题,并提出解决策略和方案等。可见,信息技术与课程整合不仅能增强学生观察、分析和解决问题的能力,以及学生获取、处理和应用信息的能力,还能培养学生的创造思维能力,以促进学生自主地进行学习,从而使学生得到全体发展、全面发展,最终把信息素养的培育提高到新的高度。

随着现代信息技术的加入,根据不同实验的特点,我们要更加重视对实验步骤和方法等问题的要求,对实验的操作也越加精细,一些危险性实验、有毒性实验可以通过现代技术手段得以实现。此外,长期的化学实验实践研究和教学理论也为化学实验教学提供了丰富的、有价值的经验和相关理论成果,而传统的化学实验教学常常忽视间接实验事实在教学中的作用,所以这种做法是需要纠正的。笔者认为,条件的限制是造成这种现象的主要原因。如今,随着信息技术在化学实验教学中的应用,在化学实验教学中的这种制约将被打破。

(二)信息技术应用于高中化学课程中的阶段与层次

将信息技术应用于高中化学课程中,二者相互融合的进程大致可分为三个阶段,这三个阶段分别是:封闭式的、以知识为中心的整合阶段;开放式的、以资源为中心的课程整合阶段;全方位的课程整合阶段。在不同的阶段,技术的投入与学生学习的投入是不同的。在教学过程中,教的活动和学的活动对技术有一定的依赖性。根据学生的参与程度、对信息技术的特征和功能的不同要求,可以将信息技术与课程整合的三个阶段细化为十个层次。同时,笔者对每个层次的教学策略、学生的学习方式、教师的角色、学生的角色、教学评价方式和依据，以及信息技术在不同层次的作用进行了比较和论述。

1. 封闭式的、以知识为中心的整合阶段

传统教学和目前大多数教学都属于此阶段。教师大多严格按照教学大纲或按照教材的安排和课时的要求来设计所有教学活动，如果课程内容较少，就安排一些讨论，多设计一些活动；如果课程内容较多，就采用“满堂灌”的形式。教学过程中，教师虽然也采用一定的辅导软件，但目前的辅导软件也都是在上述指导思想下编制出来的，所以整个教学都是在以“知识”为中心的指导下进行的，教学目标、教学内容、教学形式和教学组织都和传统课堂教学没有什么区别，而且整个教学过程仍以教师的讲授为主，学生仍然是被动的反应者、被灌输知识的对象。信息技术的引入，只是在帮助教师减轻教学工作量方面取得了一些进步，而与传统方式相比，学生思维与能力的发展并没有实质性的提高。按照教学对技术的依赖程度和学生的投入程度，此阶段可细化为三个层次。

(1)信息技术作为演示工具

教师可以使用现成的计算机辅助教学软件或多媒体素材库，并选择其中合适的部分用在自己的教学中。同时，教师也能利用 ppt 或者一些多媒体制作工具并集成各种教学素材来编写自己的演示文稿或多媒体课件，以讲解化学实验教学中的知识点或形象地演示其中某些难以理解的内容，以及难以在课堂上进行的实验所要反映的变化过程和理论模型等。另外，教师也可以利用模拟软件或计算机外接传感器来演示某些实验现象，以帮助学生理解所学的知识。这样计算机既代替了幻灯、投影、粉笔和黑板等传统媒体，又实现了它们无法实现的教育功能。该层次的教学对信息技术的依赖程度较小，只是必要时偶尔用一用，学生只能听、看，但没有实际操作的机会。因此，这种方式仍是被动型的学习。

(2)信息技术作为交流工具

信息技术作为交流工具，就是将信息技术以辅助教学的方式引入教学，主要起师生之间情感交流的作用。要实现上述目的，我们并不需要复杂的信息技术，只需在有互联网或局域网的硬件环境下，采用简单的 BBS 和聊天室等工具即可。教师可根据教学的需要或学生的兴趣开设一些专题或聊天室，如“我需要帮助”“我的见解”等，并赋予学生自由开辟专题和聊天室的权利，从而使他们在课后有机会对课程的形式、教师的优缺点和无法解决的问题等进行充分的交流。同时，教师还可以在与学生交流的过程中了解学生在课堂实验中无法理解的实验现象，从而在之后的课堂教学中再次为学生进行实验解答。

讲授式教学仍然是此层次的主要教学策略,学生仍以个体作业形式完成学习任务,而评价方式也与前一层次相同,所以教师的角色和学生的角色也基本没有变化。但是,教师多了一项工作,即对交流的组织和管理。由于学生学习兴趣的提高,使其对学习效果优于前一层。此外,此层次对信息技术提出了新的要求,即互联网和局域网的使用。

(3)信息技术作为个别辅导工具

随着计算机软件技术的飞速发展,出现了大量的操练练习型软件和计算机辅助测验软件,不仅能让学生在练习和测验中巩固和熟练所学的知识,还为下一步的学习奠定基础。在此层次中,计算机软件代替了部分教师职能,如出题和评定等。因此,教学对技术有较强的依赖性。此外,教学还能在一定程度上注意学生的个别差异和提高学生对学习的投入。在这个层次中主要应用到的技术有个别辅导软件和教师与学生之间的交流工具。

根据不同的学习内容和学习目标,个别辅导软件提供的交互方式也有所不同,其体现了不同的教学或学习方式,从而形成了不同模式的个别辅导软件,如操练和练习、对话、游戏、模拟、测试和问题解答等。在此层次上,笔者主要采取的教学策略有个别辅导式教学和个别化学习等。虽然教学仍是封闭的、以"知识"为中心的,但学生有机会与丰富、优秀的软件接触,这对学生的学习积极性有较大促进作用。在教学中,教师要时刻关注学生的学习进展。当遇到问题时,学生可以向教师或其他同学请教,以得到及时的辅导和帮助,但最后的评价方式仍以测验为主。

2. 开放式的、以资源为中心的课程整合阶段

教学观念、教学设计的指导思想、教师的角色和学生的角色等都会发生较大的变化。教育者重视学生对所学知识的意义建构,教学设计从以知识为中心转变为以资源为中心、以学为中心,整个教学资源是开放的,学生在学习某一学科内的知识时可以获得许多其他学科的知识,而且学生在占有丰富资源的基础上可以完成各种能力的培养,此时学生成为学习的主体,而教师成为学生学习的指导者、帮助者和组织者。按照对学生能力由低到高的培养顺序,我们可以将此阶段细化为四个层次,每层着重培养的能力分别是:信息获取和分析能力、信息分析和加工能力、协作能力、探索和创新能力。

(1)信息技术提供资源环境

信息社会需要有信息能力的新型人才,而学生的信息能力则是指学生获取、分析和加工信息的能力。随着网络技术的飞速发展,网络资源浩如烟海,学生如何在广袤的信息海洋中迅速、准确地找到自己所需的资源,如何判断

资源的价值并对其进行取舍，如何合理地将资源重新组合为自己所用就成为当今的重要话题。信息技术提供资源环境就是要突破书本是知识主要来源的限制，并用各种相关资源来丰富封闭的、孤立的课堂教学，还能极大扩充教学知识量，从而使学生不再只学习课本上固有的内容。

在此层次上，教师主要培养学生信息能力中的获取信息、分析信息的能力，并且要让学生在对大量信息进行筛选的过程中实现对事物的多层面了解。此时，教师可以在课前将所需的资源整理好并保存在某一文件夹内或内部网站，以让学生访问该文件夹来选择有用信息；还可以为学生提供适当的参考信息，如网址、搜索引擎、相关人物等，由学生自己去互联网或资源库中搜集素材。相比较来说，后者比前者更能培养学生获取信息和分析信息的能力。但是，由于受到网速或学生信息处理能力条件的限制，我们也可以采用第一种方式，不过要求教师要提供尽可能多的资源，还要让学生有对信息进行"筛选"的可能。该层次是所有后续层次教学的基础。所以，在信息社会，学生只有找到资源才有创作或发明所言。

(2)信息技术作为信息加工工具

上一层主要培养学生获取信息和分析信息的能力，强调学生在对大量信息进行筛选的过程中对事物综合的了解和学习。该层次主要培养学生分析和加工信息的能力，并强调学生在对大量信息进行快速提取的过程中对信息进行整理、加工和再利用的能力。该层次不能独立存在，必须依赖于信息技术提供的资源环境，也就是说，如果没有可供探索的资源，学生就无法实现对信息的获取，也就无法对信息进行分析和加工。

在该层次的教学中，教师重点培养的是学生的信息加工能力和思维表达能力，从而让学生达到对大量知识的内化。该层次可采用任务式教学策略。在教学过程中，教师要密切注意学生整个的信息加工处理过程，并且要在其遇到困难的时候给予及时的辅导和帮助。

(3)信息技术作为协作工具

与个别化学习相比，协作学习有利于促进学生高级认知能力的发展，并且有助于学生协作。因为信息技术能对高中学科教师教学的技巧、能力、责任心等方面的素质进行培养，所以其受到广大教育工作者的普遍关注。但是，在传统的课堂教学中，受人数和教学内容等因素的限制，常常使教师心有余而力不足。计算机网络技术将信息技术和课程整合，为协作式学习提供了良好的技术基础和支持环境。计算机网络环境大大扩充了协作的范围，减少了协作的非必要性精力的支出。在基于互联网的协作学习过程中，基本的协作模式有竞争、协同、伙伴和角色扮演四种。笔者将对这四种协作模式进行简单的介绍。

竞争是指两位或多位学生针对同一学习内容或学习情景,并通过互联网进行竞争学习,看谁能够首先达到教学目标的要求,这在培养学生技巧和能力的同时,还能培养学生的竞争意识和能力。基于竞争模式的网络协作学习,一般是由教师预先提出一个问题或目标,并提供学生解决问题或达到目标的相关信息。学生在开始学习时,先从网上在线学生名单中选择一位竞争对手或选择计算机作为竞争对手,并达成竞争协议,然后开始各自独立地解决学习问题。在学习过程中,学生可看到竞争对手所处的状态和自己所处的状态,而且学生可根据自己和对方的状态来调整自己的学习策略。所以,竞争一般需要在智能性较强的网络教学软件支持下进行。

协同是指多位学生共同完成某个学习任务,在共同完成任务的过程中,学生发挥各自的认知特点,相互争论、相互帮助、相互提示或者进行分工合作。学生对学习内容的深刻理解和领悟就在这种与同伴紧密沟通和协调合作的过程中逐渐形成。所以,协同需要多种网络技术的支持,如视频会议系统、聊天室和留言板等。

伙伴就是指在网络环境下找到与现实环境中的伙伴相类似的学生,然后共同协作、共同进步。另一种伙伴形式是由智能计算机扮演伙伴角色和学生共同学习、共同讨论,其在必要时还可以给予学生忠告等。

角色扮演指在用网络技术创设的与现实或历史相类似的情境中,学生扮演其中的某一角色,并在角色中互相学习。要实现角色扮演,我们一般采用实时交互的网络工具,如视频会议和多功能聊天室等。

(4)信息技术作为研发工具

虽然我们强调对信息的加工、处理和学生协作能力的培养,但最重要的还是要培养学生的探索能力、发现问题和解决问题的能力,以及创造性思维能力,这才是教育的最终目标。在实现这个目标的教学中,信息技术扮演着“研发工具”的角色。

很多工具型教学软件都可以为该层次的教学和学习提供很好的支持。例如,几何画板软件在中学数学教学中可为学生提供自我动手和探索问题的工具。当面对问题时,学生可以通过思考和协作来提出自己的假设和推理,然后用几何画板进行验证。此外,学生还可以使用几何画板自己做实验来发现和总结一些学习的规律,如三角形的内角和为180度、圆周率的存在及近似值的计算等。随着信息技术的飞速发展,新技术在教学中的应用为学生的探索和学习提供了强有力的支持。例如,在经济学的课程中,虚拟现实技术可以模拟真实的商业情境,让学生在各种真实和复杂条件下做出决策和选择,从而提高学生对真实问题的解决能力。

探索式教学和问题解决式教学等都将信息技术作为研发工具的教学模式,而且也取得了一定的成果。但如何更好地发挥信息技术的作用,以及如何设计能更好地培养学生创造性思维能力的模式仍是所有教育人员奋斗的方向之一。

3. 全方位的课程整合阶段

前两个阶段虽然彼此之间有很大的差异,但它们都没有使教学内容、教学目标和教学组织架构发生全面的改革和信息化。当教育理论和学习理论得到充分发展和利用时,当信息技术在高中化学实验教学中的应用得到更系统、更科学的探讨和细化时,这些措施必然会推动高中化学实验教学发生一次重大的变革,并促进教育内容、教学目标和教学组织架构的改革,从而完成整个教学的信息化,而且将信息技术融合到教育的每一个环节,最终达到信息技术和课程改革更高的目标。

(1)教学内容的改革

信息技术在教学中的应用,给传统教学内容结构带来了巨大的冲击。那些强调知识内在联系、基本理论、与生产生活相关的教学内容变得越来越重要,而那些大量脱离实际、基于简单的知识传授和简单技术培训的教学内容则成为一种冗余。同时,教学内容的表现形式也将发生很大变化,由原来的文本性和线性结构形式转变为多媒体化、超链接结构形式。教育内容的发展趋势是:教材的难度增加、重视基本理论和强调知识内在的联系;在课程设计上重在学科结构合理,教学内容少而精,并着重使学生掌握一般的基本原理以发展学生的认识能力;制订教学大纲要着眼于能力,特别是学生思维能力和创造力的培养,而不是一般知识的传授和一般技术的培训;教育内容要与生产实践相结合,并着力培养学生解决真实性问题的能力;教材的多媒体化,即利用多媒体和超媒体技术来建立结构化、动态化、形象化的教学内容。

(2)教学目标的改革

教育内容的改革会对现有以知识为中心的教学目标产生强烈冲击,而且以能力为核心的教学目标将成为主体。这些能力包括信息处理(获取、组织、操作和评价)的技能、问题解决的能力、批判性思维的能力、学习能力和与他人合作的能力。这些目标已经在一定程度上受到一些人的重视,并且随着信息技术和课程改革的不断深入,其必将产生新的、强调帮助学生参与真实性任务和产生真实性项目的教学目标。

(3)教学组织架构的改革

随着教育内容和教学目标的改革,教学组织架构和形式也会发生相应的变革。教学目标强调以真实性问题为学习核心,这就要求教师的教学必须打破传统的课堂中学生都坐在教室里听课的时间和空间限制,而学生的学习必须以项目和问题为单位,并对学习的时间和空间进行重新设计和规划。此外,在教学的组织形式上和活动安排的分组上,教师也要打破传统的按能力同质分组的方式,从而实行异质分组。

在化学实验教学中既有传统的实验教学方法的应用,又有现代信息技术的应用。我们不能一味地认为运用信息技术的化学实验教学方法就一定适合学生的学习,这是由于任何教学方法都有其本身的重要价值和意义。所以,我们要辩证地看待信息技术在教学中的作用,即我们不仅要看到将信息技术运用到化学实验教学中的作用,还要看到它的本质和局限性,以便教师在实际化学实验教学中选用正确的教学方法。

二、虚拟实验支持下的化学实验教学

虚拟实验能够通过多媒体、仿真化学实验和虚拟现实等技术的支持,并为传统的化学实验提供了一个操作平台。在这个平台上,其不仅可以辅助实验的进行,还为实验提供了一些现实状态下很难或无法营造的软硬件操作环境。在虚拟实验下,操作者可以进行各种实验,而且能够取得等价于现实环境的实验效果。虚拟实验作用于教育的方式往往是从拓展"物化"的学习资源开始,并且学习资源的拓展对教学过程、教学方式和教学组织和在教学中的人产生深远的影响,从而使教育改革成为必需和可能。在虚拟实验中,教学观念、教学设计、教师与学生的角色都将发生变化,而且虚拟实验为教学提供了丰富的学习资源,在这种资源环境下,各种相关的资源极大扩充了学习的知识量。在虚拟实验中,化学学科有大量的以计算机多媒体技术为核心的、以超文本和超媒体的非线性方式组织的学习资源,并且交互性、传播性好,还为各学科教学或个别化学习提供了极好的学习平台。随着课程改革的不断深入,教师研究的课题、优秀的教学案例、优秀的设计与制作等学习资源放到相应的网络上,网上的探索性资源和研究性学习的资源也将不断得到积累和发展。

众所周知,互联网是世界上最大的知识库、资源库,它拥有最丰富的信息资源。这些信息资源都是按照人类联想方式思维特点的超文本结构组织起来的,不仅为学生提供了新型的教学环境,还使自主学习和探究学习成为可能。过去,学生学习的主要资源是教科书和各种指定的教学资料,而且学生接触的学习资源既有限又封闭。而把信息技术整合到课程教学中,多媒体的多重刺激、网络提供的信息资源共享机会与人机交互活动,不仅使课程、教学的学习资源扩大成无限的容量,还为学生批判性思维、创造性思维的发展和创新能力的培养提供了保证。同时,由于在现代信息技术环境下的学习资源内容具有开放性,这样学生就有机会在信息的海洋中自由遨游和探索,并对所收获的大量信息进行分析、评价、优选和加工。人们对信息的认识,不仅有正面的内容与观念,还有对这些内容的质疑与讨论,甚至会有猜想与空想,而采取交互活动的方式进行传播,学生不再是被动的接受者,而是扩展教学内容资源的参与者。

虚拟实验在实验交互性和仿真性上都具有很好的支撑作用,它能够有效避免在现实实验中出现的一些不安全因素,并有效节省了一些实验所需的经费、器材和药品等,减缓了学校的压力。虚拟实验对时间和地点并没有苛刻的要求,学生可以随时进入,而且学生在其中进行实验练习,还可以提高学生的学习质量。

对教师和管理人员来讲,实验教学过程更容易控制,而且指导实验教学效率更高。学生可以在一个更"安全"的环境下做实验。此外,学生在实验过程中不但实验结果更容易保存,而且更容易获得相关的知识。

虚拟现实技术的应用有利于创设"情境"。虚拟现实技术具有的"构想性""沉浸性""交互性"的特点,参与者能够做到沉浸其中、超越其上、进出自如、交互自由,它那画面的色彩变化、录音的音响刺激以及带有动感的图片不仅能够让学生产生身临其境的逼真效果,还容易造成位置变换及流动的视觉效果,这也更加能够吸引学生集中注意力,从而使学生兴奋,最终达到理想的课堂教学效果。

三、"仿真化学实验室"

在化学实验教学中,"仿真化学实验室"提供了这样一个操作环境(如图3-1所示)。其模拟了一个虚拟的环境,在这里有和现实中实验所用的仪器一样的模拟器具,使用者可以从其中选择适当的器具进行组合,进而搭建一个完整的实验设施,并在器具内添加药品,设置添加量,使其进行反应,还能够提供实验数据以便进行分析。例如,实验室制取 O_2、CO_2 等气体的发生装置;CO 还原 CuO;加热 $FeCl_3$ 溶液观察它的水解;用 NaOH 溶液中和滴定 HCl 溶液等实验。计算机的应用不仅是文字和图像的播放,还可以利用一些软件设计模拟实验室来更生动形象地将实验现象展现出来。

"仿真化学实验室"能够让学生亲自参与实验设计,并让学生对实验所需要的仪器、药品及其用量都能有更清晰的认识,激发学生探究实验的积极性。通过"仿真化学实验室",学生自主地进行实验设计,教师辅之以指导,这不仅可以提高学生的自主创新能力,还可以为学生创设情境和模拟实践操作过程,最终提高学生观察和解决问题的能力。"仿真化学实验室"由学习对象转

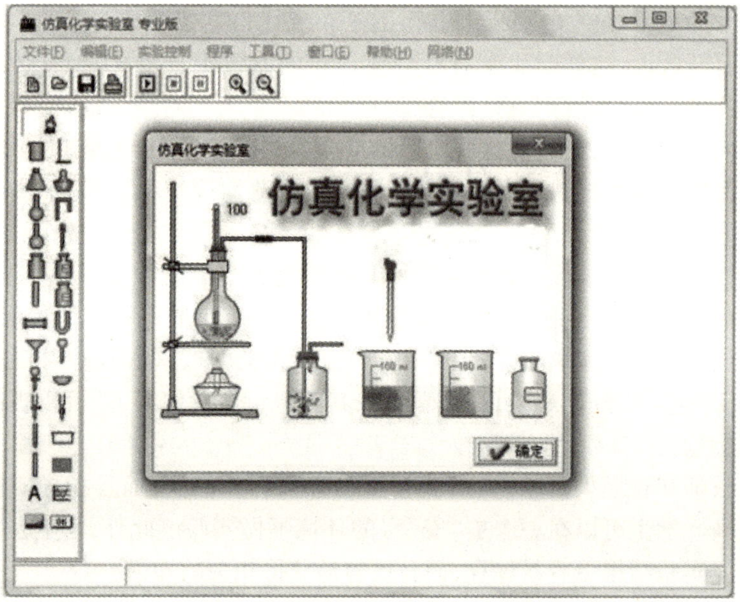

图 3-1　仿真化学实验室界面

变为学生自主学习的工具,学生在学习中从提高基本的学习效率(读、写、算)到完成较复杂的研究任务,都可以使用信息技术。学生积极主动地参与学习过程,不仅能够有意识地通过“仿真化学实验室”从不同角度提出问题,也可以用不同的方法解决问题,还可以按照“多角度观察—联想思维—形成认识”的认知方式进行知识的建构与积累,从而使学生的认知方式更丰富,也更有利于培养学生的认知能力。

由此可以看出,“仿真实验”是为了弥补理化课堂上实际实验的不足而研发的,以高度仿真技术提供给师生与实际实验操作相同的线上模拟实验,其涵盖初高中理化教材中所有的实验。同时,“仿真化学实验室”为学生提供了一个可以自主学习的平台,为学生的学习创设问题情境,能够让学生主动参与和互动,变学生的被动学习为主动学习,从而让学生积极参与其中。因此,它在实验教学中具有重要的作用。

四、虚拟实验平台的教学案例

氯气的实验室制法

氯气的制法一直是高中化学实验中的一个学习重点。氯气在实验室中和工业生产中都具有重要的作用,其不仅能够制成盐酸、漂白粉、农药等,还可以对饮用水进行消毒,而且在一些合成塑料的制作中也需要氯气。在实验学习过程中,教师不仅要让学生了解化学在人们社会生活中的重要作用和产生的重要影响,还要让学生在探索未知事物的过程中学会独立思考、积极动脑和不断探究实践。通过氯气的实验室制法的学习,教师要使学生能够在亲身设计的同时,对氯气的基本化学概念及特性有进一步的了解,从而让学生将知识真正与实际相结合,并运用到实践生活中去。

1. 教学目标

知识与能力目标:通过亲自搭建完整的实验装置,了解制取氯气所需的仪器及安装过程;选择反应药品,确定用量,了解实验室制取氯气的反应原理;观察整个过程,了解制取氯气的步骤及方法。

过程与方法目标:创设问题情境,让学生能够独立思考来探究问题;提高学生的自主学习能力;教师进行启发式引导来提高学生的学习效率。

情感、态度、价值观目标:通过学习氯气的制取和对生产、环境的影响,让学生养成爱护环境的好习惯,并让学生学会全面看待事物,即既要了解氯气在社会生产中的重要作用,又要培养学生积极的科研创新和敢于求真的科学态度。

2. 案例重点分析

(1)知识回顾,用于导入新课

师:回顾一下,初中我们学习过哪些气体的实验室制备以及这些气体是如何制备的。下面,同学们来回顾一下制取 H_2、O_2的过程和方法并思考我们是怎样制取 H_2、O_2的呢?这两者的制取有什么差别呢?然后再试着写出制取 H_2和 O_2的化学反应方程式。

教学重点:在“仿真化学实验室”中将 H_2和 O_2的实验室制取过程通过形象的实验动画展示出来,教师既能够节省课堂做实验的时间,又能够利用形象的动画来充分吸引学生的注意力,引起学生做实验的兴趣,并引起学生的回忆。同时利用平台中的方程式还能带领学生对知识点进行回忆,从而让学生完成知识点的回顾。

(2)进行探究活动,引导学生确定反应物,并让学生分析反应原理

师:同学们可以思考一下,氯气的生成分别需要哪些物质进行反应?请同学们思考并用自己认为的反应物来分析反应过程。

教学重点:让学生自己利用可能的反应物在“仿真实验室”进行分析,设计出反应方案,教师可以对学生进行指导,并引导学生对反应原理进行分析,以便让学生自己进行化学实验。对于反应物的探究,能够使学生对反应物的选择及用量有更好的认识,如实验室还可用 $KMnO_4$或 $KClO_3$代替 MnO_2与浓盐酸反应制取氯气,不同的反应物设置实验装置就有所不同。在学生分析后,便可以分组设计方案。教师可以引导学生提出自己的想法,然后再根据各种反应物来让学生设计模拟实验方案并进行探究。

(3)进行探究活动,引导学生确定并选择反应装置

师:回忆之前学过的氯气的基本物理性质,借鉴之前制取其他气体所需要的反应装置,并分组实验,还要选择适当的氯气发生装置。(如图3-2所示)

此时,教师要巡视指导并帮助困难学生,然后学生按照既定方案选择实验仪器,进行实验装置的搭配组装,并对其进行分析,最后找出最佳的制取装置。

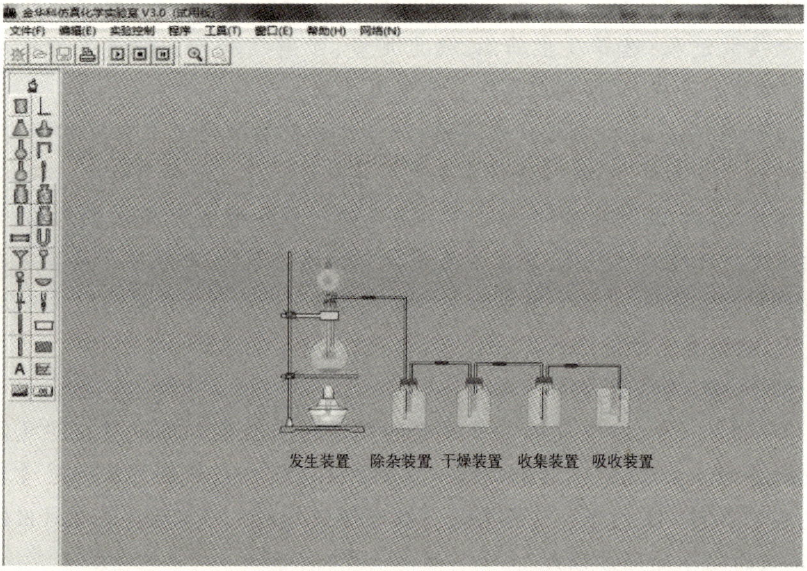

图3-2 实验室制取氯气的装置

教学重点:在教师的指导下,学生利用软件构建出几种合理的实验装置,并通过分析比较来选择出最适合的一个反应装置。在分析比较的过程中,学生能够进一步加深对实验的了解,还可以让学生自己提出假设,并通过学生自己的分析找出问题并进行解决,因此学生对所学知识能够理解得更加深刻透彻,这也是学生自己探究问题和发挥创造性思维的一个重要表现。利用软件,学生在一个虚拟的环境中进行实验,不仅充分利用了课堂时间,还能够拓宽学习思路,从而提高了学生学习的热情。

利用软件将动画反复播放,使学生能够更加清晰地看清楚反应的装置、具体过程和产生的现象,并根据反应进行问题的思考,这不仅加深了学生对知识点的记忆,还提高了实验教学的效果。教师也可以利用实验装置设置相关的问题来让学生进行思考和解答,从而让学生对课堂知识进行进一步的巩固和补充。

(4)根据发生装置,观察反应产生的现象

师:利用选取的反应装置制取氯气,我们能够了解制取的过程。那么,氯气经过不同的装置后会有哪些现象呢?氯气又可以在哪些方面应用呢?

教学重点：对于实验现象，教师可以通过反复播放教学动画，并通过分析各个反应物和生成物的特点来让学生将所有现象归纳起来，这样既能够让学生在观察现象的同时加深印象，又能够锻炼学生的总结归纳能力。根据实验现象来分析氯气的特点，教师也可以辅助以图片、视频等提问："氯气有毒，污染空气，可以有哪些用途呢？"并以此让学生进行思考，还能让学生对氯气的作用进行学习和进一步的认识。此外，教师对氯气的用途进行讲解，既能够将知识与生活实际相结合，又能拓展学生的知识面。

(5)总结巩固，进行课后练习

师：这节课我们通过同学们亲自选择装置和实验，并分析原理，不仅学习了实验室制取氯气的方法，还对现象进行了总结，了解了氯气在现实生活中的一些重要用途，那么，在课后请同学们预习并思考一下，氯气的化学性质有哪些呢？

教学重点：教师在实验课的最后，总结本次实验的主要内容，对重点进行了强调，还布置了课后练习，其不但让学生可以在课后进行知识的巩固，而且留的预习作业为下一节课中氯气性质的讲解埋下了伏笔。通过多媒体了解氯气的性质，学生可以突破传统实验室条件的限制，利用"化学仿真实验软件"对实验过程进行练习，而其中遇到的一些问题也可以带回到课堂与教师和同学讨论研究。与传统的教学模式相比较，学生的学习不但可以在课堂上进行，而且在任何时候都可以学习思考，这样能够大大提高学生学习的积极性。

对于"仿真化学实验室"，学生可以根据课程的需要和内容的要求，在课堂中选择合适的使用时机，而且使用的方式和具体操作要符合课程内容的学习规律。"仿真化学实验室"的设计符合学生的认知规律和化学的学科特点，能够将实验过程呈现出来。在素质教育的指导思想下，教师要能够兼顾不同层面的学生，通过多媒体演示与实验讲解的相互结合，对学生的不同特点和学习状态给予细致的指导。

第二节　实验录像支持下的化学实验教学方法

随着信息技术在化学教学中的逐渐应用，化学实验的教学方法也推陈出新，同时还能提高教师的教学效率。所以，将数码摄像机、投影机和多媒体等信息技术应用于化学实验教学中，也越来越被教师所接受。

投影机作为新型办公设备，在追求高效率、快节奏的现代办公中随处可以见到它的身影。投影机能够应用于各种大型会议和讲座中，还可以与计算机等进行连接，将一些媒体影像或实物等清晰地展示出来。在笔者看来，投影技术主要适用于强光照射型、颜色变化型、气体溢出型、沉淀生成型和晶体析出型实验等。录像是用光学、电磁等方法把图像记录下来,它可以解决大多数在现有条件下无法展开的某些演示实验、不易重复展现、实验现象不明显而不能够使全部人看清楚的问题。

一、拍摄实验录像

笔者选择“电化学基础”单元为实验内容,并参考和利用实验录像来进行教学设计与实践。同时,笔者以该单元中的“金属的电化学腐蚀与防护”为例,进行基于实验录像的课堂教学活动分析。

“金属的电化学腐蚀与防护”是电化学知识在生活实际和工业生产中的应用。一方面,根据教材呈现的内容和学生学习的思维规律及特点,学生虽已具备相关知识的生活经验,但无法将已习得的感性认识与化学理论联系起来。另一方面,由于金属发生锈蚀需要相对较长的时间,教师难以安排学生进行操作实验。更为重要的是,即使教师提早准备相关实验,如铁的生锈,在课堂教学时也仅仅只能让学生观察到铁已生锈和锈蚀明显的地方,而无法使学生获得金属锈蚀本质原因的直观体验。视频演示实验作为操作实验的录制成品,与教师提早安排实验得到的结果并无本质差别。通过其他的教学手段并不能使学生获得金属腐蚀的微观体验,因此,要使学生从本质上理解金属锈蚀的原因,就要通过适当的教学媒介来使学生获得直观体验,并引导学生将这些直接体验与化学理论联系起来。根据以上分析,笔者从中学化学资料网选择适合的实验录像进行本节内容的辅助教学,并对相关知识点的教学活动进行设计,如表 3-1 所示。

表 3-1 “金属的电化学腐蚀与防护”教学活动安排

序号	活动探究内容	活动形式	活动目的
1	钢铁的析氢腐蚀	播放实验录像	通过形象的动画展示,加强学生的形象思维
2	钢铁的吸氧腐蚀	演示实验	

(一)钢铁的析氢腐蚀实验录像

在钢铁的析氢腐蚀的微观动画中,银灰色固体 Fe 和黑色固体 C 组成的整体代表钢铁,红色小球代表 H^+,白色小球代表 Fe 单质,如图 3-3(a)所示。在腐蚀过程中,白色的 Fe 单质失去 2 个电子形成 Fe^{2+}(以灰色的小球表示),Fe^{2+}随后进入酸性介质中,2 个 H^+分别得到电子后结合形成 H_2。图 3-3(b)和 3-3(c)为钢铁析氢腐蚀的全过程,即“$Fe-2e^- \xlongequal{} Fe^{2+}$”“$2H^+ +2e^- \xlongequal{} H_2$”。在动画中虽然只有 1 个 Fe 原子在酸性介质中的腐蚀过程,但能够让学生体会到钢铁腐蚀的微观运动的变化过程和质量守恒规律,并让学生获得相关的感性认识。

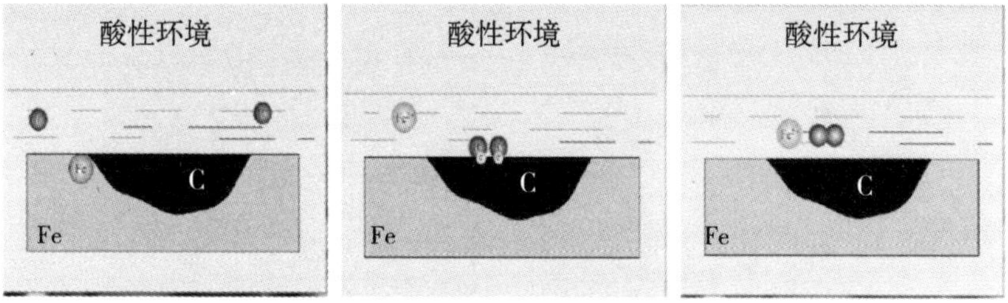

（a）　　（b）　　（c）

图 3－3　钢铁的析氢腐蚀实验录像

（二）钢铁的吸氧腐蚀微观动画分析

与钢铁的析氢腐蚀一样，钢铁的吸氧腐蚀也涉及微观粒子的运动和变化。教师要使学生深刻地理解钢铁吸氧腐蚀的本质及其与析氢腐蚀的差别，而使用实验录像加以分析则更为恰当。

1. 负极反应的微观过程

在钢铁的吸氧腐蚀微观动画主界面中，设置了“锈蚀原因”和“防护措施”两个主按钮。点击“锈蚀原因”按钮后，界面分别设置了“负极反应”“正极反应”“总反应”三个按钮。点击“负极反应”按钮，我们可以观察到白色大球代表的 Fe 单质失去电子生成以灰色小球表示的 Fe^{2+}，电子用较小的白色小球表示。也就是说，该动画可形象地展示 $2Fe-4e^{-}═══2Fe^{2+}$ 的微观反应过程（见图 3－4 所示）。

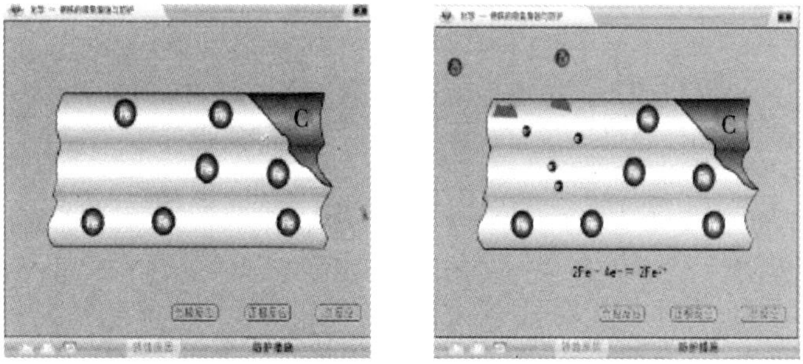

（a）　　（b）

图 3－4　钢铁的吸氧腐蚀负极微观录像

2. 正极反应的微观过程

点击“正极反应”按钮，白色小球代表的电子会移向 Fe 和 C 的交界处，同时介质中的 H_2O 分子、O_2 分子也移向该交界处并与电子结合生成 OH^{-}。通过这个过程,教师就能引导学生总结写出正极反应式“$2H_2O+O_2+4e^-$ ══ $4OH^-$”(见图3－5所示)。

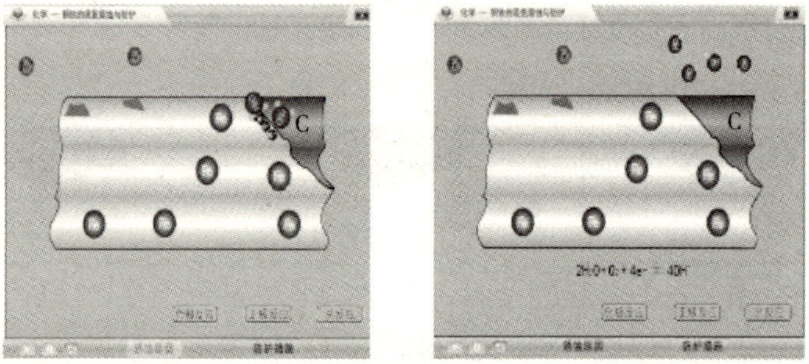

(a)　　　　　　(b)

图3－5　钢铁的吸氧腐蚀正极微观录像

3. *总反应的微观过程*

点击“总反应按钮”,发现1个灰色小球与2个黑色小球接触并结合生成1个白色圆圈,如图3－6(a)和图3－6(b)所示。随后白色圆圈附着在钢铁表面,不久就变成虚线白色圆圈。通过该微观动画,一方面引导学生从微观粒

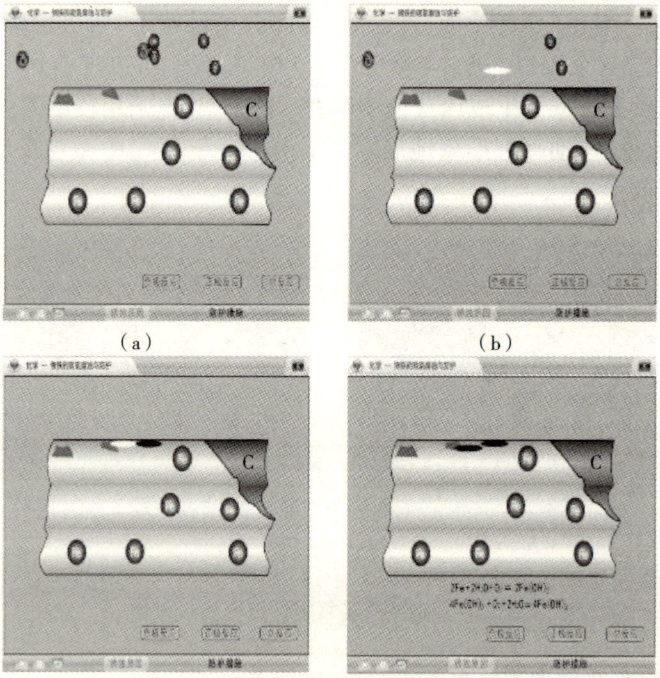

(a)　　　　　　(b)

(c)　　　　　　(d)

图3－6　钢铁的吸氧腐蚀反应微观录像

子角度去理解钢铁腐蚀的机理，另一方面还可以复习《化学1》模块中 Fe 及其化合物的相关知识。

（三）钢铁的保护微观动画分析

通过钢铁的析氢腐蚀和吸氧腐蚀的微观动画分析，学生对这两种腐蚀类型的发生条件、正负极反应和总反应等有了一定的了解。同时，通过对这种腐蚀类型的学习和掌握，学生需将理论和实际联系起来。也就是说，作为教师，我们要引导学生根据钢铁腐蚀的本质原因提出相应的防护措施，而这也是本节教学的重点之一。图 3－7 演示了钢铁防护措施中的一种，即在钢铁表面镀锌。在课堂教学中，教师在向学生举例说明在钢铁表面镀锌可预防钢铁的腐蚀时，可向学生提出“为什么镀锌可预防钢铁的腐蚀？这当中涉及什么原理？”等问题，并促使学生对前面所学的原电池知识进行回忆和巩固。当录像播放至如图 3－7(b)所示的内容时，我们可明显看到带有阴影的白色小球代表的 Zn 原子失去 2 个电子变成 Zn^{2+} 后进入外界介质中，白色小球代表的电子则移向 Fe 与 C 的交界处，与 H_2O 分子、O_2 分子结合生成 OH^-，如图 3－7(c)和图 3－7(d)所示。在这个过程中，Zn 不断被消耗，而作为正极的钢铁则被保护下来，如图 3－7(f)所示。播放至此，该种保护方法的原理也就分析完

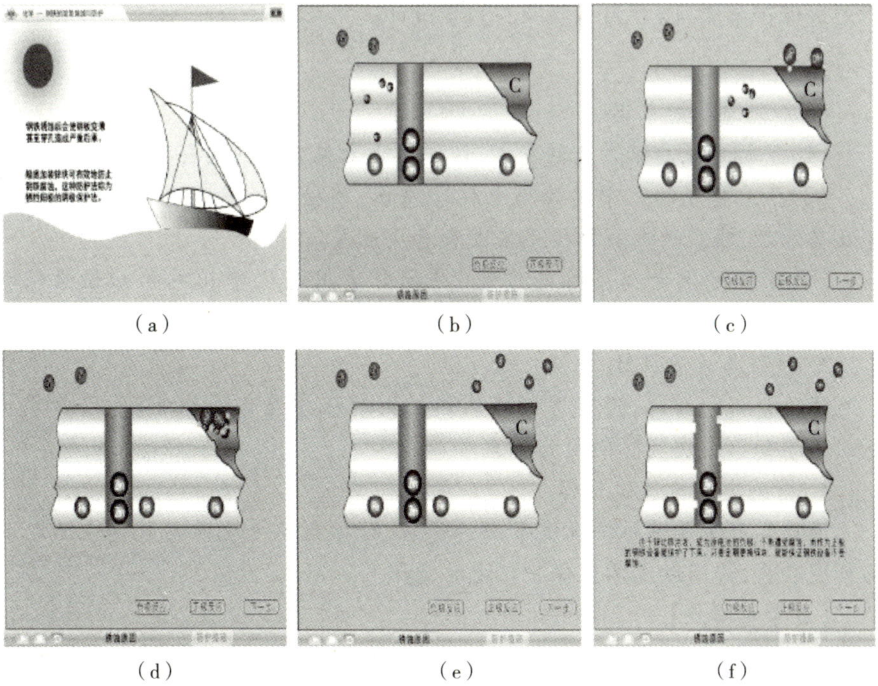

图 3－7　钢铁的保护微观动画

毕了。此时,教师应该使用提问法来引导课堂的进一步深入。例如,教师应提出“这种防护方法应用了什么原理?在钢铁表面镀上其他金属能达到防护目的吗?如果可以,哪些金属具有类似的功能?”等问题,进而引导学生将获得的感性认识上升为理性认识,并扩充学生的学科知识体系,从而培养学生深入探究问题和事物的兴趣与能力。

因此,笔者认为,在课堂教学环节过程中使用上述微观动画,它有利于帮助学生建立微观世界的模型,探索难以触摸和感知的反应本质和反应规律。与传统的教学模式相比,实验录像在抽象知识方面的辅助作用更为明显、突出和更有说服力。

二、基于拍摄实验录像的教学设计

在对“电化学基础”单元进行知识点及实验录像教学分析后,笔者以“金属的电化学腐蚀与防护”为例拍摄实验录像,具体应用在教学实际案例设计中。金属的电化学腐蚀主要有两种类型,分别为析氢腐蚀和吸氧腐蚀。金属的防护主要讲述与电化学相关的两种,一种是基于原电池原理的保护法(牺牲阳极的阴极保护法),另外一种是基于电解原理的保护法(外加电流的阴极保护法)。本节课主要要求学生掌握金属电化学腐蚀的本质原因和利用电化学原理保护金属,以下为本节课的教学设计。

【教学目标】

1. 知识与技能目标

(1)了解金属腐蚀带来的危害,认识防止金属腐蚀的重要意义。

(2)区分金属的化学腐蚀与电化学腐蚀,掌握金属发生电化学腐蚀的类型及其原理,能正确书写电极反应式和总反应式。

(3)了解防止金属腐蚀的方法,并学会运用电化学相关的知识来保护金属。

2. 过程与方法目标

通过分析和对比,能够辩证地认识外因对化学变化的影响,并培养学生运用所学知识解决实际问题的能力。

3. 情感态度价值观目标

通过学习金属腐蚀给人类带来的危害,让学生感受化学与人类生活之间的紧密联系,进而激发学生保护环境的意识。

【教学重难点】

教学重点:金属腐蚀与金属电化学腐蚀;析氢腐蚀与吸氧腐蚀的原理;金属的电化学防护。

教学难点:析氢腐蚀与吸氧腐蚀的原理;金属的电化学防护。

【教学方法】

实验录像辅助教学法和讲授法。

【教学过程设计】

情境导入(4min)

展示各种金属腐蚀的图片，如钢铁生锈、铝锅出现斑点、铜绿的形成等。这些金属腐蚀的原因是什么呢？金属腐蚀又会给人类带来什么危害呢？进而引出本节课主题“金属的电化学腐蚀与防护”。

【活动一】阅读书本，自主学习，认识金属腐蚀及其相关知识(7min)(见表3-2)

表3-2 金属腐蚀及其相关知识

教学环节	教师活动	学生活动	设计意图
金属腐蚀	1. 如何理解金属腐蚀	阅读教材	培养学生分析和合作学习的能力
	2. 金属腐蚀的本质原因是什么	1. 了解金属腐蚀的危害	
	3. 金属腐蚀的种类有哪些	2. 认识金属腐蚀的两种类型	
	4. 如何区分金属的化学腐蚀和电化学腐蚀	3. 讨论分析金属腐蚀的原因	

【活动二】利用录像讲解析氢腐蚀，理解析氢腐蚀的原理(7min)(见表3-3)

表3-3 “析氢腐蚀”的教学活动

教学环节	教师活动	学生活动	设计意图
析氢腐蚀	1. 播放微观录像，引导学生观察和分析录像过程 2. 提问并解释：析氢腐蚀发生的条件是什么，正负极反应过程分别是怎样的，总反应又是怎样	1. 在教师的引导下观察和分析动画，进而得到析氢腐蚀为析出氢气的结论 2. 讨论和交流：析氢腐蚀发生在酸性环境中，其正负极反应如下，负极反应：$Fe-2e^{-}=Fe^{2+}$；正极反应：$2H^{+}+2e^{-}=H_2$	在学生脑海中建立起化学变化的运动观和微粒观等

【活动三】利用录像讲解析氧腐蚀，理解析氧腐蚀的原理(7min)(见表3-4)

表3-4 “析氧腐蚀”的教学活动

教学环节	教师活动	学生活动	设计意图
析氧腐蚀	1. 播放录像微观动画并引导学生观察和分析录像 2. 提问并解释:析氧腐蚀发生的条件是什么,正负极反应过程分别是怎样的,并写出总反应方程式	1. 在教师引导下观察和分析动画,并得到析氧腐蚀为吸收氧气的结论 2. 讨论和交流:析氧腐蚀发生在中性或弱碱性环境中,其负极反应的方程式为 $2Fe-4e^- = 2Fe^{2+}$;正极反应的方程式为 $2H_2O + O_2 + 4e^- = 4OH^-$;总反应的方程式为 $2Fe+O_2+2H_2O = 2Fe(OH)_2$, $4Fe(OH)_2 + O_2 + 2H_2O = 4Fe(OH)_3$	引导学生观察并分析微观动画,进而培养学生分析问题和逻辑推理的能力

【活动四】利用录像讲解金属的电化学保护(7min)(见表3-5)

表3-5 “金属的电化学保护”教学活动

教学环节	教师活动	学生活动	设计意图
金属的电化学保护	1. 播放微观录像,引导学生观察和分析录像 2. 提问并解释:金属的电化学保护原理是什么	在教师引导下观察并分析录像,得出金属的电化学保护利用的原理分别是原电池原理和电解池原理	通过录像分析得出结论,并让学生树立环境保护和节约资源的意识

【活动五】知识点总结环节(5min)(见表3-6)

表3-6 知识点总结

	化学腐蚀	电化学腐蚀
条件		
现象		
本质		
影响因素		
联系		

【活动六】课堂习题环节(10min)

本节课的教学目的是让学生区分金属的化学腐蚀和电化学腐蚀,掌握析氢腐蚀、吸氧腐蚀的原理和金属电化学保护的方法。学生通过录像的辅助讲解能够从本质上理解析氢腐蚀、吸氧腐蚀和如何利用电化学相关知识保护金属,并在大脑中建立起化学学科的“微粒观”“运动观”“变化观”,从微观反应的角度建立起对化学原理和化学规律的主动构建。

三、投影演示实验

演示实验在化学实验教学中具有重要的作用。教师通过演示实验向学生展示一些实验正确操作过程和细节特点等。一些化学实验对实验条件和操作技能水平要求较高,这就使得学生在实验过程中常常会因为一个小小的失误或周围条件的变化而使实验失败;一些实验的药品比较稀少或昂贵,不能够满足实验的反复实施;一些实验现象比较不明显或需要学生近距离观察,这些都会影响课堂演示实验的顺利进行。化学演示实验需要学生认真去观察,然后通过观察现象分析实验的本质。教师则要善于启发带动学生通过细节探究事物的本质,并以此来加强学生分析问题和解决问题的能力,从而充分发展学生的智力。

将投影技术应用到化学实验教学中去,使用信息技术支持的实验教学方法能够弥补传统课堂演示实验的一些不足。通过投影可以将一些不易观察的实验现象放大,让学生能更加清晰地观察到真实的实验现象。笔者认为,将投影应用到化学实验中的优点还体现在三个方面。

(一)通过投影可以放大实验现象

铜锌原电池实验

实验中将铜、锌两个电极一同浸入稀 H_2SO_4 中。其中,锌比较活泼,容易被氧化失去电子,变成 Zn^{2+},电子由锌片通过导线流向铜片,溶液中的 H^+ 被还原成氢原子,氢原子结合后能够形成氢分子并从铜片上放出。影响这个实验的因素是两极的表面积大小和粗糙程度、Zn 片和 Cu 片的纯度、两极之间的电阻大小和电解质(H_2SO_4)的浓度。另外,实验温度、接触的良好程度和接触面积对实验的效果也有影响。

分析:一些演示实验的现象不是很明显,只有细微的变化,在传统课堂中,学生就不能很好地观察现象。投影则可以改变这一局面,它能够将微小的变化放大几倍,学生不论在教室的哪个位置都能够在屏幕上清晰地观察到实验现象。教师通过把实验的投影放大,不仅改进了教学方法,还提高了教学质量。

在铜锌原电池实验中,通过实物投影演示展示传统演示实验中学生不易观察到的现象,实验产生的小气泡可以清晰地被学生看见,如在眼前一样。这不仅能够使学生对铜锌原电池实验的现象有更清晰的了解,还实现了演示实验的意义。

(二)通过投影可以多角度观察现象

金属钠与水的反应

在进行金属钠与水的反应的演示实验时,钠放入水中会浮在水面,表面在与水部分接触后发生反应,生成氢气,并在氢气的推动下在水面四处游动,氢气与水摩擦发出嘶嘶声,钠在运动中不断反应,并逐渐变成小球,如果继续反应的话,会因为产生的氢气而燃烧,而且钠能够和氧气发生剧烈的氧化反应,所以学生能够看到蓝色火焰随即变成黄色,而且其在加热到一定温度后会发生爆炸。

分析:受实验条件的限制,一些演示的实验不能从各个角度全面观察,这就使课堂实验在演示时只能从特定角度观察现象。一般情况下,由于教师在进行演示实验时学生都是从侧面观察,这就使得学生观察不到实验现象。而将投影仪加入演示实验中,不仅可以改善教学方法,还可以通过对投影仪进行调整,将一些需要俯视或侧视的实验更加完美地呈现出来,从而让学生能够从各个角度观察到清晰的实验现象。

在金属钠与水的反应实验中,我们采用投影仪水平投影,既可以使所有学生都能清晰地观察实验现象,又可以通过调整投影仪让学生俯视水面,从而让学生从更好的角度观察实验现象。

(三)利用投影能够节省药品

溴单质物理性质

在对新的物理性质进行观察时发现,溴单质有毒且具有挥发性,而要观察到溴的特点,若使用量太少,不易观察出溴的各项状态;若用量较大,不但浪费药品,而且在课堂上实施容易造成严重危害。

分析:在传统实验中,由于溴的特殊物理性质,教师对该实验大多停留在课堂讲解或使用大量的液溴实验以便让学生更好地观察现象。而将投影仪应用到演示实验中去,只需要取少量液溴就可以在投影仪下清晰地观察到实验效果,从而提高了课堂教学的质量。实验成功率的增加,可以避免实验的重复进行;实物和现象通过投影放大,可以使实验在较小容器内用少量药品来完成。这样,对于一些昂贵稀少或有毒有污染的药品来说,我们可以减少使用，以避免浪费或造成危害。

四、多媒体演示实验

演示实验能将一些实验的操作步骤和实验现象完整呈现在学生面前。现代多媒体演示实验更是将信息技术应用到其中，运用新的实验教学方法，改进教学质量和提高教学效率。对于一些微观、抽象的实验来说，通过多媒体演示实验，不仅能够化抽象为具体，变微观为直观，还能够将实验通过多媒体技术完美地呈现出来，从而达到教学的最终目的。

口向上加热试管

对固体药品进行加热时，实验中将试管口向上，以防止冷凝水倒流，从而使试管炸裂。在加热的过程中，在试管口能够看到水滴，这是由于加热过程中产生水分，受热后蒸发，在试管口遇冷液化所致，如果将管口朝上，水滴直接倒流回试管底部，热的试管底部遇水滴骤冷，从而引起试管的炸裂。

分析：随着信息技术的发展，多媒体教学为化学实验教学开辟了广阔的舞台，也为创新教育提供了良好的施教环境。创设良好的情境是克服学生疲劳、增加愉快气氛的手段。在信息技术的支持下，一些危险实验或肉眼无法观察到的实验，多媒体能够进行宏观或微观模拟，使实验能够更好地呈现在学生面前，还能易于学生的学习和理解。利用计算机模拟一些危险场面，还能让学生加深对错误操作危害的认识。

如上述加热试管的实验案例，教师就可以通过多媒体计算机模拟或播放这些实验药品用量选择不当或错误操作导致的爆炸等后果，这可以让学生更加直观地了解不当操作的危害性。学生只有真正认识到错误操作的严重后果，其才能在今后的实验中更加小心谨慎，从而保证了今后实验的安全性。

将信息技术引入化学实验教学中，已成为化学实验教学发展的必然趋势。运用各种信息技术手段，采用新的实验教学方法，不仅使教师有更多的方法去进行实验教学，还能提高教师的教学效率，促进教学的发展。

第三节　信息技术支持高中化学实验教学方法的优势与制约因素

一、信息技术支持高中化学实验教学方法的优势

（一）采用信息技术实验教学新方法，发挥虚拟实验和演示实验的功能

在传统化学实验中，演示实验具有重要的作用，学生通过演示实验不仅

可以了解化学实验的现象，学习实验原理，还能够更加直观地观察演示效果。但传统化学实验由于受时间和空间等一些现实因素影响，其实验现象往往不明显或不能完全显现出来，教师可能会采用一些方法来减少这些因素带来的弊端，如放大实验仪器、进入学生中间巡回展示等，这不但浪费时间，而且对于一些实验现象发生较快的实验起到的作用也不是很大。

将信息技术应用到化学实验教学中，采用新的教学方法，对实验现象进行放大或定格，如前面提到的利用投影对铜锌原电池的实验现象进行放大、对金属钠和水的反应实验进行多角度观察等就可以解决传统实验中的问题，这样不仅能够使学生更加清晰地观察到实验现象，还可以对一些实验反复进行观看。这样既避免了在现实实验中可能出现的失误，节省了时间，又能够将实验现象完整清晰地展现在学生面前，从而达到教学的目的。高中化学课程中包含大量的化学实验内容，一些实验不但操作难度较高，实验内容复杂，而且还会产生许多有毒有害物质。出于对教学安全的考虑，通常这些实验学生无法进行亲身体验。还有一些实验对实验环境的要求较高，而且需要经过较长的时间才能观察到反应现象，其超出了课堂教学时间的允许。在传统教学中，遇到此类实验只能由教师结合教材进行讲解，这样就会导致学生的学习热情和学习效果降低。在信息技术支持下，此类实验都可以在虚拟环境中进行演示，这样既能保证实验安全，又能让学生清楚地认识实验反应的过程。

（二）借助信息技术展现实验过程中的微观变化，从而突破实验教学的难点

我们通过上面的实验案例可以看出，在信息技术的支持下，学生对实验的原理和整个过程理解得更加透彻，对一些宏观的实验过程和实验现象都能够准确掌握。但是，在许多实验中，除了从宏观现象观察外，也要对微观变化的原理有所掌握，并对变化产生感性的认识，而利用信息技术手段则可以很好地解决传统实验无法办到的问题。利用软件等信息技术的手段将一些微观事物清晰地展现出来，在教学过程中结合教师的讲解，合理安排教学内容，从而使学生在学习过程中能够更加透彻的理解微观原理和变化，并在印象上更加的牢固深刻，这对教师教学效果的提高有着重要的作用。

优越的信息表现能力可以助力化学微观结构解读。在高中化学实验中，探讨的微观粒子反应过程是学生难以理解的问题，教师使用常规实验演示手段，无法对微观层面的反应过程进行演示，而学生只能通过宏观层面的实验现象来推导微观粒子的反应过程，因此容易出现理解偏差。在信息技术的助力下，教师可以利用多媒体课件向学生演示微观粒子的反应过程，以帮助学生建立直观的认识。而将抽象的知识具体化，将微观反应过程显现化，就能

够有效降低学生对化学知识的理解难度。

（三）发挥虚拟实验的优势，弥补传统实验的不足

化学是一门在生活中应用广泛的学科，化学反应现象无处不在，许多生活中的现象也可以通过化学分析方法进行解释。新课改不断强调教学要联系实际，要让学生掌握知识技能的实际应用能力。但是，受课堂时间和教学环境的限制，化学实验难以真正走进社会、走进学生生活。信息技术的应用打破了高中教学的局限性，教师可以充分利用互联网中丰富的教学资源来将课堂教学内容与学生的生活紧密联系起来，进而引入更多的生活化学问题，其在引导学生解读生活现象的过程中不仅可以培养学生的实践能力，加深学生对理论知识的理解，同时还有利于开阔学生的视野，并培养学生的化学学习兴趣。

在传统的实验过程中，由于受到现实实验条件的限制，一些实验无法实现或经过实验得出的现象或结论与理论不符，不仅会导致实验失败，还不能得到想要的数据或结果，如在前面的"氯气的实验室制法"实验中就可以发挥虚拟实验的优势，让学生设计实验装置，教师就不用担心会产生有害物质，从而对实验人员造成伤害或对环境造成污染。还有很多类似的限制，使得一些实验无法实现或达不到实验效果。利用信息技术就可以将虚拟实验室应用到化学实验中解决这些困扰，如一些大型工业生产流程可以通过虚拟实验室模拟出来；硫酸工业制法生产流程，可利用课件进行模拟演示。对于一些有破坏性或污染性的实验也可以模拟出来，如一些有毒气体的制取收集，容易产生爆炸的实验，等等。

此外，通过模拟实验可以随心控制实验的进程，不用担心时间或操作问题。对于一些实验现象发生较快、实现现象较不易观察的实验，如金属钠与水的反应实验，我们可以通过模拟实验调整进行反复播放或定格某个现象，从而让学生能够清晰准确地观看到现象并进行探讨。还有一些实验进行的较慢，需要长时间的过程，其不但影响课堂的教学进度，而且不能将重点着重展现给学生，还分散了学生的注意力。而在信息技术的支持下，我们可以采用模拟实验的方法将一些次要的过程省略或压缩，将主要的实验现象展现给学生，从而让学生能够有重点地进行学习，从而取得良好的教学效果。

（四）利用信息技术能有效培养学生的实验设计能力

受传统的条件限制，学生并不能过多地或独立地进行实验，在计算机的支持下，学生能够突破现实条件的限制，并根据学习的需要，独立自主地设计模拟各种实验，针对不同问题提出解决方案。例如，在虚拟实验室中，学生可以自行组装各种排水测气装置、集气装置等。同时，教师也可以根据反馈信

息来不断修改设计方案。此外,整个过程都可以让学生通过鼠标拖动仪器来组合成各种装置,还可以反复试做,并能对实验进行设计。这样就能够有效地培养学生的实验设计能力。

(五)利用网络资源,提高学生的课堂教学效果

在网络发展的当今社会,教师在网络中获得了充足的信息资源。教师在网络中共享教学所需的优秀课件和教学案例等资源,然后再将这些资源进行整理,进一步加工,进而与自己的实际教学内容相结合,采用新的教学方法来找到适合自己的教学风格,并设计出不一样的课程,从而提高课堂的教学效果。例如,一些大型的实验或不易完成的实验,教师可以共享网上的实验视频或录像,从而更好地进行教学。如上面内容中提到的"甲烷与氯气"的取代反应实验就是利用录像视频来让学生更好地观察。教师可以充分利用网上可共享的各种资源,找出自己教学需要的信息资源,而网络的信息资源一直处于不断更新的状态中,这也就需要教师能够不断获取并整理自己的资源。笔者认为,现代教师必备的信息素养是具有很好的网络资源开发和利用的能力。

传统的理论和实验教学方法是教育工作者经过长时间的钻研和探索而提出来的,具有一定的科学性和实用性,信息技术的加入不能完全否定传统,在实际教学中根据教学内容的特点,将两者辩证统一起来,发挥各自的优势,以提高教学效率为最终目的,应用到实际教学中,使信息技术与传统化学实验教学方法相辅相成,实现教学的完美呈现。同时,教师也要不断地提高教学质量,在信息技术的支持下运用新的教学方法,采用多种多样的教学方法来提高学生的学习积极性,充分利用有限的课堂时间,更加有效地发挥信息技术的优势,改进课堂教学。

二、信息技术支持高中化学实验教学方法使用的基本原则

(一)与教学内容相搭配

在甲烷与氯气的取代反应实验中,我们在教学过程中利用录像使学生更好地观察实验现象,还可以对重点部分进行重复观察。将信息技术应用到化学实验教学中要注意与教学的中心主题相搭配,将信息技术合理恰当地应用到教学中去。这才真正有助于教学,没有牵强的痕迹,而且教学过程流畅自然。不同的教学内容使用不同的信息技术,并不是每节课都要用,教师要选择正确的搭配形式和内容。信息技术与化学教学整合的目的是为了达到教学效果的优化,以实现课堂教学的有效性,而不是为了整合而整合。多媒体课件的使用是帮助教师教学和学生学习的一种手段。所以,一个好

的课件是能够解决实际教学问题的课件，而不是一个华而不实的美丽画面的集锦。

有的ppt教学课件过多地在画面的美观、声音的生动、画面呈现的动画形式上做文章，这可能使一些学生一时满足于感官的刺激，但课件却缺少化学学习方法和化学知识的点拨；还有的ppt课件成为教师语言的浓缩，一节课有数十张ppt幻灯片，从而让一张张幻灯片匆匆而过。

现代认知心理学研究表明，视觉和听觉所接受刺激的信息均以映象形式储存，属于瞬时记忆。受到主体注意的信息进入短时记忆，其他的信息保持在1s左右就会丢失。进入短时记忆的信息，通过复述进入长时记忆，而未复述的信息保持1min左右就会丢失。但是，人的大脑中枢能量是有限的，不该有的色彩、声音和动画会无意中削弱学生注意的参与度，还会影响学生的短时记忆。教师要进一步转入长时记忆，还需要整合性复述。这个过程必须由学生完成，仅仅依靠课件的播放难以做到。同时，课件不同页面之间的切换时间比较短，这就要求学生的注意转移快，大脑中枢能量消耗多，其教学质量也难以保证，这样反而会使先进的教育技术影响了课堂教学的有效性。

信息技术应用到实验教学中要弥补那些传统教学手段难以呈现的内容，起到补充作用，所以其要与教学内容合理搭配。而对一些教学内容和教学知识来说，教师完全可以利用传统方法表达清楚，这时信息技术就可以不必使用了。因此，在课堂教学中，并不是一节课从头到尾都要使用信息技术，也不是每节课都要使用信息技术，其主要作用是为了弥补传统教学的不足。一些需要学生亲手进行操作的课堂演示实验不能以信息技术等手段代替，学生在学习过程中需要进行一些规范性操作的练习，这是学生需要掌握的基本技能，其既能够提高学生的动手能力，又能够加深学生对实验的理解，这远远不是使用多媒体就能替代的，而教师一味地使用电脑模拟实验或多媒体演示，那么学生就很难清楚掌握这部分操作技能。电脑模拟的毕竟是摸不着的，学生无法用自己的双手去亲身体验，仅仅用自己的眼睛去看，电脑屏幕的闪烁，有时让人有种做假之嫌的感觉。在现实中，学生通过实物操作来演示实验，将眼睛和手协调起来，实验更有趣也更具直观性，所以学生在这个过程中不知不觉地就能将实验更形象、更深刻的记在心里。因此，在实验教学中，不是使用信息技术就一定是最好的，在某些情形下，教师视情况作适当改变，往往会有意想不到的收获。

（二）合理利用各种资源

资源是需要靠自己去寻找的，在我们身边的任何事物都有可能成为我们课堂上教学的素材,比如网络提供的各种课件和教学视频等都可以进行利用,所以教师要注意查找那些对教学有用的资源,并进行整理分类,其就有可能应用在今后的课堂教学中。

从传统的教学模式转换到现代教育技术下的网络教学模式,教师的作用在发生变化,教师的职能已经转变为越来越少地传递知识,越来越多地鼓励思考,并且从“知识的传递者”转变为“学生意义建构的帮助者和促进者”。显然,这对教师的观念、知识、技能和素质是一个严峻的考验。要成为网络教学称职的教学组织者、辅导者、参与者与顾问,教师就必须不断地更新教育观念,还要具有良好的信息素养。现代教育信息技术与化学课程的整合,需要通过信息技术与教学内容的整合、信息技术与教学过程的整合、信息技术与其他教学因素(如教师、学生、教材)的整合。但是,由于目前教师实际使用信息技术的水平有限,要想真正做到信息技术与教学各因素的合理整合,就要使多媒体网络教学与化学实验课程相结合发挥“1+1>2”的效益,这还需要我们不断学习和努力。

高中学生个体差异较大,具有不同的发展潜能。在教学中,教师要依据课程标准的要求来改变教学内容、教学要求和教学方式过于统一的倾向,要关注和尊重不同学生的发展需要,还要为他们提供适合于自己发展的化学课程。高中化学课程为学生提供了多样化的课程模块,给学生的学习以较大的选择空间。所以,教师一方面要鼓励学生根据国家规定的课程方案和毕业要求,以及各自的潜能和兴趣爱好制订化学学习计划,并自主选择化学课程模块;另一方面,教师既要深入了解学生的学习基础、已有的化学知识水平、能力发展水平和兴趣、爱好、潜能等,又要对学生选择学习课程模块和安排学习顺序给予指导。

(三)分清教学主次关系

教学的主要目的是使学生真正学到知识,掌握学习内容。而信息技术是对教学的辅助补充,我们不能一味地将多媒体课件或素材强加到课堂教学中去。在教学中,教师的主要目的是让学生更好地掌握所学内容,而多媒体不是课堂的主角,只是教学的辅助手段。多媒体无法代替教师的情感作用,使用它是为了提高课堂的效率,在视觉和听觉上给学生带来一定的震撼,进而吸引学生注意力或增强知识的直观性和可视性,它也无法替代教师的指导作用和人格魅力影响作用。凡是能够用普通媒体实现的就不用多媒体课件展示,如实验挂图、实验模型等,多媒体课件只是突出教学重点、突破教学难点的工具。教师在课堂上的主要教学工具仍然是黑板和粉笔,而多媒体能够开拓学生的视野,让学习疲劳的学生放松一下,所以我们教师要能够正确处理好使用多媒体课件教学与传统媒体教学的关系，还应将多媒体课件作为课堂教学的画龙点睛之笔。

多媒体素材的呈现就是让学生更方便地理解和掌握知识，进而加深学生对学习内容的印象，使得学生能够更加感性、直观地了解知识的内涵及本质内容，并刺激学生的视觉和触觉。在使用时，教师要进行仔细选择，要尽可能做到简单，不是越多越好，也不是越复杂越好，要分清主次，而且能最清楚地表达出内容所反映的意思或恰到好处地解决问题。当前教育理念的主流是以学生为中心，学生是主动地去获取知识，并在过程中获得方法和完成意义建构。教育也是个性化的教育，即其关注学生个性的发展，并激励每一位学生走向成功。信息技术与课程的整合自然也应该以学生为中心，强调学生的主体性，要求充分发挥学生在学习过程中的主动性、积极性和创造性，教师应该是教学过程的组织者、指导者、促进者、咨询者，而不再是主角，其任务是使学生在各自的舞台上都能有精彩的演出。由于每位学生成长的环境不同、兴趣不同和知识结构不同，这就要求教师在整合过程中要照顾到不同的层面，使课程内容具有开放性，评价标准具有多元性，活动过程与结果具有开放性，从而使每位学生都能根据自己的实际情况来选取学习模式和课程资源，并最终能将学到的知识应用到生产和生活中去。

（四）具有创新性

学生的创造性是无限的，教师在教学过程中只有不断创新才能产生视觉和效果的独特性，才能够引起学生的共鸣。在教学中，教师在使用信息技术时也不能只是单一的罗列，只有创新的才是有特色的。教师应用多媒体素材时，要充分分析多媒体的特点，要选择那些让学生容易接受、能够与教学内容相辅相成、对教学有积极作用的多媒体素材，将其合理地运用到教学中去，从而使课堂更加的生动活泼，也更具有创新性。

简而言之，信息技术并不是课堂教学的主宰，它在化学教学中的应用是依需要而体现的，它的呈现要因材而异、因人而异、因需而异。所以，教师要正确理解信息技术的作用，必须灵活处理教师、学生和计算机三者的关系。在实验教学中，教师要根据课程需要来选择适当的教学方法，而且是否利用信息技术要依据课程需要而定。将信息技术应用到化学实验教学中，主要是借助其现代化的优势来提高课堂的视听效果，进而使学生能够轻松地学会一些难以理解的、抽象的概念或理论，但不能用信息技术代替教师的作用，它只是起到一个辅助的作用，帮助教师更好地完成教学，最终提高教师的教学效果。在化学实验教学过程中，用现代技术支持传统的实验教学，不仅能够对学生的素质教育起到积极作用，还能促进学校实验教学的改革。

三、信息技术支持高中化学实验教学方法选择的制约因素

(一)教师的教育技术能力有待提高

信息技术支持高中化学实验教学方法的实施,前提是教师要能够主导整个课程的进行,能对在实验过程中信息技术的加入和应用进行合理安排,才能充分发挥信息技术的作用。由于地区的差异,教师的教育技术能力水平也有差异,在实验中选择适当的教学方法对教学内容的学习和教学过程的开展有着重要作用。信息技术使用不当或操作不规范、不熟练都会影响着教学效果。如在前面提到的实验案例中,教师只有在对加入的信息技术充分掌握的情况下才能带领学生开展实验的学习。笔者认为,教师要做到这一点,就要树立以人为本的教育理念,更新教育意识,还要提高教育技术的能力。

因此,教师要从各个方面提升自己,要提高自己的信息技术水平和应用信息技术的能力,并且还要在信息素养上不断学习和提高。在信息变化日新月异的今天,教师要经常参加一些培训,提高自己的信息技术能力,并跟上现代化教学的脚步。教师只有不断提高自己的能力,才能更好地利用信息技术,选择更适合教学内容的教学方法。

(二)部分教学软件和虚拟教学平台的应用需普及

随着信息技术的发展和课程改革的实施,高中化学实验教学中信息技术的作用越加明显。但受到地区条件水平的差异,并不是所有的教师都能够获取合适的、需要的教学软件或教学平台来支持化学实验教学的进行,所以教师就需要根据教学的不同需要来选择最合适的教学呈现方式,并通过不同的方式方法将教学内容最好地呈现给学生,这就增加了对一些教学软件和虚拟教学平台的迫切需求。传统的板书、朗读和演讲的方式在教学中仍具有着重要的作用,这些仍是教师教学的基本功,也是教学不可或缺的重要元素。但是,教师想要接受新知识和新发展,在教学中就要利用新的技术方法来开展教学,而一些新方法的实施和使用就迫切需要一些教学软件和教学平台,并且在这个平台上可以开展一些虚拟化教学,还能够为学生提供学习某些内容所需要的理想的教学环境,从而提高学生的学习效率。

第四章　高中化学实验探究教学的实践研究

第一节　高中化学实验探究教学的特点与功能

实验探究学习是探究性学习的一种重要组织形式。所以,教师要深入了解高中化学实验探究教学的特点,并利用实验探究教学的特点来组织教学,还要充分发挥实验探究教学的功能,这不仅对促进学生的可持续发展具有深远的意义,还是开展高中化学实验探究教学实践研究的理论准备与前提。

一、高中化学实验探究教学的特点

化学实验探究教学是基于对化学知识有一定积累并以实验为载体的探究,其具有与其他形式探究教学不同的特点。

(一)以化学实验为载体

化学实验探究教学是以实验为载体的探究,整个探究过程围绕对实验现象的观察和对实验现象的分析展开。教师提出问题和创设问题情境都可以以实验为基础,学生在围绕实验设计、观察、分析和对比中充分发挥自己的想象力,并创造性地应用已有的知识,进而在探究过程中获取新的知识,从而培养自己的创新能力。

(二)实验探究过程的自主性

实验探究教学是在"一切为了学生的发展"的基础上,以张扬个性为价值论,以"由量变引起质变"为本体论,以"重实验探究"为总体操作论的教学观。《走进新课程》就明确提出"学生是学习的主人""学生是学习和发展的主体",这就确定了实验探究过程是学生自主学习的过程,教师是"学习活动的引导者和组织者"。所以,学生只有在自主的探究下,经过自主的尝试、验证、反思和总结后的探究学习才更加有效。

（三）实验探究内容的综合性

从化学实验探究的内容上看，其具有综合性特点，着眼于学生的生活、工业领域、农业领域和社会领域。它不是以单一知识为中心，而是以兴趣、社会生活和跨学科综合知识为基础，把环境教育、健康教育、现代生活教育和当代科技教育等内容融为一体，并将以化学学科知识为主干的跨学科性知识综合起来，从而融教育和问题解决能力的培养为一体。

同时，化学实验探究教学要求学生在探究学习中结合生活实际投身到社会和自然的实践中去，并灵活地运用所学的基础知识和基本技能，把"学与用""动脑与动手""设计与操作"等方面结合起来，以让学生在实验探究学习中获得化学知识应用的真切体验，从而提高学生独立操作能力和分析与解决问题的能力。

（四）实验探究组织的多样性

由于学生客观上存在着差异性，化学实验探究教学要求每位学生达到的目标可以是各不相同的，可以因人、因组、因班而异。此外，探究的要求还可根据具体的情况和学生的基础和能力来确定，可宽可窄，可深可浅；探究的组织形式可以是"个体活动"型、"小组合作学习"型、"沙龙"型，可以是部分探究和整体探究相结合，也可以是课堂探究和课外探究相结合的。

二、高中化学实验探究教学的功能

化学实验探究教学是基于化学实验的探究，其具有其他学科和其他探究所没有的一些功能。

（一）建构学生坚实的知识基础

学生在解决实际问题过程中建构起来的知识是牢固的知识。这是因为学生建构的知识是出于实际问题的需要，也是根据对问题的分析和讨论而得到的。在化学实验探究学习过程中，学生为了解决问题而查找和分析大量的资料，并从中提取信息、组织信息、形成假设，然后通过实验来验证假设。整个知识的形成是出自个人的深层理解，也是他们自己的知识，并且他们最终还要用这些知识来解决问题，所以这也是坚实的和能够灵活迁移的知识。

（二）训练学生的科学方法

科学方法是人们在认识和改造客观世界的实践活动中总结出来的正确的思维方式和行为方式，其在科学研究中被认为是产生知识的"知识"。

在化学实验探究过程中，除包括观察、实验和分类等一般方法外，还包括分析和处理实验数据、设计并安全进行实验、提出假设、验证假设、解释实验结果、得出结论并应用到新情境中,以及交流研究成果等具体方法。在实验教学中教师要,教师以科学方法组织教学就是要让学生按照科学家认识世界的方法去从事学习,并让学生学会独立观察、独立提出问题、独立思考、独立判断以及独立分析和解决问题。学生一旦将科学方法内化为自己的思维和行为方式,其学习就会取得事半功倍的效果。

(三)培养学生的科学态度和科学精神

在化学实验教学中,教师不仅要培养学生严谨细致的科学作风、实事求是的科学态度,还要培养学生敢于超越现状的科学精神。在化学探究性实验教学中,我们总是先提出问题,先质疑,再提出假设,然后通过实验现象的观察和推理,进而对这些问题做出回答。学生在这一过程中,其思想、情感、意志和精神等各个方面都受到不同的教育,对其科学态度和科学精神的培养也起着非常重要的作用。

在探究实验教学中,教师要培养学生的科学态度,消除学生在实验观察中的主观性,让学生坚信实验事实并尊重观察到的真实现象。对实验中出现的特殊现象或数据不准确等实验事实,教师要引导学生运用理论思维进行合乎逻辑的分析和探讨,并让其努力从实验主体、实验对象和实验仪器等方面进行分析,以找出问题产生的真正原因。

(四)提高学生的创造能力

化学探究性实验教学强调学生通过自主地参与知识获得的过程,掌握科学研究所必须具备的科学方法,并探究性地获得概念,逐步形成探究能力和科学态度。探究性实验教学为学生创设了施展个性的好机会,又充分展示了化学教育的生机和活力。它有利于培养学生勇敢、有恒心、有独立性、有挑战性和一丝不苟等个性品质。在探究性实验教学中,教师通过引导学生对实验进行改进,可以使学生克服自卑感,敢于不唯书、不唯师,敢于大胆设想,所以这也是培养学生创造个性的重要途径。

(五)发展学生的思维能力

思维能力是科学素质的核心,认识能力的核心是思维能力,化学探究性实验是培养学生思维能力的重要途径。学生可以在探究实验中通过对问题提出假设,设计实验方案,亲自操作实验,并对实验结果和实验现象进行分析、综合、演绎、归纳、抽象、概括、类比等逻辑思维过程来认识物质变化的本质和规律。化学思维对于学生掌握化学知识和发展思维能力有特殊作用,如现象与本质、宏观与微观、结构与性质、变化与条件、共性与个性,以及实验与认识等方面内在联系的思考与认识等。例如,在"分子"概念的教学中,通过

“碘升华”的演示实验，在抽象出“分子”概念的过程中，教师要使学生认识碘升华这种宏观现象，就必须让学生到微观世界去寻找原因，所以这也是化学思维的一大特征。

（六）锻炼学生的实验能力

化学实验能力是在有关的化学知识和技能基础上顺利完成化学实验活动任务的个性心理特征，也是运用化学实验手段来解决问题和获得有关知识和经验的能力。化学实验能力只能在化学实验活动中逐步形成。所以，教师要努力使化学实验具有一定的系统性、连续性和计划性，还要形成科学、合理的化学实验系列结构。教师要重视采用和做好探究性实验，是因为与验证性实验相比，探究性实验不仅有利于培养和发挥学生学习的主动性、积极性、独立性和创造性，还有利于他们全面掌握实验方法，以及形成和发展化学实验能力。

第二节　高中化学实验探究教学设计的指导思想与原则

化学实验是化学科学认识的源泉，是训练科学方法的有效途径，也是学生养成科学态度的必由之路。所以，教师要提高学生的科学素养，在教学方法上就要从以教师、书本和课堂为中心的教学模式中走出来，并倡导以学生为中心、以问题为中心来开展探究性实验。

一、高中化学实验探究教学设计的指导思想

（一）强调学生的主体性

探究实际上是学生的探究。学生是探究实验教学的主体，教师要想有效地实施探究性实验教学，就必须增强学生的主体意识，并充分发挥他们的主观能动性。教师要为学生提供更多的机会，如把演示实验改为边讲边实验或课外实验，从而增加实验的探究性等，让学生亲自动手进行探究，不仅使学生在积极主动的参与过程中亲身体验成功所带来的满足和喜悦，还可以使不同层次的学生在自己原有的基础上有进步和发展。所以，教师在探究性实验教学中应把“以学生发展为本”作为指导思想，使学生联系社会实际而形成良好的科学态度、一定的探究精神与创新意识、科学研究的基础方法以及多方面的实践能力。

（二）重视学习的探究性

化学实验探究教学要培养学生学会探究，并在探究中获得知识和提高能力。学生自主地掌握他们所探究的事物的过程就是教学过程，这正是在探究的过程中蕴含着教育的本质。传统的教学大量灌输权威性的事实，教科书只

是记载一系列的科学结论，而学生的学习就是了解这些科学的事实和结论，至于这些科学事实与结论是怎样产生的，则往往被忽视。在教学中，教师容易出现重结果而忽视过程的现象，而化学更主要的任务不是让学生掌握多少具体的知识点，而是让学生体验科学探究的过程。学生只有发现问题，才能开辟更广阔的探究领域，也才能在解决问题的过程中促使知识完善、升华。因此，教师在化学实验探究教学设计时要充分重视学生学习的探究性。

（三）注重以实验为基础

以实验为基础是开展化学实验探究教学的重要指导思想，其含义是把实验作为提出问题和探究问题的重要途径和手段，要求教师的课堂教学要尽可能用实验来展示，以激发和培养学生的学习兴趣，充分发挥学生的实验能动性，进而使学生亲自参与实验，引导学生根据实验事实并运用实验方法论来探究物质的本质及其变化规律。实验是一种研究问题的手段，它的出发点是为了解释假说，也是为了得出结论的依据。所以，教师实验探究的教学设计必须以实验为基础。

（四）发挥教师的指导作用

学生在实验探究中虽然是活动的主体，但他们还不是一个完全独立的主体。学生主体地位的逐步确立和实验主观能动性的充分发挥，还要受到教师引导作用发挥程度的影响和制约。教师在实验教学中引导作用的发挥程度对学生的实验主观能动性的发挥有较大的影响。教师引导作用发挥得越充分、越具体，就越有利于学生主体地位的逐步确立和实验主观能动性的发挥，反之则会削弱学生的主体地位，扼杀学生的实验能动性。在实验探究教学中，教师要扮演好学生活动的引导者和合作者的角色，从而促进学生主体活动效率的提高。

（五）强调三维目标在探究过程中的统一

新课程强调“知识与技能、过程与方法、情感态度与价值观”的三维目标在学生学习过程中的和谐统一。在实验探究教学设计中，教师要注重在探究过程中实现对学生三维目标的培养，即教师不仅要使学生掌握化学基础知识和基本技能，还要培养和发展他们的能力，使他们形成科学态度和科学精神，努力提高学生的审美情趣，并且要锤炼学生的意志，从而使学生的世界观、价值观和人生观得到提升。

二、高中化学实验探究教学设计的原则

（一）科学性原则

科学性是化学实验探究教学设计的首要原则。化学探究性实验的科学

性非常强,实验原理、操作、装置和方法都必须具有一定的科学理论依据和实验基础。如探究浓硝酸的强氧化性、探究氨催化氧化的最佳条件,都必须以相关的化学知识、相关的理论和实验教学论为指导。在整个探究过程中,教师要着重培养学生的科学思维方法、观察和记录实验的方法,进而提高学生的科学素质,这是化学实验探究教学的宗旨。

(二)探究性原则

美国教育心理学家布鲁纳在谈到学生实施探究活动时指出,首先我们要做好"激活"工作,也就是教师要设计"具有最适度的不确定性"的探究课题,因为不确定性或模棱两可的情况最可能引起学生的好奇心,并能激发学生学习的内部动机。例如,在讲卤素的化学性质时,讲到卤素可以和金属反应,由于学生已经具备卤素和水反应的知识,教师就可以给学生布置"研究镁和氯水反应的机理"的探究性实验。在这个实验中,由于问题的不明确性,学生在探究的好奇心支配下,激发了其求异创新的愿望,还培养了他们探索求真、严谨求实的科学态度和科学精神,增强了学生思维的变通性和灵活性。另外,从探究性实验的教育目的来看,探究性实验是建构学生良好认知结构的手段和方法,其信息刺激是一种新颖、适宜的刺激,因此就决定了实验设计一定要具有探究性。

(三)开放性原则

实验探究式教学的开放性原则要求我们正确看待探究式教学与其他教学的关系,如发现学习、协作学习、合作学习、启发式教学和问题解决式教学等。这些适合学生学习的教学形式都是在针对传统教学过分注重灌输知识的背景下产生的,其实质上也含有"探究"的某些因素。它们都有独到之处,所以我们要善于从中汲取其长处,以促进实验探究式教学自身的完善和发展。在化学课堂教学中,对于某些内容来说,教师可引导学生像科学家那样,把已知的知识当作未知的来进行探索,把前人得出的结论设计成一个个发展学生思维能力的探究课题,从而使学生感悟和亲历科学家科学探索的过程。同时,教师也可以启发学生对课堂教学中的疑难、在实验中的异常和在社会生活中的有关化学方面的疑点、热点问题进行探索,从而使学生通过想象、设计、实验、观察、分析、讨论和评估等步骤来获得科学结论,并体验领悟知识形成的过程,训练科学的研究方法。所以,教师必须改变传统的知识呈现方式,并为学生应该掌握的实验内容设计情境,还要给学生提供隐藏有学习目标、学习信息的背景资料,从而为学生创设将实验设计任务与原有认知水平反应原理、仪器选择选择、实验步骤联系起来的学习情境,并将学生置于问题状态来让学生接触和了解未知教学内容的一切材料,从而让学生在开放的情境中体验、决断和操作。教师不能过于将设计思路条框化,而是要给学生一定的自由空间，使他们充分发挥想象力和创造力，不要急于否定学生的设计方案，并在探究条件允许的情况下放手让他们大胆去尝试成功和失败，体验科学发现的真实过程，最终培养他们作为探索者的敏锐思想和求实的态度。

（四）创造性原则

创新是探究性实验教学的灵魂，实验设计要敢于突破陈规，不迷信书本，不迷信权威，还要能反映出设计者独具匠心的新思路、新观点和新方法。所以，教师设计的探究性实验应有一定的新颖性、先进性和实验性，要充分体现出创新性原则，要运用创造性独立地去认识新知识，要符合学生的认知结构，要由易到难、循序渐进。例如，实验室在用催化剂的情况下制取氧气比较快捷，但反应剧烈不易控制。若能将二者放在启普发生器内，产生的氧气可随用随制。但反应物为粉末状时，我们可用水泥和细砂按一定比例将其“稀释”，并制成适当大小的坚硬的块状物，这样就可达到这一目的。

（五）主体性原则

教师在高中化学探究性实验教学设计过程中要充分注重学生主体发展，还要充分发挥学生的主观能动性。《基础教育课程改革纲要试行》中明确提出教师在教学过程中应“注重培养学生的独立性和自主性，引导学生质疑、调查、探究，在实践中学习，并促使学生在教师指导下主动地、富有个性地学习”。今天，“学生主体、教师主导、发展主线”的“主体性教育”思想已经被许多教育工作者所接受。因此，化学实验探究性教学必须遵循学生主体性原则，要充分考虑这一活动的主体，还要为学生的全面发展和张扬个性来组织、选择和设计教学。

（六）可行性原则

在化学实验探究性教学设计时，教师要充分考虑实验的可行性和探究的可行性，不是什么内容学生都能探究，也不是什么探究都可以通过实验来完成。学生探究课题的内容主要是课本知识的升华，这也应与日常生活、生产实践和先进的科学技术紧密结合，但不能超越学生的年龄特征和知识范围，即教师设计的实验必须切实可行，还要使学生能够顺利地完成探究任务，既不低估也不高估学生的水平。另外，教师还要考虑学校的教学环境、实验仪器是否充足，实验条件是否具备，否则只能算是纸上谈兵。因此，设计出具有一定探究价值的实验也是顺利开展实验探究活动的前提。

（七）适应性原则

在高中化学探究性实验教学设计中，问题的难度、提出方式、情境和媒体设计等必须适应学生的心智发展水平。学生心智发展的现有水平是进行实验探究教学的客观基础,离开了这个基础或超越了这个发展水平,实验探究式的教学必然是盲目的、徒劳无功的。心智的顺序性告诉我们,教学要循序渐进,要根据学生心智发展的不同水平来创设相应难度的问题。心智发展的阶段性告诉我们,在问题的难度和采用的教学方法上,我们必须区分为适应不同发展阶段的不同层次。在化学实验探究教学中,教师要向学生提供在其能力范围内又高于学生现有心智发展水平的问题,并且学生是有可能解决的。那些远远高于或低于学生原有心智发展水平的问题,不但不能促进学生探究能力的提高,反而会使学生产生强烈的自卑感或者变得骄傲自满,从而降低了学生的探求兴趣,最终影响了其探究和创新能力的发展。

(八)互动性原则

互动是指学生、教师、教学内容和教学资源的多元化整合互动,是探究性学习的重要特征。在探究性实验教学中,其主要表现为学生与学生、教师与学生之间平等、和谐的互动,也包括师生与教学资源的互动及问题探究的角度和方法。在互动过程中,学生的知识和技能得到巩固和发展,其学习能力也会得到提高。

第三节　高中化学实验探究教学设计的策略

一、高中化学实验探究教学目标的设计

明确地提出教学目标,有利于明确教学工作的方向。教师在设计教学目标的时候,不应只关心学生应掌握哪些知识,还应考虑一个适应未来社会的人应具有的多方面的科学素养,如科学精神、科学探究方法等。教育宗旨、教学目的和教育目标分别反映了在不同层面上的教育要求,在具体教学任务中,教师要在不同层面上进行教学目标的分析和确定。教师在设计教学目标时,应有科学素养的不同方面,而且各个方面应有一定的层次性。

(一)化学探究性实验教学目标的形式设计

根据新课程标准,我们可将中学化学探究性实验教学目标的设计分为三个维度,其具体可分为实验知识与技能目标、实验探究过程与方法目标、实验情感态度与价值观目标。在高中化学探究性实验教学设计的过程中,准确、清晰地陈述实验教学目标,不仅有利于教师的实验教学设计,有利于学生进行实验探究学习,还有利于高中化学实验教学的评价。笔者认为,一个规范的教学目标应包含四个基本要素。

1. 学习主体

学生是化学实验探究教学的主体，化学实验具体目标陈述的主体应该是学生而不是教师。这是因为教学目标是对学生预期应该主动获得的全部经验的描述。按照这一要求来说，化学实验探究教学目标的陈述可表达为“学会……”“能理解……”“能体验到……”等，而不宜使用“培养学生的科学态度……”“激发学生的实验兴趣……”等句式。

2. 具体可操作化的行为

行为是指通过学习以后，学生能做什么或者有什么心理感受和体验等，我们一般用动宾短语来较为准确地描述学生的行为。动词表明学习的要求，宾语说明学习的内容，即用那些可以外观或测量的行为动词（如理解、掌握、识别、解释、提出、写出、设计等）或者用难以观测的表示内在意识和心理状态的动词（如感受、体会、关注、领会、体验等）来进行陈述。行为表述的关键是选择准确恰当的动词，是因为它代表了对学生学习行为的要求。

3. 学习或探究的条件

条件是指影响学生产生学习结果的特定限制或范围，其主要说明学生在何情境下完成的目标。条件的陈述包括：环境因素、人的因素、信息因素和明确性因素等。

4. 需要达到的标准

标准又叫“行为程度”，是指目标达成的最低表现水平，也是用以评价学生学习结果的达成度。

（二）化学探究性实验教学目标的内容设计

根据实验探究教学的功能与作用并结合具体的教学内容，设计详尽得当的教学目标是探究性实验教学设计的重要环节。好的目标设计会对整个教学过程起到指导作用，目标设计不得当会直接影响教学效果。笔者认为，一般的实验教学目标由知识与技能目标、过程与方法目标和情感态度与价值观目标三部分组成。

其中，知识与技能目标包括对旧知识的复习和对新知识、仪器的使用、实验方法和设计思路等的理解和掌握。过程与方法目标包括观察能力、发现和提出问题的能力、预设结果的能力、实验设计和评价能力等。它是科学探究能力在化学实验教学中的具体化，也是化学教学中学生科学素养发展程度的重要体现和标志。情感态度与价值观目标包括积极参与实验探究活动，能体验实验探究的乐趣，主动与人合作，以及注重科学素养和唯物主义世界观的形成。具体见表4－1。

表4-1 化学实验探究目标的内容

目标的三个维度	具体内容
知识与技能目标	1. 基本概念、规则、化学用语 2. 基本理论 3. 物质知识 4. 化学实验常识性知识 5. 实验应用知识(声场、生活、科技) 6. 化学科学新信息 7. 识别仪器、装置和药品 8. 各种仪器、药品的正确选择与应用 9. 分析和处理实验数据和结果 10. 表达结果、评价结果和分析与解释现象 11. 处理实验安全问题及偶发问题 12. 实验设计方法、仪器、试剂的选择与修改、技术条件的控制 13. 正确、流利地读写化学用语 14. 正确、熟练地进行化学实验基本操作 15. 准确、全面地观察和记录实验现象 16. 准确测量实验数据 17. 熟练绘制实验装置图
过程与方法目标	1. 选择适当的化学实验方法(观察的方法、依据与结果的获得方法、科学抽象与具体的方法、逻辑的方法等),并对其进行评价 2. 对自己的化学实验能力、学习的优缺点的意识与控制 3. 理解科学探究的意义,学习科学探究的基本方法,提高学生科学探究能力 4. 能够发现和提出有探究价值的化学问题,敢于质疑,勤于思索,还能逐步形成独立思考的能力,并善于与人合作,而且要具有团队精神 5. 学会运用观察、实验、查阅资料等多种手段获取信息,并运用比较、分类、归纳和概括等方法对信息进行加工 6. 能对自己的化学探究过程进行计划、反思、评价和调控,从而提高学生自主学习化学的能力
情感态度与价值观目标	1. 发展学生学习化学的兴趣,乐于探索物质变化的奥秘,体验科学探究的艰辛和喜悦,感受化学世界的奇妙与和谐 2. 有参与化学探索活动的热情,有将化学知识应用在生产、生活实践的意识,能够对化学有关的社会和生活问题做出合理的判断 3. 注意与化学有关的社会热点问题,逐步形成可持续发展的思想 4. 树立辩证唯物主义的世界观,养成务实求真、勇于创新、积极实践的科学态度,还要崇尚科学,反对迷信 5. 热爱家乡,热爱祖国,树立为中华民族复兴、为人类文明和社会进步而努力学习化学的责任感和使命感 6. 具有严谨、求实的科学态度,严肃认真、谦虚谨慎、善于合作的作风,以及良好的实验习惯 7. 认识到化学的学习是一个需要付出多种劳动的过程,逐步形成自觉、果断、顽强和自制的意志品质 8. 善于质疑、坚持真理、勇于探索和敢于创新,并通过学生提出问题、分析问题和解决问题,进而提高学生乐于探究的兴趣

（三）化学实验探究教学目标设计案例（见表4－2）

表4－2　探究氢氧化铝两性的教学目标

目标的三个维度	具体目标
知识与技能目标	1. 能正确记录和描述所观察到的实验现象 2. 理解和掌握氢氧化铝与强碱、强酸反应的规律 3. 会书写相关的方程式
过程与方法目标	1. 通过对实验探究结果的分析过程掌握科学探究的一般方法 2. 学习科学归纳法在探究中的应用
情感态度与价值观目标	1. 通过自己的提出问题、分析问题、解决问题，提高自己乐于探究的志趣和体验科学探究的乐趣 2. 通过与人交流的方式来培养学生合作学习的习惯 3. 通过对氢氧化铝两性的理解来培养学生辩证唯物主义的世界观

二、高中化学实验探究教学情境的设计

化学实验探究教学可以根据不同的教学内容和不同的实验主体来创设多种形式的探究情境，主要有问题情境、实验情境、合作情境和探究情境等。无论哪种情境，只要设计合理，其都可以为学生创设丰富的、有意义的实验探究环境，从而激发学生的探究欲望。

（一）利用多样化的实验素材来设计实验探究情境

1. 引用化学实验史实来设计实验探究情境

化学的发展史实际上就是一部运用实验方法论进行实验探究，以获取化学实验事实和建立化学学科理论的发展史。化学实验史实反映了化学家的探索过程和足迹，凝聚了科学巨匠的智慧和真知灼见，记录了化学家为追求化学真知所付出的艰辛和百折不挠、孜孜以求的科学精神与品质。历史上，每一种化学元素的发现、每一种化学物质的制备和合成、每一个化学理论的建立、每一位化学家艰难的实验历程都蕴含着可挖掘的教学价值，其都可作为创设实验探究教学情境的优质素材。用化学实验史实创设教学情境，其实际是为学生提供了一个真实的故事情境，让学生在故事中认识和学习化学。教师运用真实的化学实验故事创设的问题情境能引发学生进入后续的实验探究情境。

原电池

1780年，意大利生物学家伽伐尼用金属解剖刀触动靠近铜盘的青蛙腿的

表皮时,已死去的青蛙竟然发生了抽搐,他经过对这个现象的探索,提出了“动物电”的概念。他认为,青蛙的神经和肌肉带有相反的电荷,两者存在电位差,用导电材料将两者接通,会有电流通过,而蛙腿肌肉受电流刺激就会发生收缩。“动物电”的发现引起了意大利物理学家伏特的兴趣。经过一番研究,他发现蛙腿只是起了显示电流通过的作用,所谓的“动物电”是不存在的。伏特指出,伽伐尼实验中两种不同的金属和含有液体的青蛙肌肉是产生电流的根本原因。他用容器盛盐水,把插在盐水里的铜板、锌板连接起来,电流就产生了。人类第一个人造电源——伏特电池就问世了。此时教师提出问题:两种不同的金属用导线连接,在一定条件下为什么会产生电流?

2. 利用间接化学实验事实来设计实验探究情境

化学实验事实是指实验主体通过实验观察对物质及其变化的外部特征和外部联系所做出的正确反应,它属于科学事实。化学实验事实分为两类,一种是学生直接从实验中获取的事实,也被称为“直接实验事实”;另一种是限于各种教学条件,学生无法从实验中获得而只能从其他途径,如教材、教师的讲授和网络等获得的事实,也被称为“间接实验事实”。无论哪一种实验事实,都是运用实验方法论进行实验探究活动获得的结果。间接实验事实,虽然不是以实验的方式直接呈现给学生的,但也能为学生创设良好的探究情境。

硝酸的性质

(多媒体播放2004年7月31日福州市硝酸泄漏事故)

现场腾起红棕色的“浓烟”带着一股浓烈的刺激性气味,并引起了附近许多居民的不良反应。经过消防队员近1小时紧张施救,大面积硝酸泄漏得到控制,四周的空气也基本恢复正常。在控制住毒气后,另一个问题出现了,大量酸液向大路涌去,流经之处,水泥地面都被腐蚀。消防员紧急调来大量的沙子,在酸液流经之处垒起一个小堤坝,然后迅速运来石灰,从而让险情再次得到缓解。

教师可以提出问题:红棕色的“浓烟”可能是什么物质?为什么会产生这种物质,这说明硝酸具有什么性质?在抢险过程中,运来的石灰起什么作用,这体现了硝酸的什么化学性质?

钠的性质

2001年7月7日至9日,广州市珠江河段上惊现神秘“水雷”。7日早上10点多,漂在水面上的一个铁桶内突然蹿出亮黄色的火焰,紧接着一声巨响,蘑菇状的水柱冲天而起。直到中午,这个铁桶又连续爆炸了多次。后来经化学品专家初步认定,铁桶内装的是金属钠。据调查,共有8个装满金属钠的铁皮桶漂浮在水面上，其中5个已发生剧烈爆炸，另外3个还未爆炸，怎么处理这些铁皮桶就成了一个很大的难题。如果你是消防队员，你会如何处理？

3. 利用化学趣味故事来设计实验探究情境

化学科普故事与化学实验史实、化学实验事实的不同之处在于它不一定是真实发生的，但它所蕴含的实验原理不乏科学性。其可以通过合理构思，将化学实验以故事的形式传递给学生，进而创设学生喜闻乐见的教学情境。故事情节虽然简单，但情节蕴含了化学实验原理，其设计的出人意料的故事结果更激发了学生的探究欲望。

奇怪的牙齿

王太太有一口整齐的牙齿，但是其中镶有两颗假牙：一颗是黄金做的——这是王太太富有的象征；另一颗则是不锈钢的——这是王太太一次车祸遗留下的痕迹。但是，令人百思不得其解的是：自从车祸以后，王太太就经常感到头痛，这种现象让很多医院的专家都束手无策。后来，一次偶然让一位化学家为王太太解开了病因。那么，这位化学家发现了什么呢？

王水

玻尔是丹麦著名的物理学家，曾获得诺贝尔奖。在第二次世界大战中，玻尔被迫离开将要被德国占领的祖国。为了表示他一定要返回祖国的决心，他决定将诺贝尔金质奖章溶解在一种溶液里，并装于玻璃瓶中，然后将它放在柜面上。后来，纳粹分子窜进玻尔的住宅，那瓶溶有奖章的溶液就在眼皮底下，他们却一无所知。在战争结束后，玻尔又从溶液中还原提取出金，并重新铸成奖章。而帮助玻尔如其所愿的溶液是什么呢？它又有什么性质呢？

4. 利用趣味化学实验来设计实验探究情境

化学实验缺乏趣味性，会让学生产生厌烦心理，而教师开发一些趣味化学实验，不仅有利于创设轻松愉快的娱乐情境，还可以让学生在娱乐中感受变幻莫测的实验现象和探究实验现象的奥妙，让学生在探究中学习化学。学生看到实验现象后会感到非常惊奇，并且急于想知道实验现象产生的原因，从而引发了后续学习兴趣，这样就可以让学生带着强烈的好奇心进入物质性质实验探究的状态。

钠的性质

将滴管中的水滴到暗藏在酒精灯灯芯处的钠，即“滴水生火”的小魔术。

原电池

展示音乐贺卡，发出悦耳的《生日快乐》乐曲，撤开纽扣电池，音乐声停止。将两根导线分别连接铜片和锌片,插入橙子或西红柿里,两根导线的另一段连接音乐卡,音乐声再次响起。

5. 利用家庭小实验或生活经验来设计实验探究情境

化学的学习服务于生活。通过化学实验解释和解决日常生活中的实际问题来创设生活情境,更能激起学生的学习兴趣。日常生活中的很多化学现象都可以作为化学实验内容的选取素材。以学生身边常见的化学物质作为实验药品,如用鸡蛋壳、贝壳、粉笔和牙膏做有关碳酸钙的性质实验,用食盐、面碱和食醋等做有关酸碱盐的性质实验,用西红柿、橙子等做原电池实验,用鸡蛋清、羽毛做蛋白质性质实验,等等。

碳酸钙的性质

把一只鸡蛋洗净后,浸在醋酸中,并记录观察到的现象。放置三天,再记录观察到的现象。学生会发现鸡蛋壳周围产生气泡,慢慢地,鸡蛋壳变软最后几乎消失。这些发现使学生的兴趣大增,求知欲大增。

(二)利用多样化的实验方式来设计实验探究情境

实验本身也是一种创设实验探究教学情境的重要方法,教师可针对不同的实验内容、学生实际情况和实验教学目标采用不同的实验方式。不同的实验方式只要设计合理,都可以激发学生的探究欲望,还能创设良好的实验探究情境。

1. 利用演示实验来设计实验探究情境

演示实验的主体可以是教师,也可以是学生。教师在演示实验过程中展示规范娴熟的实验技能,体现实事求是的实验态度以及一丝不苟、科学求真的实验素养,这些不仅能激发学生的情感,还能激发学生自己动手实验的欲望。对于一些操作难度不大的演示实验,教师可以把演示的机会让给学生,这样既满足他们的操作兴趣,又可以加强学生的参与意识,让学生成了演示的主角。学生无论是对自己的操作过程,还是对实验现象和实验结果都会更加的关注。台下的学生也会因为演示主体换成了自己身边的同学而对实验的兴趣更加浓厚,也就更容易留下深刻的印象。根据实验的需要,教师和学生可以配合演示,师生间的互动和配合能调动学生的积极性,学生也因为能和教师"同台唱戏"而感到兴奋或因为受到教师的关注而欣慰,这些都使他们把积极的情绪转移到实验上来。

2. 利用验证性实验来设计实验探究情境

验证性实验在高中化学教学中常用来证实和检验所学过的化学知识。验证性实验对学习化学是很有必要的,但照方抓药的验证性实验对学生来说却是被动的。所以,教师在化学教学中可以将验证性实验问题化,以此来创设问题情境,并逐渐向探究性实验过渡。

盐类的水解

在学习盐类水解知识前,如何激发学生的探究热情,教师可创设如下所示的探究情境,即教师可先由学生实验验证:检验 $NaCl$、K_2SO_4 的水溶液的 pH 值;检验 CH_3COONa、NH_4Cl 的水溶液的 pH 值。学生会产生疑问:CH_3COONa、NH_4Cl 的本身既无 H^+ 又无 OH^-,为什么会呈酸性或碱性呢?前面的实验验证了学生的知识,但后面的实验结果却和学生已有的认知发生"矛盾",这就为化学实验探究教学创设了探究情境。

3. 利用探究性实验来设计实验探究情境

新课程将"科学探究"作为改革的突破口,并大力提倡开展实验探究活动,目的是提高学生的实验探究能力。而要想落实这一化学实验教学目标,有效地开展化学实验探究活动,最重要的环节就是创设探究情境。实验探究情境不仅能激发学生的思维,还需要学生运用以前学过的化学知识进行假设、推理、实际操作、结果分析和归纳,这对发挥学生实验主体性、主动性和积极性有不可代替的作用。所以,教师要注意改进传统的实验教学,并精心设计各种探究性实验,从而让学生主动学习,并逐步学会探究。

钠和硫酸铜的反应

在学习金属钠的基本化学性质前,教师请学生思考钠和硫酸铜溶液反应的产物是什么,有什么现象,学生回忆金属活动顺序表,并很快写出:$2Na+CuSO_4 = Na_2SO_4+Cu$,现象是钠溶解,同时有红色的铜析出。

然后,教师组织学生进行实验探究。学生将钠投在硫酸铜溶液中,其观察到的现象是钠浮在水面上,并熔化成闪亮的小球四处游动,发出嘶嘶的响声,并且有蓝色絮状沉淀产生。

学生感到迷惑了,并陷入了沉思。实验的现象和学生之前的预想不同,这不仅创设了问题情境,激活了学生的思维,提出了新的问题,还引发了学生后续的合作和探究学习。

(三)利用多样化的实验手段来设计实验探究情境

化学实验将化学原理具体化、形象化和直观化,还能为学生创设直观的真实情境,有利于启发学生的思维,然后完成由感性认识向理性认识的飞跃。所以,教师可通过采用不同的实验手段来为学生创设不同的实验探究情境。

1. 利用常规实验手段来设计实验探究情境

常规实验是指使用常规的仪器、设备和常规的试剂用量的实验。常规实验仪器较为直观,易于观察,使用方便,而且普适性强,这也是目前中学化学实验教学中使用最多的实验手段。

2. 利用计算机多媒体演示化学实验来设计实验探究情境

计算机多媒体中的文本、图片、动画、视频和声音等教学手段可以将教学内容变得更直观、形象和生动。计算机的多媒体手段在实验教学中的应用,不仅弥补了传统的化学实验手段的不足,还为学生创设了生动、具体的学习情境。利用多媒体课件可以将一些化学实验史实、化学实验事实用图片的形式更直观地呈现出来。对一些易爆炸、有毒性、操作难度大、实际条件不具备而无法进行的实验都可以用多媒体课件演示或者播放实验录像,如金属钾和水的反应的实验现象。此外,教师还可以模拟一些错误实验操作引起的后果,如稀释浓硫酸时将水加到浓硫酸中发生喷溅、实验室用高锰酸钾制氧气后先熄灭酒精灯后拆导气管后发生的倒吸现象等。

3. 利用微型化学实验来设计实验探究情境

微型化学实验体现绿色化学思想,其不仅为学生提供尽可能多的动手操作的机会,还受到了人们的广泛关注,并在高中化学教学中得到使用,这也是国内外近20年进展较快的一种新的化学实验方式。微型实验具有便于操作、污染小、安全简单、节省时间和费用等特点,同时微型实验仪器小、精巧,很容易引发学生的操作和探究兴趣。微型化学实验用品的重要来源是自制仪器或采用代用品,学生通过自制仪器和动手实验,不仅训练了学生的动手能力,还培养了学生的创新思维。此外,广泛的参与机会和微型实验的内在魅力又大大地激发了学生进行化学实验的兴趣,所以针对教学内容来说,采用微型实验手段能为学生创设良好的学习情境。

4. 利用手持技术来设计实验探究的情境

手持技术因其便携、实时、准确、综合、直观、信息量大的特点,得到了推广应用,它由两部分组成:数据采集器和传感器手持技术。这两部分构建了一个先进的便携式数据采集系统,它将科学数据的世界放在了我们的手掌,还可以和计算机相连,利用它能进行探究性实验。例如,用温度传感器跟踪测量硝酸钾晶体在水中溶解过程中的温度的变化;用温度传感器和 pH 传感器跟踪酸碱中和反应过程中溶液 pH 值和温度的变化。

三、高中化学实验探究教学探究问题的设计

化学实验探究始于问题,问题是探究的前提,也是探究的核心。所以,探究问题是否有效就直接关系到探究是否有价值。有效的探究问题才是学生

学习的内在驱动力，所以好的探究问题是成功的一半。因此，教师对选择的问题要注意研究，在课堂上的选题看似信手拈来，实是苦心经营，需要在课前花费大量的精力。然而，新课程实施多年以来，一些化学教师对实验探究问题的选择不够重视，课前没有认真准备，缺乏对教学内容和学生的深入研究，在课堂教学中，问题的提出显得很随意，什么问题都要求学生去探究一番，这就泛化或歪曲了实验探究的目的和意义。

实验探究是人类最基本的学习方法，但并不是所有的学习过程都必然是探究性的，开展探究教学的重要条件是选题或学生学习的材料必须具有一定的难度，提出的问题要具有新颖性，否则就没有探究的价值。由此可以看出，激活学生思维的探究问题是需要经过教师精心设计的问题，而不是漫不经心的发问。对于同一内容的课程来说，由于选题设问不同，其课堂的效果迥异。那么，什么样的问题才具有探究的价值，才能有效生成探究的意义？笔者认为，教师应该从四个方面来设计探究问题。

（一）在激发学生兴趣和情感之处设计实验探究问题

【案例 1】在学习氯气的性质时，某教师利用多媒体展示了三个镜头：2005 年 3 月 29 日，京沪高速液氯泄露，造成 28 人死亡，两万多亩农作物受损，画面上农作物枯黄、变白。2005 年 4 月 12 日，无锡一自来水厂氯气泄漏。2005 年 10 月 30 日，武汉一废品收购点的液氯钢瓶泄漏，消防队员进行紧急处理。画面上消防队员将钢瓶浸入到石灰水中，学生兴趣盎然。教师及时提出问题"如果你在氯气事故现场，你该采取哪些措施去保护或抢救人民的生命和财产"。学生或看，或思，或议，最后一致提出要根据氯气的性质确定相关措施。这时，教师及时提出实验探究问题"根据镜头中信息如氯气的颜色、农作物的变化和消防队员的措施等设计实验来探究氯气的性质"。

在案例 1 中，教师以真实事故为情境，用三个镜头抓住学生的眼球，不仅充分激发了学生学习的兴趣，引起了学生强烈的求知欲，还使其产生探究的原动力和内在需求，而教师提出的实验探究问题又恰到好处。只有在强烈兴趣引领下的探究问题才更有价值，学生的实验探究才更高效，而且我们可以相信学生在这样的环境中获得的知识将是持久的。

新课程更加关注学生的非智力因素对学习的影响，倡导将学生的认知与兴趣、情感紧密地联系起来，从而实现情知并行、情知互动和情知交融。在案例 1 中，教师希望学生学会关爱他人生命、爱护他人财产。列宁说："没有人的情感，则过去、现在和将来永远也不可能有对真理的追求。"所以，教师在教学中既要引导学生关心生活、关注社会，又要从生活走进化学、从化学走向社会，从而使学生热爱化学。此外，教师还要从教学实践中挖掘激发情感的资源，把激发情感作为实验探究教学的纽带，作为师生交往、沟通的桥梁。我们既要以情动情，还要积极创设情境，激发学生的兴趣，使学生从“想探究”到“会探究”再到“爱探究”，最终实现学生智能与情趣的协调发展。

（二）在知识疑难之处设计实验探究问题

【案例 2】在“酚的性质与应用”学习时，某教师组织学生根据教材上的“活动与探究”进行实验探究，其中一个探究内容是“向苯酚钠中通二氧化碳”。然后，教师要求学生书写化学方程式。这时，学生碰到了知识上的疑难问题，无机产物是碳酸钠还是碳酸氢钠。如果教师像课本一样直接书写的话，学生印象不深，完全靠记忆记住该知识点。这时，教师及时抛出探究问题“向苯酚钠中通二氧化碳后无机产物是碳酸钠还是碳酸氢钠”，学生在充分讨论的基础上，设计出了两种实验探究的方案：向苯酚的悬浊液中滴加碳酸钠溶液；向苯酚的悬浊液中滴加碳酸氢钠溶液，通过学生动手实验验证，得出“苯酚与碳酸钠溶液不能共存”的结论，从而确定产物是碳酸氢钠。

建构主义理论强调，知识并不是对现实的准确表征，它只是对现实的一种解释或一种假设，并不是问题的最终答案。因此，教师不能把知识作为预先决定了的东西教给学生，学生对知识的“接受”只能靠自己的建构来完成，并以自己的经验和信念为背景来分析知识的合理性。在案例 2 中，教师从知识的疑难处切入探究问题，根据学生已有的经验来引导学生学习、研究知识发生、发展的过程，进而引发学生思考和再思考，充分展现了学生的思维过程，从而促进学生思维的发展，还充分体现了自主意义的建构。

化学教师在教学实践中不能满足于学生教条式的掌握，而是要不断深化，从而让学生在具体情境中不断地自主建构。所以，教师要通过有效地设计实验探究问题来把握知识重点、分解难点，并引导学生从困境中走出来，从而达到以疑激趣、以疑促思和释疑解惑的目的。

（三）在实验现象异常之处设计实验探究问题

【案例 3】某教师在组织学生探究氯水的性质时，学生向新制的氯水中滴加几滴紫色石蕊试液，发现氯水迅速褪色，而不是预期中“先变红后褪色”的现象。面对这一异常现象，教师没有回避，而是及时组织学生通过实验探究“为什么没有先变红”，从而让学生发现问题的本质，即氯水的浓度对实验产生影响。

我们在化学实验探究学习中经常会发现一些与预料的正常实验结果不相符合的现象，如颜色变化的异常、沉淀生成或溶解的异常、生成物气味的异常、导致事故发生的异常等。产生这些异常实验现象的因素很多,如反应物的影响、化学实验仪器和装置的影响、化学实验操作的影响、副反应的影响等。这些异常现象如果不及时“拨乱反正”,就会给学生留下很深的错误记忆;如果教师只是口头纠正一下,学生没有获得强烈的感官刺激,还可能没有任何效果。在本案例中,教师从异常现象中提取出探究问题,然后通过学生的分析讨论和亲身实验探究,从而让学生自己解决问题。

著名教育家布卢姆曾经说过,人们无法预料教学所产生的成果的全部范围,但没有预料不到的成果,所以教学也就不能成为一种艺术了。因此,在实验探究教学中,教师要正视异常现象,要把它当作有价值的探究资源来精心设计探究问题,并有效地引导学生深入探究下去,这样不仅能培养学生实事求是、严肃认真的学习态度,还能激发学生不断探索和勇于创新的精神。

(四)在认知冲突之处设计实验探究问题

【案例4】某教师在组织学生学习氯水的性质时,演示了一个实验:在NaOH溶液中滴加几滴酚酞溶液,溶液变红,再滴加几滴新制的氯水,溶液变为无色。教师让学生讨论“为什么试管中的酚酞最终变为无色”。学生根据原有的知识和自学的知识提出了两种可能:NaOH与氯水中HCl、HClO发生中和反应,使OH^-的浓度减小,所以酚酞褪色;氯水中HClO氧化酚酞使其结构破坏而褪色。于是,教师就引导学生自主设计实验探究方案:①在含酚酞的NaOH溶液中,滴入HCl溶液至溶液褪色,再滴NaOH溶液;②在含酚酞的NaOH溶液中,滴入氯水至溶液褪色,再滴NaOH溶液。学生在实验、讨论和交流的基础上获得共识,进而得出结论:新制的氯水使NaOH的酚酞溶液褪色是由于HClO的漂白作用。

所谓认知冲突,是指学生的原有认知结构与所学新知识之间无法包容的矛盾。学生在学习新知识之前,其头脑中并非一片空白,而是具有了形形色色的原有认知结构。在学习新知识时,他们总是试图以这种原有的认知结构来同化对新知识的理解。当遇到不能解释的新现象时,其就会产生认知冲突。在本案例中,学生原有认知结构包括碱使酚酞溶液变红,酚酞褪色肯定是碱被反应掉了。于是,在学习上述内容时,学生的认知结构中就产生了主观与客观的矛盾,也就是爆发了认知心理上的冲突。这时,教师从认知冲突处切入探究问题来促使学生产生探索的愿望和要求,并引发其进行探究,从而起到了良好的效果。

因此,在我们的教学过程中,教师要学会积极利用学生的认知冲突来合理设计实验探究问题,进而促进学生积极、主动地建构良好的认知结构。化学与生活之间的联系、新旧知识经验之间的矛盾、理论与实际之间的距离、预设与生成之间的差异、教学的“偶发事件”等都易引发学生的认知冲突,也是教师设计探究问题切入的最佳时机。所以,教师要努力利用好情境,并以问题为切入点来引发学生积极思考,主动学习,还要要求学生学习新知、联系旧知,并在新旧知识经验之间建立联系,从而产生认知冲突,最终激发学生的探究欲望。

四、高中化学实验探究教学评价的设计

(一)实验探究教学的评价原则

评价是人类有意识活动的一个表征,其实质在于促进人类活动日趋完善,这也是人类行为自觉性与反思性的体现。传统的教学以传授知识为主要目的,看重学生对知识的积累,习惯把评价与考试等同起来,并以此来检验学生对化学知识的理解和掌握程度、鉴别学生学习成绩的好坏。这种评价理念过分强调了评价的甄别和选拔功能,忽视了评价对促进学生发展的功能。化学实验探究教学目标的有效落实、实验教育教学功能的全面发挥、学生学习方式的根本转变和化学实验探究活动的顺利进行等都离不开化学实验教学评价理念的更新、评价内容的发展和评价方式的转变。所以,教师在设计高中化学实验探究教学评价时,应在摒弃传统化学实验评价弊端的基础上,吸纳教学评价的最新观念,并以此来把握高中化学实验探究教学评价的发展方向。作为实践性较强的高中化学实验,教师在设计教学评价时,应从整体观、多元化和过程性等方面来对高中化学实验探究教学评价进行整体把握。

1. 整体性评价

在设计高中化学实验教学评价时,教师应把课程和学生在探究中的各方面表现进行整合,使它们融合为一个有机整体,并贯彻到整个实验探究活动中。一方面,将学生在高中化学实验探究学习中的各种表现和产品(如实验报告、研究报告、实验方案、改进计划等)作为评价学生学习情况的依据;另一方面,要注重把评价作为师生共同学习的机会,并提供对课程和对教学修改有用的信息,从而实践于教学中。

2. 多元化评价

在设计高中化学实验教学评价时,教师应强调多元价值取向和多元标准。在评价中,教师要注意制订好评价方案,还要重点解决资料收集和分析的问题。教师应积极采用学生自我报告(问卷调查、考核、同伴评鉴)、行动观察(班级语言分析、轶事记录和角色扮演)等定性评价的方法,还要做好观察现场的安排,并让学生充分讨论和分析观察到的现象与收集到的资料的意义。此外,教师要发扬民主的评价精神,消除在评价中的教师特权,并且要认

真地研究评价报告的呈现方式和给学生带来的感受。对不同性质和不同类型的探究活动来说,教师要采用不同的评价方法,对同一探究课题不同层次学生探究的评价标准和方法也应有区别,要坚持探究过程评价优先、水平评价为主、实验态度做参考、定性评价与定量评价相合、主观评价与客观评价相结合、定期评价与随机评价相结合、形成性评价与总结性评价相结合,以及教师评价学生、学生自评互评、学生评价教师、教师自评等多种评价方法,从而保证实验探究教学活动的正常进行和教学目标的达成。

3. 过程性评价

探究教学的评价应重视对学生探究学习过程的评价,重视学生在探究活动中的表现,对学生的良好表现及时进行鼓励,还要关注学生发现和解决问题的过程,肯定其探究价值,进而营造成功体验。此外,教师对实验过程的评价还可以有效地帮助学生形成积极的学习态度、科学的探究精神和正确的价值观。

(二)实验探究教学的评价设计

1. 实验探究教学整体评价设计

(1)实验探究真题评价的内容

实验探究教学评价是评价者根据一定的标准制订实验教学的好坏、优劣及其实际效果的过程。它侧重于评价在教学过程中是否体现具有全面、正确和合理的教学目标,特别是是否具有与化学知识能力目标相应的过程和能否在探究教学过程中体现出学生发展目标的要求。在评价实施过程中,教师要注重以下两个方面的评价内容:

① 对化学实验探究课题及探究过程的评价。要评价实验探究课题和过程是否遵循以实验为基础的化学教学规律,创设能激发和保持学生学习探究兴趣和动机的问题情境,要想方设法让学生多亲自动手做实验,还要充分发挥实验探究过程中学生的主体作用和教师的主导作用,并引导学生查阅有关文献资料、提出解决问题假说、设计验证实验方案,也要让学生亲身体验通过化学实验探索规律的发现或探究活动,并在获得化学概念、掌握化学知识的同时,让学生得到科学研究方法的训练,受到科学态度和科学精神的熏陶,最终培养学生的实验操作能力和创造能力。

② 对教师组织实验探究教学的评价。要评价教师能否引导学生从宏观的化学实事、实验现象去思考、探索和发现事物的微观化学本质,能否引导学生进行由表及里、由简单到复杂、以简驭繁、由宏观到微观的思维过渡,在实验探究过程中学生通过问题假设,设计实验方案和实验操作、观察、分析、推断得出结论,等等。

(2)实验探究教学整体评价表设计(见表4-3)

表4-3 实验探究教学整体评价

评价项目	评价要点	权重	评价标准
探究课题	目标明确	0.05	符合培养思维能力、创造能力、发展个性、开发潜能
	内容实用	0.05	①贴近教材 ② 贴近实际 ③ 丰富学生的直接经验
	内容综合	0.05	①引入多种信息 ② 运用多门学科知识
	深浅适当	0.05	①探究量适当 ② 探究难易适当
探究过程	活动要素	0.05	①具备基本要素 ② 有机组合各要素
	活动步骤	0.05	①问题情境 ② 查阅资料 ③ 假设验证实验 ④ 科学推理结论 ⑤ 拓展应用
教师评价	组织形式	0.1	①采用多种探究形式 ② 各种组织形式使用得当
	指导方法	0.1	①教师作为参与者、指导者、协助者 ② 指导方法使用得当
学生评价	学生自主性	0.15	学生在教师指导下自主地思考、设计、操作和解决问题
	学生能动性	0.15	①主动活动面(即主动参与探究活动的人数与总人数之比) ② 主动活动量(即个体主动参与活动时间与总活动时间之比)
	学生创造性	0.10	①思路设计新颖 ② 方式、方法多样 ③ 有一定的探究活动成果
	学生活动方法	0.10	①方法得当 ② 多种方法结合

2. 实验探究教学学生评价的设计

(1)实验探究教学学生评价的内容

在高中化学探究性实验教学评价的过程中,我们要强调发展性评价观、过程性评价与终结性评价相结合。在高中化学探究性实验的教学中,教师对学生评价内容通常要涉及五个方面。

第一,学生参与高中化学实验探究学习活动的态度。它可以通过学生在实验探究活动中的许多外显行为表现出来,如能否认真参加实验探究活动、努力完成自己所承担的任务、做好资料收集与分析处理工作、主动提出实验方案和建议,能否与他人合作和采纳他人意见等。

第二,学生在实验探究学习中所获得的体验情况。其主要通过学生的自我陈述加以反映,这也在一定程度上通过其行为表现和学习的结果反映出来。

第三,知识与技能的掌握情况。教师要对学生在探究性学习活动中各个环节所掌握和运用的有关方法、技能水平进行评价。如如何查阅和筛选资料、对资料归类和统计分析、对研究结果的表达与交流等。

第四,学生创新精神和实践能力的发展情况。教师要考查学生在一项探究活动中从发现和提出问题、分析问题到解决问题的全过程中所显示的探究精神和能力,也要通过活动前后的比较和几次活动的比较来评价其发展状态。

第五,对学生探究实验活动的整体评价。其主要包括探究过程、探究结果、目标落实和团队合作等方面。高中化学探究实验教学的评价可以采取教师评价与学生的自评、互评相结合,书面评价与学生口头报告和活动展示等评价相结合,量化评价与质性评价相结合,以质性评价为主等做法。此外,教师的评价要注意客观性,要多使用鼓励赏识的激励性语言。

(2)实验探究教学学生评价表设计(见表4-4)

表4-4　实验探究教学学生评价表

评价内容	学生自评	同伴互评	教师点评
参与高中化学实验探究学习活动的态度			
在实验探究学习中所获得的体验情况			
知识与技能的掌握情况			
创新精神和实践能力的发展情况			
综合评价			

(3)对实验探究教学某一环节或某一能力评价的设计

在实验探究教学中,教师既可以对实验探究进行整体性评价,又可以对探究方案进行评价、对教师行为进行评价、对学生行为进行评价,还可以对探究过程的某个环节或学生某一方面的能力进行评价,如实验观察能力、实验操作技能等。

对实验观察能力测评的关键是要能够设计出适当的观察情境,使学生的实验观察能力及其差异表现出来,还要根据被测试对象的水平选择不同难度的观察实验来进行测试。在进行实验观察能力测试时,我们可以设计专门的观察能力探测题,即选择适当的化学实验,由教师进行演示操作,既可以让学生独立观察记录实验结果,提倡学生本人操作实验观察,又可以通过第二者完成。对于一些高难度实验、危险的实验、有毒污染环境的实验,以及暂时条件达不到、不能完成的实验,我们可通过放录像让学生观察。学生观察能力的评定结果主要依据学生的实验现象记录如何,如观察记录的现象是否全面,在记录过程中是否对某些异常现象加以注意,记录方法和数据的准确性如何,等等。例如,通过学生对钠与水反应现象的观察记录,就可以很好地看出其观察能力如何,因为该实验现象特别多,实验过程时间短,动感强,所以我们必须调动视、听和触等多种感官进行全方位的观察。

通常,教师对学生实验观察能力的五种品质及其重点评价内容如表 4-5 所列。

表 4-5 实验探究教学学生评价

观察品质	评价内容
观察的目的性	观察的目的、内容是否明确;能否指出观察的重点
观察的条理性	观察的前后顺序是否合理
观察的理解性	实验现象记录是否准确;观察过程中的"即时想法"是否深刻;对实验现象的解释是否合理
观察的敏锐性	对实验现象的记录是否全面、细致,特别是对那些瞬间变化的现象能否准确记录
观察的持久性	对实验的注意力能够前后保持一致(观察的其他几种品质的表现是否随着时间而产生变化)

第四节 高中化学实验探究教学的实践

一、高中化学实验探究教学模式的基本结构

实验探究教学模式是学生在受到教师的诱导启发下,对所学到的知识和技能能够进行全面的掌握与灵活的运用,并通过查阅、假设、佐证和实验等一系列的探究活动去发现问题,并对问题进行主动探索,进而尝试解决问题,这也是学生去亲身体验并掌握知识与技能的一种新的教学模式,其基本结构如

图 4－1 所示。

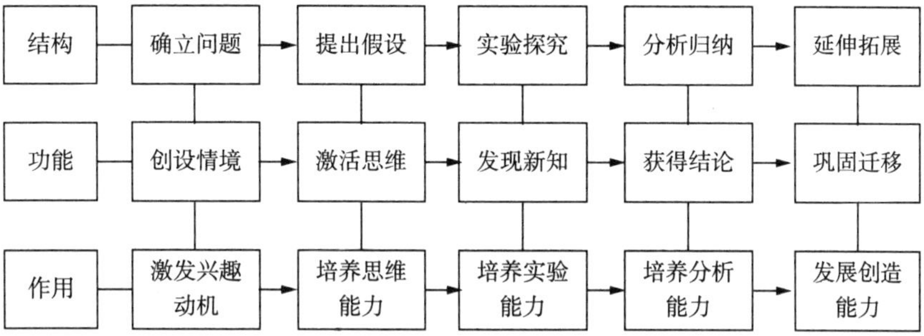

图 4－1　基本结构

（一）确立问题

探究问题的确立旨在创设问题情境。在创设问题情境时，教师要根据教材目标和教学内容，从学生认知水平和社会生活实际出发，将学生已有的知识经验与将要学习的知识联系起来精心设计可以进行创造性活动的化学问题。问题既不能过于简单，又不能过于复杂，而应“难易适度”。根据维果茨基的“最近发展区”理论，问题应是那些与学生已有的知识经验密切联系，具有一定的思维容量和思维强度，需要学生经过努力思考才能解决的问题。对于教材的重难点内容来说，我们要尽可能设计一组有层次、有梯度的问题，还要处理好问题的衔接和过渡，然后用组合、铺垫或设台阶等方法来提高问题的整体效益。此外，教师要积极引导和鼓励学生自己去发现问题，并提出探究课题，还要充分发挥学生的主体能动性，并激发学生探究兴趣和思维潜能，从而使学生积极主动地完成新旧知识的过渡迁移。

（二）提出假设

所谓假设或假说，就是根据已有的知识对所研究的事物或现象做出初步的解释。而化学假说是以观察实验为依据，以思维形式为几何框架来反映物质的性质、组成、结构和变化规律的化学方法理论。假说的形成过程的逻辑形式主要是通过类比或归纳推理来进行的；发展的过程主要是通过演绎推理来进行的；验证的过程一般主要是以实践证明为主，逻辑证明为辅；思维形式可以是逻辑的概念、范畴、判断、论判、推断、推理和证明，也可以是非逻辑的直觉、灵感、想象、移植、猜测和机遇等创造性的思维活动。因此，在化学实验探究教学中让学生初步学会运用假说的方法研究问题，不仅使学生的学习接近科学研究的实际过程，还能刺激和保持学生主动探究学习的兴趣和动机，保证学生的各种思维能力的和谐构建和创造性发展。学生通过自己查阅文献资料,收集整理信息数据,并提出多种可能假设,然后设计多个验证实验方案以展示创造过程。此外,教师要延迟裁判,从而给学生创设自由思维的空间。

(三)实验探究

学生对实验的探究是需要在教师的引导下,运用科学的学习方法、科学的实验方法与科学的观察方法来进行探索的过程。实验探究的目的在于获得主动和具体的感知材料,培养学生的观察能力和实验动手能力,而且学生的实验过程是学生学习化学知识的重要手段。此外,学生受到实验活动的外部刺激可以有效激发学生的学习动机,所以教师在学生实验的过程中要对学生设计的实验方案进行分析,并在学生设计的实验中挑出一些最合理同时又具有创新性的实验课题。在实验的过程中,教师要引导学生明白实验的目的、原理及实验对象和条件,还要要求学生遵循合理的实验顺序和步骤进行实验。在实验中,教师要指导学生选择适合的仪器和药品,让学生进行药品的取用、仪器的连接和装配;要引导学生对得到的实验现象或结果进行仔细的观察,引导学生尤其注意实验中出现的"异常"现象和实验数据的微小差异,并让学生敢于探究到底;要要求学生在实验过程中认真做好实验现象的记录,对实验现象能够进行准确、完整地描述。同时,教师要以科学研究的方法来训练学生,从而提高学生的科学素养。

(四)分析归纳

分析归纳是实验探究教学中的一种重要策略,是教师引导学生从实验课题、实验方案、实验技能、实验操作情况、情感态度、科学方法和思维方式等方面进行总结、概括和对知识规律的系统整理过程。它能够对实验中获得的知识进行整合,使其条理化、系统化,还能使学生在实验中遇到疑难时豁然开朗、茅塞顿开,使学生从实验中获得更为广泛和全面的体验,促成学生感性认识上升到理性认识,从而让具体的探究活动得到"升华"。所以,教师要根据教学目标和实验课题来提出讨论问题或出示讨论提纲。学生根据实验事实进行思考、讨论、争辩、分析和推理,揭示产生实验现象的原因,这让学生对新知识有了零碎和粗浅的认识,但还不能形成系统的知识结构,且不易准确掌握。学生需要在教师的启发引导下进行概括整理、归纳总结,从而将零星的知识点用一条知识主线串联起来,这样才能使学生有条理、有层次、准确系统地掌握知识规律。

(五)延伸拓展

延伸拓展是学生对知识规律的巩固和活化,是学生的思维生长和发散、能力形成和发展的过程。化学实验探究中的发展是学生知识和能力的增长，即在学生现有的知识经验背景下，及时发现知识和能力发展的新生长点。教师在化学课堂中涉及一些开发性的问题，让学生对知识进行重新认识，或是继续进行探究，或是对实验中的装置提出改进的方案，或是设计出新颖的探究实验方案，然后将学生所学的化学知识与社会生产、生活实际相结合，进而做一些社会调查，从而使化学实验探究教学真正达到延展性与开放性。化学实验探究的延伸目的不仅在于知识的消化与巩固，还在于使学生进一步获取新知识，这有利于培养学生的分析综合能力和创新思维能力。

二、高中化学实验探究教学活动的程序

（一）高中化学实验探究教学活动的基本要素

有效的化学实验探究教学是需要多种要素共同作用的。一般来说，化学实验探究活动过程具有六个基本要素：提出问题、收集并整理材料、设计实验方案、观察与实验、分析与处理和相互交流。

1. 提出有探究价值的问题并进行猜想和假设

教师设计与学生经验有关的恰当的实验探究情境，通过学生自己观察、阅读、调查等活动发现问题，并尝试提出可以通过探究来解决的问题；能针对所提出的问题，依据已有的科学知识和经验，并通过思考做出猜想和假设。例如，在过氧化钠的性质教学中，教师将蒸馏水加到过氧化钠固体上将之溶解得澄清溶液，再滴加酚酞指示剂，溶液却不变红，这给学生造成了认知上的冲突，进而激起学生强烈的探究欲望。教师趁势引导学生提出问题“什么原因造成酚酞在该氢氧化钠溶液中不出现红色”，并鼓励学生大胆猜想和假设，然后根据自己的设想来设计相应的探究实验方案。

2. 收集并整理有关资料

收集与整理信息是科学探究活动的重要组成部分，也是探究性实验教学的重要环节，它直接影响着探究的可行性和有效性。学生如果不会收集信息和整理信息，就不可能完成切实可行的方案设计，也不可能在实验过程中获取更多的资料信息。笔者认为，收集信息的方法一般有四种。第一，查阅法。首先，教材就是重要的信息资源；其次，网络、期刊和图书馆都是学生查阅资料的重要资源。第二，实验法，即通过实验获取相关证据资料。第三，观察法，即通过观察教师演示实验或仪器图表等获取信息，在观察过程中，要引导学生从多方面进行，从而做到观察的全面性，排除假象，还要做到观察的客观性，在必要时要反复观察，要求学生边观察、边记录、边思考。第四，交流法，即与他人交流也是获取信息的重要途径。在收集信息的基础上，我们要进行信息的比较、评价、分类、归纳、概括、分析和与科学探究整合的过程。这样，

学生才能在探究活动中更好地利用信息。简单来说,学生收集并整理有关资料的方法如图 4-2 所示。

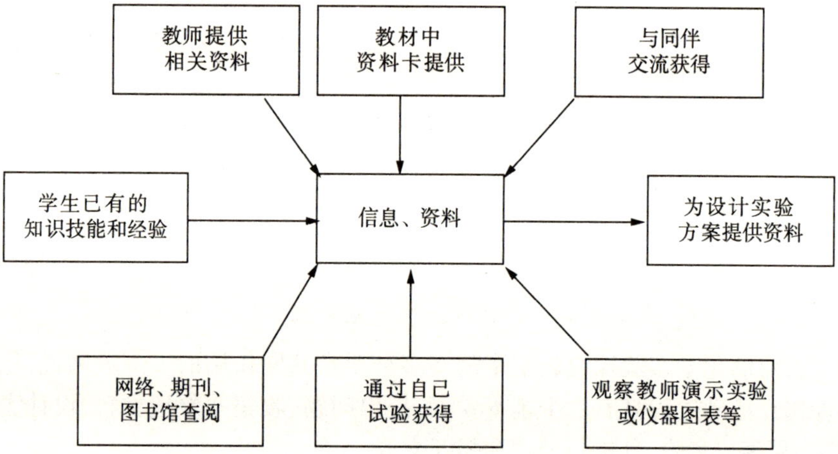

图 4-2　收集并整理有关资料

3. 设计实验方案

在信息处理的基础上,教师要指导学生自行设计实验方案,并针对探究目的和条件来选择合适的方法及相关材料、仪器、设备和操作,进而制订相应的探究步骤,最终实施计划。

4. 观察与实验,获取事实与证据

根据实验方案实施实验操作来观察、测量和记录实验结果以及在实验中所发现的问题。

5. 数据分析与处理

检验与评价分析、处理观察和测量实验结果,与猜想和假设进行比较,做出解释,在必要时提出改进措施,还要对实验中的问题进行分析和论证。

6. 表达与交流

学生以适当的形式表达自己的结论,与他人交流探究的成果,从而达到共同提高的目的。

由此可以看出,这六个要素是探究活动过程的基本组成部分,教师在教学活动设计时就要将诸要素有机地结合起来,从而达到最佳的教学效果。

(二)高中化学实验探究教学的程序

探究性教学按照其教学目标、探究内容和教学资源等因素,从活动方式上一般可以分为两类:一类是课堂上师生共同进行探究,另一类是以学生实践为主的学生自主探究。

1. 师生共同随堂探究教学活动程序

师生共同随堂探究多来自教材演示实验的探究性改进或对教材的某些教学内容进行探究性实验设计，也有些则取材于社会生活中与学生密切相关的问题。这类实验探究的基本结构分为五个方面。

第一，引出问题，明确目标。教师根据教学内容、教学目标和教学要求，从教材或生产生活实践中提出一些富有启发性和驱动性的问题，并设计一些富有探究性的实验，从而使学生明确学习目标。

第二，提出假设，合理推测。教师向学生提出问题来引起学生的好奇、怀疑、困惑和矛盾，从而激发学生的探究心理，并形成探究问题的情境，促使学生积极思考、查阅资料、构思实验，并提出某种假设，做出操作上、现象上和结论上的某些预测。

第三，设计实验，观察现象。在教师的指导下，学生设计可能的实验方案，组合实验仪器，边操作、边记录现象和数据，直接掌握感性材料。

第四，探究规律，得出结论。学生根据实验事实进行讨论、争辩，揭示产生现象的原因，教师的适时点拨有利于去伪存真，进而把探究目标引向深入。学生通过一系列的思维活动概括出有关的化学概念、原理或规律，并使其条理化、系统化。

第五，巩固开拓，迁移发展。面对新的问题，学生能准确运用刚学到的知识解决实际问题，教师能及时给予指导和评价，使刚学的新知识得以巩固提高，并迁移发展。这类探究性实验教学的基本要求是以问题为基础，以“问题—假设—实验—观察—再假设—再实验—分析—综合—结论”的思路贯穿始终。一方面教师要根据教学重点设计实验，提出富有启发性和驱动性的问题，并将学生置于积极的解决问题的角色，让其积极思维；另一方面，教师的引导要使探究的方向明确，对学生的活动收放适度，以保证学生按时完成教学任务。

镁的提取及应用

【学习目标】

知识与技能目标：了解海水的成分和镁的存在，知道从海水中提取镁的步骤；掌握镁的原子结构和化学性质。

过程与方法目标：通过金属性质和用途的学习，深入了解化学研究与人类生活间的联系；通过分组探究，学会观察、交流与讨论，对素材进行分析和归纳概括，进而培养学生分析问题和解决问题的能力，还要让学生初步形成“物质的结构决定物质性质”的观点。

情感态度与价值观目标：通过介绍镁的提取，让学生认识开发利用海水这一巨大资源的重大意义,了解化学实验与化工生产的区别,并对如何提高化工生产的经济效益有一个常识性的认识;培养学生勇于探索的科学精神和严谨的科学态度;通过对氯气的循环利用,对学生进行环保和可持续发展的教育。

【教学重难点】

教学重点:从海水中提取镁的化学原理;镁的化学性质。

教学难点:从海水中提取镁的化学原理。

【教学过程】

1. 情景引入

多媒体展示图片:镁在高科技领域以及工业生产中的存在与价值,以及海洋元素含量资料。

师:海水中含有大量的镁离子,镁及其合金的用途十分广泛,这节课我们就来探索如何从海水中提取镁。

师(投影呈现并对学生进行引导,见表4-6):室温下几种常见镁的化合物的溶解度为:$MgCl_2$,54g;$MgMSO_4$,33g;$MgCO_3$,0.011g;$Mg(OH)_2$,0.0029g。那么,Mg^{2+}以哪一种化合物的形式最易从海水中分离出来呢?

生:向其中加入含氢氧根离子的沉淀剂。

师(投影呈现):部分化学试剂的市场价格为(元/吨):KOH,5238;NaOH,2305;$Ca(OH)_2$,1200。为了使工业生产中获得尽可能高的利润,我们应该选用哪种沉淀剂?这种沉淀剂如何获得?

生:选用$Ca(OH)_2$。$Ca(OH)_2$的制备可以就地取材,煅烧大海边的贝壳获得氧化钙,再与水反应制得。

师:海水中镁离子的浓度约为1.29g/L,直接往海水中加沉淀剂是否合适?为什么?我们该怎么办?

表4-6 投影引导学生进行活动与探究

实验过程	实验现象结论(或化学方程式)
1. 在A、B两支试管中分别加入0.05mol/L氯化镁溶液(模拟海水)和2.0mol/L氯化镁溶液(模拟卤水)各1mL,分别滴入氢氧化钠溶液,进行振荡并观察现象	
2. 在一支试管中加入2.0mol/L氯化镁溶液1mL,滴入澄清石灰水,进行振荡并观察现象	

生:通过实验探究,我们明白向海水中直接加 $Ca(OH)_2$ 不妥,要先把海水中 Mg^{2+} 去除或者利用提纯 NaCl 后的海水。

师:工业生产需追求经济效益,在实际生产中使用熟石灰作为沉淀剂最佳。下面,请同学们写出获得沉淀剂的相关化学反应方程式或离子方程式。

学生将自己的答案写在黑板上。

师:如何把 $Mg(OH)_2$ 转化成镁单质?

进行投影提示:$Mg(OH)_2 \rightarrow Mg$ 发生了什么反应?如何实现这一转化呢?

学生自由讨论,设计出多种将 $Mg(OH)_2$ 转化为 Mg 的方法。

方案1:加热 $Mg(OH)_2$ 制得 MgO,用氮还原。

方案2:加热 $Mg(OH)_2$ 制得 MgO,用 H_2 还原。

方案3:$Mg(OH)_2$ 与 HCl 反应制得 $MgCl_2$,再电解 $MgCl_2$ 溶液。

……

教师对学生所设计出的方案先不做出评价,先用投影为学生展示资料3和资料4。

资料3:镁与二氧化碳反应:$2Mg+CO_2 \xlongequal{\Delta} 2MgO+C$;镁与热水反应:$Mg+2H_2O \xlongequal{} H_2+Mg(OH)_2$。

资料4:①氯化镁溶液中存在着可逆反应:$MgCl_2+2H_2O \xlongequal{} Mg(OH)_2+2HCl$;②若在空气中加热 $MgCl_2 \cdot 6H_2O$,生成的是 $MgCl_2 \cdot 6H_2O$,$MgCl_2 \cdot 6H_2O \xlongequal{} MgO+2HCl+5H_2O\uparrow$;③在干燥的氯化氢气流中,抑制了 $MgCl_2$ 与水的反应,且带走了 $MgCl_2 \cdot 6H_2O$ 受热产生的水蒸气,所以能得到无水氯化镁。

师:比较我们学过电解食盐水的知识和资料3、资料4,并对刚才制取镁方案的可行性进行评价。

生甲:工业上电解食盐水,得到 NaOH 和 H_2。所以,"$Mg(OH)_2$ 与 HCl 反应制得 $MgCl_2$,再电解 $MgCl_2$ 溶液"的方案不可行。

生乙:根据资料3发现镁能在加热的时候与二氧化碳和水反应,所以"加热 $Mg(OH)_2$ 制得 MgO,用碳还原和加热 $Mg(OH)_2$ 制得 MgO,用 H_2 还原"的方案也是错的。

学生陷入沉思……

生甲:根据资料,$4Mg(OH)_2$ 与 HCl 反应制得 $MgCl_2$ 溶液,$MgCl_2$ 溶液要在 HCl 中获得无水 $MgCl_2$,进而电解制得 Mg。

师(对大家的评价频频点头):我很欣赏同学们积极思考并通过阅读资料和与以前所学知识相联系、比较来获得正确方案的能力。

师:镁是我们熟悉的金属,在高科技领域以及工业生产中有重要的作用,那么镁具有哪些性质呢?

教师引入化学性质,并用多媒体展示烟花的制造、镁光灯和照明弹图片。

师:这些利用了镁的什么性质,请写出正确的化学方程式。

学生思考回顾讨论初中学习的镁在空气中燃烧的现象发出耀眼白光,生成白烟氧化镁,并书写化学方程式。

师:镁在空气中燃烧只生成氧化镁吗?请大家通过实验探究,思考并回答。

2. 学生探究活动一

取一根除去氧化膜的镁条,用火钳夹持镁条,点燃后插入充满氧气的集气瓶中。观察实验现象,进而得出镁也可在氧气中燃烧的结论。

教师置疑:镁能否在氮气中燃烧?用多媒体播放镁条在氮气中燃烧。

学生观察视频,了解到镁在空气中燃烧的产物不唯一。

师:钠能与水反应,镁是否也有此性质?

3. 学生探究活动二

取一小段除去氧化膜的镁条投入滴有酚酞的水中观察实验现象,加热继续观察,做记录。

通过现象,比较钠、镁的金属活动性:钠比镁活泼,钠的还原性更强。

最后,教师总结本课的内容。

在上述镁的提取教学过程,教师首先采用多媒体创设情境来展示镁在高科技领域和工业生产中的重要价值,以激发学生学习的兴趣。“氢氧化镁在生活中如何制得”是本节课的教学重点之一,在处理这个教学重点的过程中,教师设计了用氢氧化钠、氢氧化钙分别与普通海水和浓缩海水反应实验探究情境来使学生通过自主实验获得沉淀剂的正确选择和海水在实际生产中还需浓缩的道理。教师在实验室内巡视,允许学生提出不同的实验路线和可能的其他假设推测,并向学生提问或与学生讨论有关实验的问题,在需要时为学生提供技术上的指导。学生结合实验对各种推测做进一步的探索,最终获得有关镁的提取的化学知识和探索知识过程的科学方法训练。从课堂的效果来看,这个实验探究情境的设计不仅激发了学生思维创新,还有效地突破了教学重点,也构建了和谐的课堂研究氛围。对于怎样将氢氧化镁转化成镁,以及在电解氯化镁的过程中要注意哪些因素等,教师则通过提供资料来设计一系列问题让学生解决,而且很多问题均设置在学生的“最近发展区”内,以激发学生的求知欲望。

2. 以学生实践为主的自主探究的活动程序

以学生实践为主的自主探究实验融合化学知识、技能和方法,表现出一定的新颖性、综合性和开放性,可作为学生分组实验或课外活动的素材。在实验探究过程中,学生遇到的或许是一个简单的问题,但要求学生通过多种途径去研究,从而体现思维的开放性和综合性。有时,探究课题的历程比较曲折,必须深入思考,巧妙设计,这就体现了学生思维的灵活性和深刻性。在实验过程中,教师应给学生更多的自主权,并启发学生按科学家解决问题的方法去探究。在教学中,教师应选择一些有研究价值的专题将其设置成实验情境,让学生通过设计实验来探索解决问题的途径,进而分步实验,最终获得比较准确的结论。在实验探究过程中,学生面临矛盾和困惑,要求他们去收集有关的信息,并创造性地加工信息,分析矛盾,进而解决矛盾。这是对学生智力因素和非智力因素的双重考验。笔者认为,以学生实践为主的自主探究活动程序设计如图 4－3 所示。

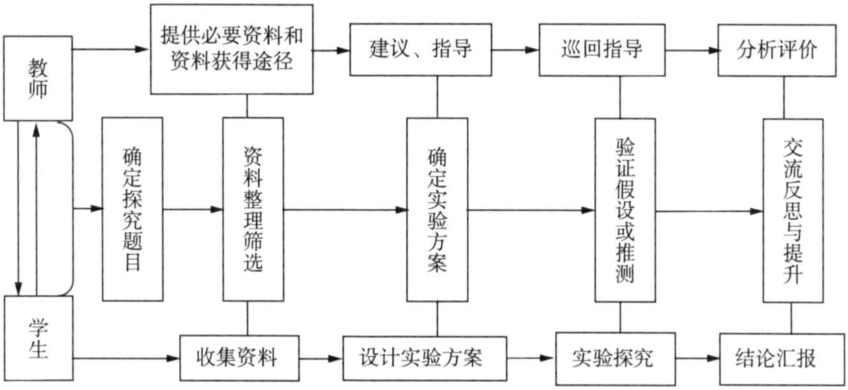

图 4－3　以学生实践为主的自主探究活动程序

是氧化褪色还是中和褪色

实验情境:在 NaOH 溶液加几滴酚酞溶液,溶液变红,再滴加几滴新制的氯水,溶液变为无色。

教师提出问题:为什么试管中的酚酞最终变为无色?

[探究活动设计]

1. 分组探究

将全班同学以每组 3～5 人进行分组,组间水平相当,以自愿结组为主,以确保合作探究的积极性。教师和学生一起明确探究活动步骤和任务,组长明确具体分工。

2. 收集资料

NaOH 会与氯水中的 HCl、HClO 发生中和反应。氯水中的 HClO 具有强氧化性,会使有机色质褪色。

3. 小组讨论整理资料

(1)设计实验方案

学生自己设计书面方案,教师和小组成员共同从探究原理、探究条件和实施细节上进行论证,确定最终实施方案。教师不要轻易否定学生的设计,并且注意方案设计的开放性和自主性原则。实验的安全问题在讨论中不容忽视,并且挖掘实验存在的不安全因素,教师应让学生进行安全设计和改进倒吸问题等。在教师指导下,由学生自行设计的方案主要归纳为:①在含酚酞的 NaOH 溶液中,滴入 HCl 溶液至溶液褪色,再滴 NaOH 溶液,溶液又呈红色;②在含酚酞的 NaOH 溶液中,滴入氯水至溶液褪色,再滴 NaOH 溶液,溶液不变成红色。

(2)实施实验方案

各实验小组按自己的实验方案分工合作,完成探究。教师巡回指导,解决学生在实验中的问题。

(3)交流与评价

在实验结束后,每组选一代表汇报本组的实验结果和在实验中遇到的问题及解决的情况,学生兴致勃勃地互相交流。

(4)得出结论

新制氯水使 NaOH 的酚酞溶液褪色,是由于 HClO 的氧化漂白作用。

(三)高中化学实验探究教学实施策略

实验探究教学有着自身的内涵、特点、目的和功能,实施实验探究教学需要克服传统教学弊端,需要对教育办学体制、教育观念、教育模式、教育内容、教育条件、教育评价和教育环境等诸因素进行综合改革、系统创新和系统优化,以建立良好的新教育模式运行来保证机构与体制。所以,教师要转变教育观念,要全面提高自身素质,尤其是运用现代教育理论指导教育改革实践,运用现代教育技术多媒体辅助教学的能力,这样才能确保实验探究教学深入持久地开展下去,进而推动素质教育和创新教育健康发展。因此,研究者探讨出实验教学实施策略,以指导化学实验探究教学顺利且有效地进行。

1. 全员参与,营造探究氛围

化学实验探究教学活动是以学生为活动主体的师生共同参与的教学活动,要求化学教师集体参与合作,并进行分工负责管理,在教学中还要对学生进行引导点拨,并将课堂上的时间充分利用起来,以鼓励学生积极参与课堂教学活动。教师要根据学生实际学习的知识能力和学校实验设施与化学学科教学内容和特点相结合来选择设计实验探究教学模式,以确定实验探究教学结合点和学生创造力的培养。化学学科组的全体教师要讨论研究每个单元或是每章节的实验探究教学设计，还要对学生的知识能力、探究课题难易程度、提出解决问题可能的假设、佐证实验方案设计、实验验证获得结论过程和管理评价等一系列的内容，进行广泛的研究论证。针对不同实验内容和探究类型，教师要设计出不同的实验探究模式，并选择出适宜的实施方法，要对能力水平不同的学生提出不同的要求，使学生在原有的基础上都能够有所发展，以促使学生在实验探究过程中既能系统地掌握化学知识，又能够得到全面的发展。

传统教学属于“讲授—接受”式教学，它以言语讲授为主要实施手段，相对来说，它对物质设置、图书配置、活动场地和活动器材要求不高，教师只需有教室、桌椅、黑板和粉笔就可以进行教学。而实验探究教学需要较多的仪器、药品等实验设施和查阅文献信息资料的图书设施，科研实验则需要更多的实验设备。同时，实验探究教学除了在课堂上进行，有时也需要在课外和校外进行，这就需要得到学校、家庭和社会多方面的理解和支持；有的探究课题已超出教材规定的范围，需要聘请专业人员予以指导，这就要求教师要做好与指导人员之间的配合、协调工作。因此，化学实验探究教学要渗透到化学必修课、选修课、活动课和实践课的全部教学活动中，要落实到课上和课下、校内和校外、家庭和社区的学生主体实践中，要联系学生生活、社会生产、经济建设和科研环保实际，还要将培养学生个性特长和创造能力寓于化学实验探究教学中。

2. *启发诱导，创设问题情境*

在实验探究教学策略中，教师的启发讲授是起主导及核心作用的基本策略。启发讲授策略的主导作用可以说体现在各种实验教学模式中。教师的启发讲授，不仅能够使课堂上许多的知识内容和讨论的话题在学生的思维中巧妙地联结起来，还能帮助学生正确理解实验的教学目的或目标，以启迪和引导学生进行有效观察和有序操作，并适时且随机地纠正学生的错误操作，解答学生在实验中遇到的疑难，进而引导学生结合实验现象进行总结和概括等。由此可见，教师的讲解、阐述、指导、点拨、启发性设问和答疑等活动在课堂教学中的主导作用是极为重要的。从学生学习角度看，学生的观察离不开思维，学生进行实验操作同样也离不开思维。教师的启发讲授恰恰是运用有声的言语、无声文字乃至形体语言来激励学生积极进行思维，并按照教师的精心设计进行有序的思维或有针对性的思维。

笔者认为，教师要做到：第一，要点明主题，语义要明晰，不能含糊不清，模棱两可。第二，要善于引导学生去思考，不宜采用命令式口气，以防止学生反感。第三，操作要领及要求要简洁、明确，要便于学生记忆和执行。第四，要充分估计学生在操作上可能出现的错误甚至危险操作，为防患于未然，在实验开始之前就应引导学生想明白、弄清楚。随着现代化教学手段的发展和运用，教师的启发讲授也可借助投影、录像和多媒体教学软件来进行，这样做的好处不仅在于提高了课堂效率，还便于学生恢复记忆和查阅。

此外，教师在创设问题情境时还应该注意三个方面。第一，要多角度、多形式、多方式地设计问题情境，使问题新颖有趣味，且益智活思。第二，假设问题要符合学生现有认知结构和心理水平，要落在学生的“最近发展区”，这样既不会高不可攀，又不会唾手可得，要针对教学重点难点，使问题有一定的难度，从而达到学生“跳一跳就能摘桃”的状态，以充分发挥学生的主观能动性。第三，要铺设解决问题的知识梯度和能力梯度，使学生知识获得与能力发展相统一，知识逻辑顺序与学生认知发展顺序、心理发展顺序相统一，实验操作能力、创造思维能力和创新精神同步增长。

3. 示范引路，训练探究方法

在实验探究教学中的教师示范为学生提供了视觉形象和模仿的依据。教师的示范对学生进行实验操作的态度及严谨的科学学风的形成和培养起着潜移默化的重要作用。因此，教师的演示及示范必须做到六点：第一，示范时的操作必须规范、准确无误，以防止违背实验基础操作要求的做法和操作的随意性。第二，操作要领必须同教材中的内容保持一致，防止学生随意发挥。第三，示范必须严谨，并富有条理，防止“凑合”实验，防止示范演示杂乱无序。第四，示范应注意可视性，而且尽量让所有学生都看清楚，防止在演示时挡住学生视线的操作手法。在不可避免时，教师可考虑录像和投影等手段，保证给学生正确做实验。第五，示范操作的动作快慢要适中，语言要简明。第六，演示台或桌上保持整洁、干净，装置美观、大方，动作大方、协调，语气和蔼可亲，进而创造和谐、美妙的演示气氛。

化学实验是化学科学认识的源泉，是训练科学方法的有效途径，也是养成科学态度的必由之路。化学实验探究教学的主要任务是通过生动的直观现象来使学生了解充分的、可信的事实材料，以激励学生积极思维，让学生形成概念或观念，达到掌握化学基础知识和基本技能，发展智力，并养成科学态度和科学方法，进而培养解决化学实际问题的能力这一目的。而要想在实验教学中完成上述任务，体现实验教学的各层面的教育功能，做好实验是关键，教师对实验的指导也是实验成功的保证。

第一，实验前指导。这是指在学生开始实验之前，教师就对实验中要涉及的操作要领、仪器使用方法、试剂的用量及添加顺序以及实验成败的关键等方面做出提示或说明，也可以做操作示范，或针对性地提醒、提要求，或提出几个与实验内容有关的问题，以供学生边实验边思考等。一般来说，实验前指导不宜过长、过多、过细，而是要抓住要点，突出重点。

第二,实验过程指导。这是指在学生实验进行的过程中,教师在学生中遇到困难或违背操作规程时所做的指导。在实验中有时由于实验条件控制不了而使得有些学生得不到与其他学生相同的实验现象。这时教师指导尤为重要,若不及时予以帮助,就很可能使学生产生紧张情绪、自卑心理,从而失去了实验的信心及兴趣。当然,这也会影响其获得有关结论。在巡视中,教师如果发现这种情况,就应及时而又耐心地跟学生一起分析可能的原因,并对错误概念或错误操作予以纠正,以鼓励学生反复实验,直到得到正确的结论为止。

第三,实验后指导。这是指在学生实验完成后,由教师所做的评价性的指导。这种指导是教师根据实验的目的并结合实验中出现的带有普遍性的问题,以及发展学生智能及实验技能有关的问题来进行总结性为评价。此时,教师的总结和评价要得体,要恰到好处。

4. 独立实验,开发思维潜能

学生独立实验,既包括在教师示范和指导后由学生独立完成的实验,又包括那些教师提出探究主题,由学生独立完成实验设计和实验操作的实验。学生独立实验实质上是学生实验能力形成和发展的策略,在这一策略中,要求学生发挥主动性和创造性,积极参与实验方案的设计和实验仪器的安装,正确进行实验操作,并在科学思想、科学态度的调控下,达到智能与技能的融合统一。从培养学生实验能力的全过程来看,学生独立操作实验一般要经历从模仿练习阶段过渡到有指导的独立操作实验,最终才能达到完全独立操作阶段的过程。

在实验探究教学中,随着问题情境的形成,学生在教师的启发点拨下,对原有知识和信息进行检索,提出解决问题的多种假设或途径,主动阅读搜集资料,并设计多个实验研究方案,然后通过师生之间和学生之间的交流讨论,以实验验证来解决问题。需要强调的是,学生探究实验也离不开教师的指导。即使是学生独立设计的实验方案,也必须由教师就其合理性、科学性及实效性等做出评价与分析。一般说来,教师要在学生独立实验的过程中巡视,或解惑,或纠错,或激励,或评价,又或者提供学生实验所需的试剂及仪器等,从而给学生创造优化的实验环境及和谐的实验气氛,以保证学生的独立实验能有序、紧张、愉快地进行。教师的指导重在鼓励学生,敢于打破常规,并用超常的思维方式解决问题,允许持不同见解,要提倡学生标新立异、独树一帜、不畏权威,还要勇于指出教师或教材不正确、不严密的叙述和书写,要启发学生尽可能寻找多种解决问题的途径,但对于学生得出结论不正确或不完全,教师先不要做任何评价,而是要引导学生继续探究和反复实验,直到学生完全获得正确结论为止。这样做既培养了学生的求同思维,又培养了学生的求异思维,从而开发了思维潜能,发展了创造思维能力。

第五章　高中化学实验绿色化教学

第一节　绿色化学概述

绿色化学，顾名思义就是设计不产生负面影响，并且在各个方面都具有可行性的化学品和化学过程的科学，其也是从源头上阻止污染的科学。由于近几年人们对环境越来越重视，这就使得人们对化学工业逐渐产生厌恶，而“绿色化学”的提出，不仅使人们从这种困扰中脱离出来，还受到人们的大加赞扬。

一、绿色化学的必要性

自20世纪以来，传统的化学工艺应用于工业生产中，为人类带来了丰富的物质产品。但随着人们物质文明与生活的极大改善，大自然也逐渐对人类展开了“报复”。进入21世纪以来，环境危机就一直威胁着人类，而这些问题大部分都与化学有着相当大的联系。面对突如其来的事故，人们显得猝不及防。这种现象令化学工业、化学产品甚至连化学科学都受到了普通人的厌恶，同时人们对“无人工添加剂”的“天然”食品、“无化学物质”的“纯植物”护肤品、“亲近自然”的“绿色”日常生活用品等开始大幅度的关注与重视。

（一）实施可持续发展的需要

三次工业革命使生产力得到了突飞猛进的发展，工业化的全面发展和科学技术的进步共同为人类社会创造了前所未有的物质财富。然而，20世纪80年代末，在全球的经济持续低迷的严峻形势下，人们开始认识到工业的飞速发展所带来的负面影响：一方面，人口数量的急剧膨胀对自然资源的消耗和掠夺日益加大，这就导致了严重的能源和资源危机；另一方面，人们向自然界排放的废气污染物日益增多，自然界对污染物的吸纳和分解能力下降，从而导致酸雨、温室效应和臭氧空洞等严重的全球性环境问题。

人们在总结和反思自己的发展历程后，提出了一种全新的发展策略，即可持续发展。可持续发展作为平衡工业化发展和自然发展的一种新的发展观，其受到全球范围内各界学者的广泛关注和热烈讨论。其中，最具影响力的是挪威首相布伦兰特夫人在1987年任职世界环境与发展委员会主席期间发表的《我们共同的未来》中提到的关于可持续发展的定义，即“既满足当代人的需求，又不对后代人满足其需求的能力构成危害的发展”。这一定义在1989年联合国环境规划署第15届理事会通过的《关于可持续发展的声明》中得到认可。

我国确定“可持续发展”和“科教兴国”战略，并在1993年为科教兴国战略定制的《国家重点基础研究发展规划》中将绿色化学的研究项目作为重要的方向之一。

可持续发展的关键在于处理好经济发展和资源环境之间的关系。绿色化学主张从源头上尽量消除污染和减少能源等资源的消耗，提高化学反应的经济性。由此可见，绿色化学可以在合理利用资源、保护自然环境和维持生态平衡等方面最大限度地满足可持续发展的基本要求。

要实施可持续发展的基本战略，其关键是教育。可持续发展教育是可持续发展战略的衍生物。绿色化学教育是化学教育发展史上的重大创新，是实施可持续发展教育的关键之一。例如，在“氯气”教学中，教师可讲解氟利昂对臭氧层的破坏，然后让学生讨论如何解决这些问题，以强化绿色化学理念。这样不仅可以让学生学习书本知识，还可以培养学生的环保意识，提高学生解决环境污染问题的能力。这样，不管学生今后从事什么工作，都可以为环境保护贡献自己的力量，他们就像一棵棵绿色的小树苗一样，成长在祖国的各个角落，并为可持续发展战略的实施提供切实有力的保证。

（二）新课改的需要

国家制订的普通高中的课程要求标准中明确表示，化学教育要培养学生可持续发展观念，提高学生的社会责任感和参与度，并关注21世纪与化学相关的现实问题，还要强化学生终身学习观念，从而让学生体会到化学对环境的重要性，并更好地体现出化学时代的特色。

在新课改后，高中化学课程设置了不同的模块，这是为了尊重学生的兴趣和需要所设计的。其包括两个必修课程模块，注重通过知识与技能、过程与方法、情感态度和价值观三维教学目标的实现，为提高学生的科学素养和高中后续阶段化学课程学习打下基础。同时，制定者考虑到不同学生个性发展的需要，设置了六个选修课程，并且这些选修课程侧重不同的方面，或重视反应原理，或重视与生活实际相联系，或重视结构与性质，等等。所以，新教材的覆盖面比老教材要广泛和深入很多。

可见,在化学反应过程的设计中,高中化学知识和绿色化学都要求考虑物质的结构和性质、反应的高效性等,尤其在经济适用和环境保护这一点上不谋而合,还体现了新课改和绿色化学的一致性。同时,教材也有很多和绿色化学相关的内容,如在“氯气的性质”教学中,教材涉及将氯气用于自来水消毒的利弊,在实验室制氯气时采用 NaOH 溶液吸收尾气,以防止造成环境污染;在“化学反应及其能量变化”中涉及能源的合理开发与利用;在“硫和氮的氧化物”中涉及大气污染与防治、酸雨的危害与防治、光化学烟雾和赤潮等危害;在“发展中的化学电源”中介绍高效节能锂电池和对环境友好的氢氧燃料电池;在“高分子化合物”中介绍室内装修材料、农药、白色污染等环境问题与综合治理等知识。

同时,教材中化工流程部分体现出来的绿色化学知识更多。所以,教师应当把握好教材,做好渗透绿色化学知识的工作。例如,为了防止和减少污染,增加尾气处理装置,使学生了解尾气回收的方法和综合利用意义。由此可见,新课改后首次在高中化学教材中引入绿色化学相关知识,让绿色化学成为化学教学的重点之一,这标志着绿色化学教育正式进入中学教育。而高中化学知识对绿色化学原理的部分覆盖,表明学生可以在教师的引导下根据已掌握的知识和生活经验进行一些简单的绿色化学相关研究。所以,教师在教学中要有意识地培养学生绿色化学意识,以提高其保护环境的能力,而这也是新课程改革对化学学科的新要求。

二、绿色化学的含义与研究内容

绿色化学又可被翻译成对环境无害的化学、对环境友好的化学和清洁的化学。绿色化学最开始是由耶鲁大学的 P. T. Anastas 教授提出的,他认为在设计和生产化学品时,应尽量消除或消减有害物质的使用和产生。

2004 年,英国 Crystal Faraday 协会向外界发布了绿色化学的 8 个研究方向,分别是:产品的绿色化设计、绿色原料、新型的反应、绿色催化剂、绿色溶剂、工艺的改进、绿色分离和支撑。简单来说,绿色化学的重心就是化学反应和产物,其特点是需要原料、介质、反应和产品都绿色化。与以前的资料相比,这次更加简单明了地给科学家指出绿色化学的研究方向,并使其能有效地进行绿色化学工艺的研究。

三、绿色化学的原则

绿色化学是一门相对来说比较新型的交叉学科,它包含资源、环境、生物和化学等多方面的知识。通过不懈努力,该领域的工作者总结出了一些基本原则,其中以美国籍化学家 P. T. Anastas 和 J. C. Warner 在 1998 年出版的 *Green Chemistry*:*Theory and Practice* 中阐述的十二条原则被学界所公认。这十二条原则是:第一,预防污染更优于产生后再处理。第二,设计的反应,应旨在使所有原料最大限度地进入最终产物,即原子经济性。第三,原理可行,合成方法的设计要考虑到原料与所有产物对人类和环境无害或产生较少的伤害。第四,在设计化学产品时,应在实现其高效功能的前提下,降低其毒性,从而使它对人类的健康和所处的环境更安全。第五,如果有可能就不用辅助物质(如溶剂、分离剂等),在必须使用时,也要采用无害的安全助剂。第六,在设计合成方法时,我们要考虑能量的需求和其对环境、经济的影响,并要求降低能量的需求,而且最好是在常温、常压下进行。第七,在考虑技术和经济都可行的前提下,我们应尽量使用可再生的原料。第八,由于生成衍生物需要外加试剂和产生废物,所以我们要尽量防止不必要的衍生物生成。第九,拥有高选择性的催化剂要比提前计量出的反应试剂更加绿色化。第十,在设计化学品时,我们要考虑到其被使用后可以降解为对环境无害的物质,并参与生态的转化。第十一,进一步研究和升级分析方法,我们需要对其进行实时的过程监控,并在有害物质形成前就能进行有效控制。第十二,在选择化学反应的物质时,我们要考虑到尽量预防爆炸、火灾等潜在事故的发生。

这十二条原则既是近年来绿色化学的研究内容,又是众所周知的未来化学的前进方向。笔者认为,绿色化学反应的原则如图 5-1 所列。

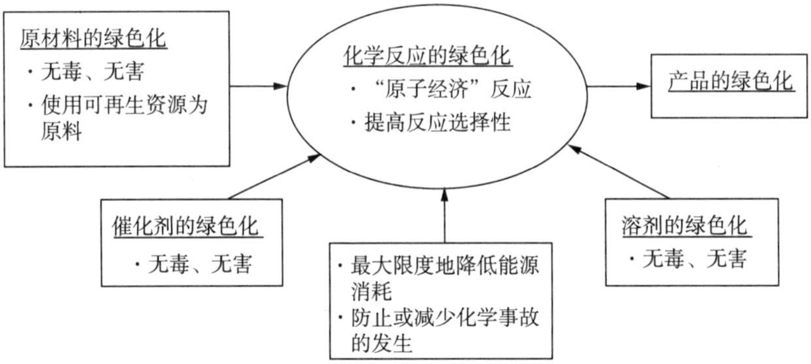

图 5-1　绿色化学反应的原则

随着人们对“绿色化学”的不断研究、学习和运用,Anastas 提出的十二项内容就显得有些烦琐,不易于人们的记忆与相互间进行交流。因此,一些学者就在这十二条内容的基础上进行了删繁就简,并用一些简单的词汇将这十二条准则的精髓呈现出来,我们将这十二个词汇缩写为“PRODUCTIVELY”,其分别所代表内容如表 5-1 所列。

表5-1 "PRODUCTIVELY"的内容简介

字母	所代表的中文名称	所代表的英文名称
P	废物预防	Waste prevention
R	可再生原料	Renewable raw materials
O	减少衍生步骤	Reduced derivative steps
D	可降解化学物质	Degradable chemicals
U	安全的合成方法	Safe synthesis method
C	催化试剂	Catalytic reagent
T	环境温度和压力	Ambient temperature and pressure
I	在线监测	Online Monitoring
V	避免使用助剂	Avoid using additives
E	原料最大化进入产物	Raw materials are maximized into products
L	安全化学品	Safety chemicals
Y	安全生产工艺	Safe production process

后来,经过科学家的研究与讨论得出了一个通用的衡量方法——"5R"原则,即减量(Reduction)、重复使用(Reuse)、回收(Recycling)、再生(Regeneration)和拒绝(Reject)。这五条原则更具有现代化内涵,更符合当代绿色化学的研究,也更加简单易懂,所以其在教育教学中被广泛运用。

四、绿色化学的研究现状

(一)国外对绿色化学的研究现状

"绿色化学"作为关系到人类生存与发展的重要科学理论,在美国一经提出就受到了包括各国政府、民众和学术界的广泛关注,并且经过短暂的初级阶段,非常迅速地发展到了巅峰,并一直保持着。

1990年,美国政府颁布了"阻止污染的条例",将从源头上防止污染确立为一项国策,其基本内涵是对产品及其生产过程采用预防污染的策略来减少污染物的产生,这不仅体现了绿色化学的思想,同时还在该条例中首次使用了"绿色化学"一词。该法令强调防止污染物形成,而不是对污染的现象进行防治,而且这个条例的颁布还推动了绿色化学在美国的兴起和迅速发展。与此同时，联合国环境署在同年向全球推动了“清洁生产”，呼吁世界各国都要从末端污染控制战略逐渐转向一体化污染预防战略，以减少实验对环境的污染。由日本政府组织的“为地球创新技术”的研究院开始实施“新阳光计划”，并提出了重建“21 世纪新地球”的任务，其目的是为了预防全球变暖、节约能源和确保社会可持续发展。1991 年，美国化学会提出将“绿色化学”确立为国家环保局的中心计划，同时美国环境保护署污染防治和毒物办公室启动“为防止污染改变合成路线”的奖励基金。至此，由工厂、科研机构和政府部门等自愿组合的多种合作关系的绿色化学组织诞生。这一决策确定了绿色化学的重要地位，其目的在于鼓励对人类和生态无害的化学品的研究与生产。

1992 年，联合国在巴西的里约热内卢举办了“环境与发展”会议。其中，有一百多个国家的政要莅临会议，并签订了与环境有关的《21 世纪议程》《关于环境与发展的里约热内卢宣言》等文件，还正式明确了绿色守护的可持续发展战略的组成。同年，美国环境保护署对六项化学合成方法的改进进行了奖励。这些合成方法从不同的角度考虑减少对人类健康和环境污染造成的不良影响，对环保事业做出了一定的贡献。随后，美国环境保护署污染预防和毒物办公室与自然科学基金会签署了共同资助绿色化学研究的合约。

1994 年，美国环境保护署研究和发展办公室又与自然科学基金会成立了新科学成果研究小组，该研究小组每年召开题为“可持续环境工艺”的专题研讨会，其内容主要是美国工业界的工程师和商业领导开始研究如何在以后的化学发展中引导世界，并分析巨变的商业影响工业竞争的因素，还对今后的发展进行了展望。

1995 年，克林顿设立了化学界唯一的总统级别的奖项，这也是世界上影响最大且规模最大的奖项——“总统绿色化学挑战奖”。此奖项最初设立为五个方面，后来又进行了准确的定位，奖项分别是：绿色合成路线奖、绿色反应条件奖、设计绿色化学产品奖、小企业奖和学术奖。此奖项为了推动社会各界合作进行防止污染和工业生态学研究，鼓励支持重大的创造性科学技术突破，从根本上减少乃至杜绝化学污染源，然后通过美国环境保护署与化学化工界的合作来实现新的环境目标。此外，美国环境保护署和国家科学基金会设立专项基金来资助有重要实用前景的绿色化学课题的研究。

该奖项在 1995—1998 年对 82 项研究成果进行了奖励，其总奖金为 2400 万美元。美国环境保护署污染防治和毒物办公室制定了“为环境而设计”和

“绿色化学”的研究计划。另外,日本也制定了以环境无害制造技术等绿色化学课题为内容的“新阳光计划”。同年,联合国环境规划署对绿色化学进行了新的定义,即用化学技术和方法去减少或消灭那些对人类健康或环境有害的原料、产物、副产物、溶剂和试剂的生产和应用,从而更加确切地规定了绿色化学的范畴。从1996年开始,美国每年在华盛顿科学院对在绿色化学方面做出了重大贡献的化学家和企业颁奖。例如,在1996年,Monsato公司被授予该奖项,并奖励该公司研发了铜作为催化剂代替有毒的氢氰酸来合成亚氨基双乙酸二钠的方法,这一方法大大减轻了对环境的污染;斯坦福大学的Trost教授与密西根州立大学的Dranhs、Frost两位教授分别获得了1998年的学术奖,其中Trost教授提出了一套讨论化学过程的新标准,其包含选择性和原子经济性两个方面,是一个重大的理论突破。此后,“绿色化学挑战奖”几乎每年都会举行一次,其对从事绿色化学研究有突出贡献的科学家进行表彰与鼓励。1996年,在英国召开的哥顿会议,其会议的主题为“环境无害和有机合成”,主要是以原子经济性、绿色溶剂等为研究内容。

1997年,美国联合各界建立起绿色化学院,同时美国化学会也建立了绿色化学研究所。同年,德国也开始推行“为环境而研究计划”,把社会可持续发展的一些内容融入化学中。1998年,绿色化学的里程碑,第一部专著*Green Chemistry*:*Theory and Practice*出版,该书中明确写出绿色化学的含义、原则、衡量准则和发展前景,并为绿色化学的学习与研究指明了方向。1999年至今是绿色化学的高潮时期,每年都会有数量众多的会议、专著、专业刊物和研究报告等出现在人们的视野,其中最值得关注的就是2010年美国化学会提出的着手创建能够明确检验绿色化学的综合性标准。

此外,绿色化学在教育方面也有着非常引人注目的成就。虽然绿色化学是在1996年引入到课程中的,但第一本绿色化学的教材却是在2000年才出版的,美国的斯克兰顿大学也为此成立了一门独立的课程。除此之外,为使传统课程符合绿色化学的前沿思想,斯克兰顿大学在有机化学、工业化学和生物化学等9个与化学相关的学科中都加入了专门的绿色化学的教学单元。澳大利亚莫纳什大学也在2000年给本科生增加了一门必修课“可持续化学”,并将绿色化学作为其中的一个独立章节。

除了美国、英国、德国和日本等发达国家之外,印度等一些发展中国家也在积极针对本国的实际情况对教育中的绿色化学编撰教材,并开展课程,从而推动本国绿色化学的教育与研究的快速发展。

(二)国内对绿色化学的研究现状

一直以来,我国都以地大物博、资源富饶示人,但由于人口众多,人均资源的占有量是相对匮乏的,而且在改革开放后的一段时间,我国经济虽然持续快速的增长,但却是以破坏资源和环境为代价换取的。所以,相对比西方发达国家提出的绿色化学理念,我国也同样非常重视绿色发展。1994 年,我国政府发布了《中国 21 世纪议程》,并制定了"可持续发展"和"科教兴国"的战略方针,而且鼓励清洁生产。1995 年,中国科学院院士又以"绿色化学与技术"为主题开展了相关咨询活动,对国内外绿色化学的研究现状和发展方向进行了热烈的分析和研讨。1996 年,国家又举办了一次关于绿色化学在工业生产中的应用研讨会。1997 年,自然科学基金委和中石化联合启动了石油工程的绿色化研究活动。这些都标志着绿色化学思潮已涉及我国各行各业。接着,中国科学技术大学也于 1997 年刊印《当前绿色科技中的问题》的论文集。1998 年,我国首届国际绿色化学研讨会在中国科学技术大学召开,此后每年我国都会在不同地方召开有关绿色化学的研讨会,其目的是交流和研讨国内外绿色化学的最新进展,而这个会议的召开也代表了我国在绿色化学领域的最高水平。虽然,我国绿色化学活动开展的比较晚,但由于受到了国家层面的充分重视,也取得了许多成绩。

2000 年,北京大学仲崇立教授编写的《绿色化学导论》和以闵恩泽院士为首的学者主编的《绿色化学与化工》都陆续面世,这两册书的出现不仅使绿色化学为公众所知,还推动了我国化学化工产业向绿色化发展。2005 年初,由清华大学出版社发行的《环境与绿色化学》一书以高姿态面世,并成为许多大专院校专业课和选修课的教材,其很大程度上塑造了学生的绿色意识和环保思想。之后,有关绿色化学的书籍和资料如雨后春笋般出现,如徐汉生主编的《绿色化学导论》、贡长生和张龙主编的《绿色化学》、林宝凤编著的《基础化学实验技术绿色化教程》等。我国教育研究工作者从各个维度、各个方面对绿色化学进行了深入的剖析,并建立了一套相对来说比较完善的绿色化学教育体系,从而为各院校"绿色化学"课程的实施打下了稳固的基础。

五、高中化学实验绿色化学理念

(一)高中化学实验教学绿色化的研究内容

21 世纪是科技高速发展的世纪,而绿色化学是给 21 世纪绿色产业、绿色消费和绿色文明带来希望的绿色科技。绿色化学的发展必然会对传统科技带来巨大变革,推进绿色能源产业和可持续发展新兴产业的发展,并推进社会的进步和国家的发展。当代教育提倡素质教育是以提升人的素质为宗旨,重点培养学生的创新精神和实践能力,树立正确的人生观、价值观和世界观,并养成良好的社会公德和家庭美德。而绿色化学就是要培养学生尊重自然、和谐发展和可持续发展的意识,引导学生正确认识和评价自我、社会和他人,并提高其可持续发展的能力,最终促进学生综合素质的提升。青少年时期是人类思想意识形成的关键时期,我们要抓住这一时期来对广大高中生进行绿色化学教育,这不仅能收到事半功倍的效果,还有利于推进素质教育改革的进程。

绿色化学实验是指以绿色化学理论和原则为指导,采用预防污染的新理论、新技术和新方法来对常规的实验进行改革的化学实验。其主要目的就是在满足教学目标的前提下,将环境保护和可持续发展等理念贯穿到实验设计和实验操作中去,并尽量防止或降低有毒有害物质的使用和生成,从而最大限度地处理好实验“三废”的排放,最终实现化学实验的绿色化。

(二)高中化学实验教学绿色化的基本原则

化学实验绿色化是以绿色化学理念为指导,用预防化学污染的新思想和新技术来对传统化学实验进行绿色化改造,进而减少或彻底消除化学实验对环境污染的影响过程。传统化学实验是从教学所要达到的目的出发设置实验,有的内容设置必然会产生不合理的地方,那么我们就需要开展绿色化学实验。在这个过程中,我们可能会需要新的设备和技术的支持,但更重要的是需要在实验教学中以绿色化学的理念方法为核心和基本原则,使用安全无毒的实验试剂,并在保障实验能够顺利且效果现象明显的前提下积极寻找和开发有利于环境保护、节约化学药品资源和节省能源的实验项目,这就显得尤为重要了。

在高中化学教学中的教学实验与化学生产不同,它不是以生产工业制品而获得经济价值为目的,而是为了获得一些物质间的关系或化学变化的信息,往往在进行实验前,实验的原料、过程和产物都是既定的。笔者在对绿色化学的“十二原则”与化学品使用的“5R”原则进行思考后,认为高中化学实验中绿色化还应遵循三个原则。

1. 安全性原则

我们要尽可能回避一些比较危险或有安全隐患的实验,尤其是涉及有毒物质时,更要严格注意防护措施或选用其他原料来代替,并时刻谨记自身安全和环境安全。例如,有机合成中常用有机溶剂做萃取剂或者反应的介质,这些介质不仅易燃易爆,还易挥发,对师生的健康和环境保护造成了很大威胁。在化学过程中,教师对反应物的选择要考虑是否容易发生泄露、爆炸、着火等化学事故,并将这种危险的可能性降至最低。这就是“5R”中的“减量”和“拒绝”原则,也是“十二原则”中的第三条原则和第十二条原则。

2. 可行性原则

笔者认为,设计的实验从原理和步骤上都应具有科学性,不仅要切合实际而且要完全可行,尤其是实验器具、所选试剂和操作技术等都必须是高中学校现有条件可以实现的。在高中化学实验的设计过程中要讲究节能效益,要尽可能减少化学过程所需能量,还包括反应开始所需能量、维持反应进行所需能量和最后分离目标产物所需能量。因此,节能很关键的部分就在于实验者寻找合适的催化剂,降低反应所需的活化能,从而减少后续操作所必需的能量。

3. 简约性原则

在确保实验结果的前提下,如果有多条实验路线,我们应选择装置最简单、步骤最少、药品最经济、操作最安全和反应时间最短的方案。

高中课本中的危险性实验不多,但如果遇到较强污染药品作为反应物时,教师应首先考虑是否可以替换;若无法替换,教师要考虑是否可以"减量"并做好安全的防护措施。在实验结束后,教师还要注意对物质(尤其是有污染的反应物和生成物)的"回收"和"重复使用"。总而言之,在进行高中化学实验时,教师应尽可能做到使其原料、产物和过程无污染,确保实验的绿色清洁。

(三)高中绿色化实验的研究现状

随着近年来绿色环保活动如火如荼地开展和高中新课程改革的进行,越来越多的化学教育工作者提出在高中学校教学,特别是在化学实验教学中开展绿色化教育的建议,并为此做了许多的研究与尝试。例如,通州高级中学的翟新民老师在《中学化学教学参考》杂志中刊登了《高中化学实验绿色化的价值与途径》一文,对当前新课标下的高中化学实施绿色化实验这一计划的价值和具体途径做出简要的分析;宋广志老师在《微型化学实验在课改中的改进》一文中,针对绿色化学的某一方面提出了研究思路;朱恩和冯晓红老师在《饱和食盐水电解实验的研究》一文中,对教材中一个具体的实验提出了绿色化改进的措施。但是,由于我国各地区的发展条件不均衡,各学校的绿色化实验开展情况并不相同,尤其是各方面条件相对落后的农村高中,化学实验绿色化还是一个相对比较薄弱的环节。

第二节　高中化学新教材中的实验分析

一、新教材中实验的类型和分布

现代教学论指出,教学是一个长期进行的活动,教育工作者需要严谨和科学的态度来不断地对教学中的各个环节、教育者的各种特点、学生的各项能力进行研究。教师要想实现最优化的教学，就需要设计最优质的教学目标和教学过程。教师达成目标和过程最优化的前提与手段则是对教材的分析和对教法的应用。这是由于教材是最优秀科研成就和教学经验的浓缩精华，是教学内容的基本载体，是教师制定教学计划、进行教学设计的基石，也是学生学习知识和认知发展的直接保障。绿色化学是一种新型、高端的化学，其只有在教材中有很好的体现，才能应用于教学，并通过教师来传授给学生，从而实现绿色化学的广泛传播和培养绿色化人才的预期和目标。所以，基于教材的重要地位和不可或缺性，研究者要想研究高中化学实验的绿色化问题，首先应该对教材中的实验进行分析。本书对人教版的多本教科书进行了考察，分析和统计了教材中的实验内容，其结果见表 5－2 和图5－2。

表 5－2　人教版高中化学现行教材实验类型与分布

类型	化学 1	化学 2	化学与生活	化学反应原理	有机化学基础
实验	27	16	4	15	15
科学探究	7	6	6	7	7
实践活动	1	2	5	2	1
家庭小实验	0	0	0	1	0
总计	35	24	15	25	23

从图 5－2 中可以看出，新教材在编排上更加重视实验教学。无论是在教学理念设计上，还是在内容形式上，实验教学都有了很大的增幅和改进，而且基本上每个内容模块都有不小的变化。例如，必修 1 模块增加了 12 个实验，改进了 8 个实验，其改变量占实验总数的 57%；化学反应原理模块增加了 16 个实验，改进了 2 个，其改变量占 75%；高中所需要的教材实验共增加了 53 个，改进了 22 个，其总改变量约占 61.47%。最明显的是，化学课本开篇第一章中共有 6 个实验，其中有 4 个是新增实验，其余全是改进实验。除了在数量上，这次课程改革在其他方面的力度也是十分巨大的，其具体表现在三个方面。

第一，增加了探究实验。科学探究不仅是学生学习的对象，也是教师进行教学的重要方法，还是贯穿在所有学科教学中的一种宝贵精神。在化学教

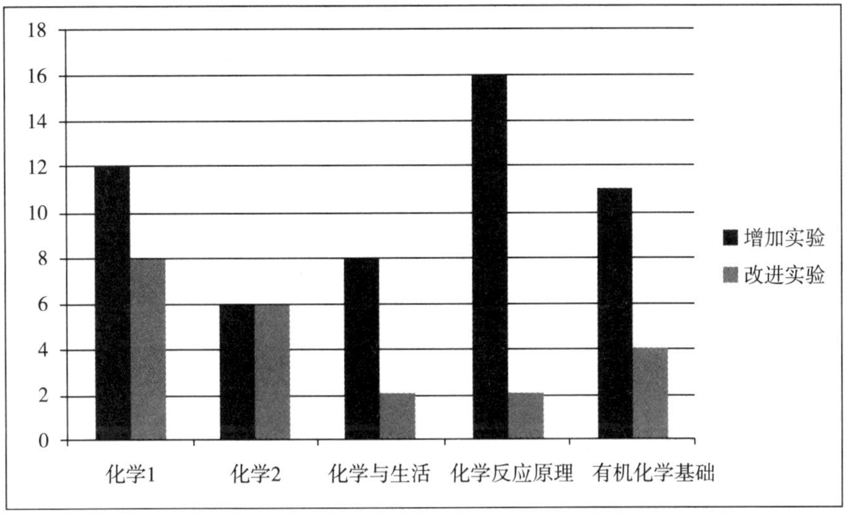

图 5－2　人教版新教材实验变化情况

学中进行科学探究的最直接、最有效的方式则是化学实验。所以，有别于传统教材中简单验证实验，新教材大大地加重了探究实验的比重，这就更加能凸显出学生在教学活动中的主观能动性。在某校开展的化学课程中，科学探究实验共有 33 个，高达实验总数的 26.83%，其中有些实验是传统教材实验的改进，更多的则是新增加的。例如，“铁粉与水蒸气的反应”“比较醋酸、碳酸的酸性实验”“探究铁钉的腐蚀条件”等，通过这些实验，使学生积极主动地参与化学实验的设计、实践过程，其不仅提高了学生的实践能力和观察能力，还很好地促进了学生创新能力和科学探究能力的培养，更加体现了新课改“自主、探究和合作学习”的理念。

第二，增加了实践活动和家庭小实验。传统教材的实验与社会实践、生活实际关联程度不大，其实验的内容往往流于表面，停滞在书本上，不太注重学有所用。而新教材在设计上则更加注重贴近生活，联系工业生产实际，体现了当代的 STS 教育体系。例如，在实践活动中的“测定水样的 pH 值”“设计水果电池”“测定易拉罐的成分”等，还有反应原理模块中涉及的家庭小实验“探究生活中盐类的酸碱性”，这些实验都选取了生活中的材料，不仅让学生认识到化学源于生活，还可以应用于生活，从而提高了学生的创新思维和做化学实验的乐趣。

第三，新教材还增设了“思考与交流”“学与问”的内容。在教材的编排上，基础实验、探究实验和实践活动等都是以理解课本中的知识内容与提高学生的学习兴趣为目的的，而“思考与交流”和“学与问”等栏目则安排在实验以后,其目的是用来引导学生对实验的设计、方法和步骤进一步思考与延伸。例如,在制备氢氧化铝时用的试剂是硫酸铝溶液与氨水,而在后面的“学与问”中就提出了“为何不能用氢氧化钠来制取”和“氢气在氯气中燃烧反应的产物是什么”等问题,“思考与交流”栏目又提出“通过本次实验,你对燃烧的条件及本质有哪些新理解”,这些问题都是对本节内容的深化与提升,使学生在思索问题的同时,还可以设计探究实验来验证自己的想法,让学生分析解决问题的能力和探究能力得到很大的锻炼。

总体上来说,相比于传统教材,新教材的实行带来了化学教学的新变革。新版教材更加注重实验教学,而且模糊了学生实验与演示实验的界线,它仅在必修2中涉及一个明确标出由教师演示的实验。笔者分析了某校开设的教学模块中的所有实验,并制得如表5-3至表5-7所示的表格。

表5-3　人教版《化学1》模块实验内容分析

专题	教材页码	实验内容	实验药品（蒸馏水不标出,水溶液省略溶液二字）	实验主要污染物
第一章从实验学化学	5	实验:粗盐的提纯	粗盐	/
	6	实验:检验 SO_4^{2-}	稀盐酸、氯化钡溶液	/
	7	实验:实验室制取蒸馏水	稀硝酸、硝酸银	稀硝酸
	9	实验:萃取和分液	饱和碘水、四氯化碳	四氯化碳、碘水
	13	科学探究:水的电解	/	/
	16	实验:配置一定物质的量浓度溶液	氯化钠	
	26	科学探究:丁达尔效应	硫酸铜、三氯化铁、泥水	硫酸铜、三氯化铁
第二章化学物质及其变化	31	实验:离子反应发生的条件	硫酸钠、氯化钾、氯化钡	/
	32	实验:离子反应发生的条件	氢氧化钠、稀盐酸	氢氧化钠、稀盐酸
	33	实验:离子反应发生的条件	硫酸铜、碳酸钠、氢氧化钠、盐酸、酚酞	硫酸铜、氢氧化钠、盐酸

(续表)

专题	教材页码	实验内容	实验药品（蒸馏水不标出，水溶液省略溶液二字）	实验主要污染物
第三章 金属及其化合物	47	实验：对金属钠的观察	金属钠	/
	47	实验：钠的燃烧	钠	过氧化钠
	48	科学探究：加热铝箔	铝箔	铝、汞元素
	49	实验：钠与水的反应	钠、酚酞	氢氧化钠
	50	科学探究：铁粉与水蒸气的反应	铁粉	/
	51	实验：金属铝与酸、碱的反应	铝片、盐酸、氢氧化钠	铝元素、盐酸、氢氧化钠
	55	实验：过氧化钠和水反应	过氧化钠、酚酞	过氧化钠
	56	科学探究：碳酸钠和碳酸氢钠的性质	碳酸钠、碳酸氢钠、盐酸、石灰水	盐酸
	57	实验：金属的焰色反应	碳酸钠、碳酸钾、盐酸	盐酸
	58	实验：制取氢氧化铝	硫酸铝、氨水	氨水、铝元素
	58	碱的反应	氧化铝、盐酸、氢氧化钠	钠、铝元素
	60	实验：氢氧化铁、氢氧化亚铁的反应	三氯化铁、硫酸亚铁、氢氧化钠	氢氧化钠
	61	实验：Fe^{3+}的检验	氯化亚铁、三氯化铁、硫氰化钾	硫氰化钾
	61	科学探究：Fe^{3+}和Fe^{2+}的转化	三氯化铁溶液、硫氰化铁、铁粉、氯水	硫氰化钾、氯水

(续表)

专题	教材页码	实验内容	实验药品(蒸馏水不标出,水溶液省略溶液二字)	实验主要污染物
第四章 非金属及其化合物	76	实验:硅酸的制取	硅酸钠、稀盐酸、酚酞	盐酸
	77	实验:硅酸钠的阻燃性	硅酸钠	/
	83	实验:氢气在氯气中燃烧	氢气、氯气	氢气、氯化氢
	84	实验:氯水的漂白	氯水	氯气
	84	实验:干燥的氯气漂白	氯气	氯气
	85	实验:Cl^-的检验	稀盐酸、氯化钠、碳酸钠、硝酸银、稀硝酸	氯化银、稀硝酸
	90	实验:二氧化硫与水作用	二氧化硫、品红溶液	二氧化硫
	92	科学探究:二氧化氮与水的作用	二氧化氮	二氧化氮、硝酸
	95	实践活动:测定水样的pH值	/	/
	97	实验:喷泉实验	氨气、酚酞	氨气
	101	实验:浓硫酸与金属铜的作用	铜丝、浓硫酸、品红溶液	二氧化硫、浓硫酸、硫酸铜

表5-4 人教版《化学2》模块实验内容分析

专题	教材页码	实验内容	实验药品(蒸馏水不标出,水溶液省略溶液二字)	实验主要污染物
第一章 物质结构 元素周期律	6	科学探究:钾的燃烧和与水反应实验	钾	过氧化钾、氢氧化钾
	8	实验:卤素间的置换	氯水、溴水、溴化钠、碘化钾、四氯化碳	氯、溴、碘、四氯化碳
	15	科学探究:镁与水、与盐酸的作用	镁带、盐酸、铝片、酚酞	盐酸、氢氧化镁、铝元素
	21	钠与氯气的作用	金属钠、氯气	氯气
	33	实验:化学能与热能的转化	铝、盐酸	铝元素、盐酸
	34	实验:化学能与热能的转化	氯化铵、氢氧化钡	氨气
	34	实验:化学能与热能的转化	盐酸、氢氧化钠	盐酸、氢氧化钠

(续表)

专题	教材页码	实验内容	实验药品(蒸馏水不标出,水溶液省略溶液二字)	实验主要污染物
第二章 化学反应与能量	40	实验:原电池反应	锌片、铜片、硫酸	硫酸
	41	科学探究:设计原电池	镁条、铜片、铁片、果汁等	/
	42	实践活动:设计水果电池	/	/
	48	实验:温度因素对化学反应速率的影响	双氧水、三氧化铁溶液	三价铁离子
	48	实验:催化剂因素的影响	双氧水、氯化铁、二氧化锰	三价铁、二氧化锰
第三章 有机化合物	61	科学探究:甲烷和氯气作用	甲烷、氯气、饱和氯化钠溶液	氯代化合物、氯气、高锰酸钾和浓盐酸
	67	科学探究:石蜡油的分解	石蜡油、酸性高锰酸钾、溴的四氯化碳溶液	四氯化碳、酸性高锰酸钾、石蜡油内的部分有机物
	68	实践活动:乙烯的催熟	/	/
	69	实验:验证苯环的结构	苯、溴水、酸性高锰酸钾	苯、溴水、酸性高锰酸钾
	73	实验:乙醇与钠的作用	金属钠、无水乙醇	乙醇钠
	74	实验:乙醇的催化氧化	乙醇、铜丝	乙醛
	75	科学探究:比较醋酸、碳酸的酸性	醋酸、水垢	醋酸
	75	实验:乙酸的酯化	乙醇、乙酸、浓硫酸、饱和碳酸钠	浓硫酸、乙酸乙酯
	79	实验:乙酸的酯化	葡萄糖、新制氢氧化铜溶液、碘酒、浓硝酸	浓硫酸、氢氧化钠
	79	实验:糖类、油脂和蛋白质的水解	焦糖溶液、稀硫酸、氢氧化钠、新制氢氧化铜溶液	硫酸、氢氧化钠、氢氧化铜
第四章 化学与自然资源的开发利用	89	实验:铝热反应	氧化铁粉末、铝粉、镁带、氯酸钾	氧化铝
	91	实验:验证海带中的碘元素	双氧水、稀硫酸、淀粉	稀硫酸

表5-5 人教版《化学与生活》模块实验内容分析

专题	教材页码	实验内容	实验药品（蒸馏水不标出,水溶液省略溶液二字）	实验主要污染物
第一章 关注 营养平衡	5	实验:葡萄糖的还原性	葡萄糖液、硝酸银、氨水	金属银
	7	科学探究:淀粉的水解反应	淀粉、稀硫酸、碱液、碘液、银氨溶液	硫酸、氢氧化钠、金属银
	15	实验:蛋白质的盐析	硫酸铵或硫酸钠	/
	15	实验:蛋白质的变性	乙酸铅溶液	铅元素
	16	实验:蛋白质的颜色反应	浓硝酸	浓硝酸
	17	实践活动:制淀粉并检验性质	碘水	碘
	18	实践活动:检验蛋清的性质	/	/
	20	科学探究:验证抗酸药的成分	/	盐酸、铝元素
第三章 探索 生活材料	46	实践活动:探究易拉罐成分	/	盐酸、铝元素
	50	科学探究:探究铁钉的腐蚀条件	植物油、氯化钙、氰化钠液、醋酸	/
	58	实践活动:水泥与水混合	/	/
	61	科学探究:聚乙烯塑料的融化、软化	/	/
	64	科学探究:几种纤维的性质	氢氧化钠、硫酸	氢氧化钠、硫酸
第四章 保护生存环境	97	实践活动:泡沫塑料的降解	/	/

表5-6 人教版《化学反应原理》模块实验内容分析

专题	教材页码	实验内容	实验药品（蒸馏水不标出,水溶液省略溶液二字）	实验主要污染物
第一章 化学反应 与能量	4	实践活动:中和反应反应热的测定	盐酸、氢氧化钠	盐酸、氢氧化钠

（续表）

专题	教材页码	实验内容	实验药品（蒸馏水不标出，水溶液省略溶液二字）	实验主要污染物
第二章 化学反应速率和化学平衡	18	实验：测量锌与硫酸的反应速率	锌粒、稀硫酸	硫酸
	20	实验：浓度对化学反应速率的影响	高锰酸钾、草酸	高锰酸钾、二价锰离子、草酸
	21	实验：温度对化学反应速率的影响	亚硫酸钠溶液、硫酸	硫酸、二氧化硫、硫
	21	科学探究：温度对具体反应速率的影响	碘化钾溶液、硫酸、淀粉溶液	碘
	22	实验：催化剂对化学反应速率的影响	双氧水、二氧化锰	二氧化锰
	23	科学探究：探究不用的催化剂对化学反应的影响	双氧水、氯化铁、硫酸铜、高锰酸钾、草酸、硫酸锰、淀粉、碘水、硫酸	氯化铁、硫酸铜、高锰酸钾、草酸、二价锰、碘水、硫酸
	26	实验：探究浓度对平衡的影响	重铬酸钾、硫酸、氢氧化钠	重铬酸钾
	27	实验：探究浓度对平衡的影响	氯化铁、硫氰化钾、氢氧化钠	三价铁、硫氰根
	28	实验：探究浓度对平衡的影响	二氧化氮	二氧化氮、四氧化二氮
第三章 水溶液中的离子平衡	40	实验：盐酸、醋酸与镁条反应	醋酸、盐酸、镁条	醋酸、盐酸
	42	实验：醋酸、硼酸与碳酸钠溶液反应	醋酸、硼酸、碳酸钠溶液	醋酸、硼酸
	50	实践活动：测定酸碱滴定曲线	盐酸、氢氧化钠、酚酞	盐酸、氢氧化钠
	54	科学探究：盐溶液的酸碱性	氯化钠、碳酸钠、碳酸氢钠、氯化铵、硫酸钠、醋酸钠、硫酸铵	醋酸钠
	56	家庭小实验：探究生活中盐类的酸碱性	味精、食盐等	/
	57	科学探究：探究盐类水解的因素	/	氯化铁
	63	实验：探究沉淀的溶液	氢氧化镁、盐酸、氯化铵	盐酸

（续表）

专题	教材页码	实验内容	实验药品（蒸馏水不标出，水溶液省略溶液二字）	实验主要污染物
第三章 水溶液中的离子平衡	64	实验:沉淀的转化	硝酸银、氯化钠、碘化钾、硫化钠溶液	氯化银、碘化银、硫化银
	64	实验:沉淀的转化	氯化镁、氢氧化钠、氯化铁	氢氧化铁
第四章 电化学基础	71	实验:原电池装置	锌片、铜片、硫酸锌、硫酸铜	硫酸铜
	72	科学探究:设计原电池	不同金属片、食盐水	/
	79	电解氯化铜溶液	氯化铜溶液	氯气、铜离子
	82	科学探究:设计电解饱和食盐水装置	食盐水	氯气
	85	实验:铁的吸氧腐蚀	铁钉、饱和食盐水、盐酸	盐酸
	87	科学探究:验证牺牲阳极的阴极保护法	铁片、锌片、铁氰化钾溶液	氰化铁离子

表5-7 人教版《有机化学基础》模块实验内容分析

专题	教材页码	实验内容	实验药品（蒸馏水不标出，水溶液省略溶液二字）	实验主要污染物
第一章 认识有机化合物	17	实验:工业乙醇的蒸馏	工业乙醇	/
	18	实验:苯甲酸的重结晶	粗苯甲酸	苯甲酸
	19	实践活动:粉笔分离菠菜中的色素	无水乙醇或丙酮	丙酮
第二章 烃和卤代烃	32	实验:乙炔的制备	电石、食盐水、酸性高锰酸钾、硫酸铜	硫化氢、磷化氢、砷化氢、氢氧化钙
	38	实验:苯与苯的同系物性质比较	苯、甲苯、酸性高锰酸钾	苯、甲苯、酸性高锰酸钾
	42	科学探究:不同条件下，溴乙烷的取代和消去	溴乙烷、氢氧化钠、氢氧化钠乙醇溶液、高锰酸钾	溴乙烷、氢氧化钠、酸性高锰酸钾

（续表）

专题	教材页码	实验内容	实验药品（蒸馏水不标出，水溶液省略溶液二字）	实验主要污染物
第三章 烃的含氧衍生物	51	实验：乙醇的消去	乙醇、浓硫酸、酸性高锰酸钾、溴的四氯化碳、氢氧化钠	浓硫酸、高锰酸钾、四氯化碳
	52	实验：乙醇的氧化	乙醇、酸性重铬酸钾	乙醇、重铬酸钾
	53	实验：苯酚的酸性	苯酚晶体、氢氧化钠、稀盐酸	苯酚、氢氧化钠
	54	实验：苯酚与溴水的作用	苯酚溶液、饱和溴水	苯酚、溴水、三溴苯酚
	57	实验：乙醛的氧化	硝酸银、稀氨水、乙醛	乙醛、金属银
	57	实验：乙醛的氧化	乙醛、氢氧化钠、硫酸铜	乙醛
	60	科学探究：检验弱酸的酸性强弱	醋酸、饱和碳酸氢钠、苯酚钠	乙酸、苯酚
	62	科学探究：在不同条件下，探究乙酸乙酯的水解速率	酸、碱、乙酸乙酯等	浓硫酸、乙酸乙酯
第四章 生命中的基础有机化学物质	77	实践活动：制取肥皂并比较其余洗涤用品的异同	/	/
	80	实验：葡萄糖的还原性	葡萄糖、氢氧化钠、硫酸铜、银氨溶液	/
	80	科学探究：探究果糖是否有还原性	果糖、酸、碱、银氨溶液	硫酸、氢氧化钠、金属银
	82	科学探究：蔗糖、麦芽糖的还原性	蔗糖、麦芽糖、稀硫酸、氢氧化钠	/
	83	科学探究：用化学方法水解淀粉	/	/
	89	实验：蛋白质的盐析	饱和硫酸铵、硫酸钠、鸡蛋清	/
	89	实验：蛋白质的变性	醋酸铅、鸡蛋清	铅元素
	90	实验：蛋白质的颜色反应	浓硝酸、鸡蛋清	浓硝酸
第五章 进入合成有机高分子化合物的时代	108	实验：酚醛树脂的制备和性质	苯酚、甲醛、浓盐酸、乙醇	苯酚、甲醛、浓盐酸
	114	科学探究：吸水树脂“尿不湿”的吸水性	聚丙烯酸钠	/

二、新教材中实验污染物

由表5-3至表5-7可以看出,人教版高中现行教材中的实验大多以性质实验为主,其中涉及的污染物无论是种类还是数量上都是比较繁多的。本书研究的教材中共计123个实验,其中涉及污染的有96种,这一比例高达实验总数的78.05%。下面,笔者将每个模块中涉及污染的实验数目及涉及的危险品种类进行统计,具体如图5-3和表5-8所示。

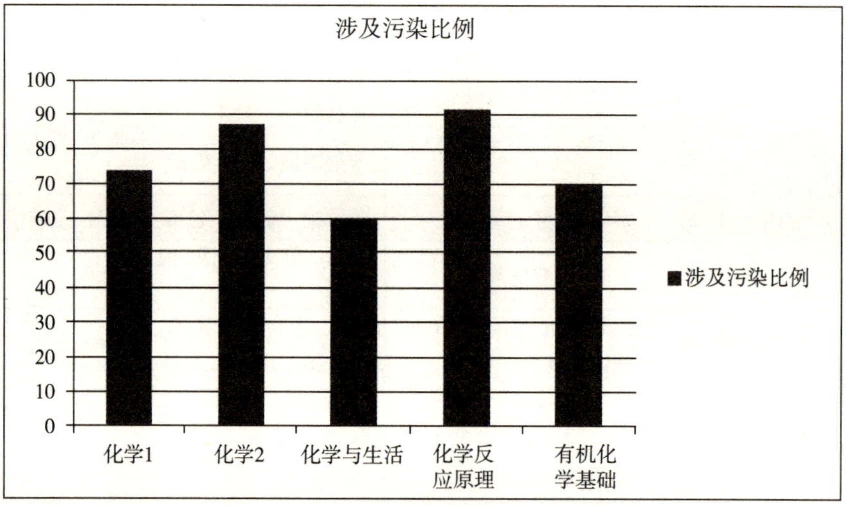

图5-3 新教材实验污染比例

我们从图5-3中可明显看到,每个模块中涉及污染的实验数目都达到了60%以上,甚至在《化学反应原理》中污染已经达到了92%,这个结果是非常令人震撼的。也就是说,我们每一次做实验,都是对环境不同程度的污染的过程,就目前的状况来看,实验绿色化已迫在眉睫。

表5-8 污染物种类统计

污染物状态	污染物
气态	氨气、氯气、氯化氢、二氧化硫、二氧化氮、一氧化氮、一氯甲烷、硫化氢、磷化氢、砷化氢等
液态	四氯化碳、盐酸、硫酸、硝酸、醋酸、草酸、苯甲酸、硼酸、硫酸铜、氢氧化钠、氢氧化钾、氢氧化钙、氨水、氯代化合物、苯、溴苯、溴水、苯酚、溴乙烷、乙醇、乙醛、乙醚、丙酮、乙酸乙酯、重铬酸钾、高锰酸钾、过氧化氢、硫氰化钾、石油、煤油、锰离子溶液、铁离子溶液、钡离子溶液、铜离子溶液等
固态	过氧化钠、过氧化钾、二氧化锰、硫、氯化银、溴化银、碘化银、硫化银、石蜡、塑料、碘、三溴苯酚、钠、钾等

分析各实验的污染物并按照它们的状态划分，笔者统计了污染物种类，如表5－8所列。我们可以看出，三种状态的污染物都存在，其中液体污染所占的种类最多，这也与现在我国高中实验多是试管实验有关。研究表5－8，然后再结合各模块教材，我们可以发现《化学1》和《化学反应原理》中涉及的污染主要是酸碱性腐蚀品和重金属污染；《化学2》与《有机化学基础》中的污染物更多的是氧化剂、易燃品；《化学与生活》中污染相对来说不是特别多，也是相对好处理的酸碱污染。这些污染积少成多，严重威胁着我们师生的健康。

三、绿色化学在实验内容中的渗透

绿色化学是现代化学甚至是未来化学研究领域的前沿，绿色化学主张在源头消除污染，将各种化学过程对环境的污染降到最低。绿色化学的学习要从教育的初始抓起，所以在新教材的实验设计理念和设计内容上都明确突出了绿色化学的思想。

（一）部分实验的绿色化改进

1. 删减部分污染性实验

传统教材中的大多数实验都有“按书照搬”之嫌，基本上都是由教师先演示一遍，然后学生根据实验步骤一步一步操作，最后只是简单观察一下实验的现象，完全没有发挥出实验的探究作用，还造成了很大的污染和浪费。新教材不仅在实验的探究性上进行了改进，还删除了一些危及师生安全且实用性不强的实验。例如，新教材删去了甲烷的实验室制备、氯气的制法、氢气和氯气在光照下混合爆炸等实验。

2. 降低了部分试剂的用量

传统人教版的教材中，实验试剂的取用量都比较大，例如在学习配置溶液的实验时，传统教材在教师演示基础上还要学生配置100mL浓度为2.00mol/L的氯化钠溶液。而现行教材则只需学生配置100mL浓度为1.00mol/L的氯化钠溶液即可。这在达到同等教育目的的同时，还大幅度减少了药品的浪费，也属于绿色化学的教育范畴。当然，新教材的绿色化在这一方面虽有进步，但却并不彻底。在新教材实验中，仍不时地出现“一定量”“少量”“少许”等词，有的实验甚至根本不出现量词，这会导致学生随意地取用药品，从而浪费药品。所以，这需要我们一线教师在达到实验效果的前提下，尽量控制学生的实验试剂的取用量。

3. 体现了某些绿色化设计

新教材开设了“家庭小实验”和“实践活动”等内容，这些实验与生活联系非常紧密，实验材料就是生活中常用的物品或废弃品，既可以达到教育的目的,又可以实现实验的无污染与物质的循环利用。例如,“测定易拉罐的成分”“测定水果中的维C”“用生活中的油制肥皂”等。同时,新教材更加注重对实验尾气的处理,这在《有机化学》模块里较为突出。在这个模块中,几乎每个实验装置末都有一个尾气吸收装置,如实验室制乙炔时,课本中就设计了混合气体通过硫酸铜溶液除去有害物质硫化氢和磷化氢,以及后来用高锰酸钾液检验并除去乙炔的方法。

除此之外,人教版教材还在《实验化学》模块中专门开设了绿色化学实验专题,大篇幅介绍了绿色化学的原则、改进和微型实验等内容,但受到教学条件、教学进度及高考等多方面因素的影响,大多数学校并未讲授这一模块,从而导致绿色化学这一理念没有广泛深入到所有实验中。

(二)“原子经济论”的引入

高中新教材在《化学2》模块的最后一个专题“资源综合利用　环境保护”里直接介绍了绿色化学的原则——“原子经济”。其讲述了“理想的原子经济就是原料物质中的原子100%地转入产物,不产生其他副产物,没有废物,从而实现零排放”,并标出了计算公式:原子利用率=期望产物的总质量÷生成物的总质量,而且在接下来的“思考与交流”和课后习题中均设计了依据原子利用率来分析实验方案的问题,这为学生在以后的实验设计中打开了一个新的方向,即要考虑实验的绿色化。

(三)教材中实验部分的不足

1. 绿色意识并没有完全贯彻

虽然人教版新教材对培养学生的绿色意识有了一定的要求,也进行了一系列的实验改进,但却远没有达到目标。新教材中的实验涉及的废弃物种类繁多,更有许多有毒有害物质,但教材并未提出改进措施。例如,在电解氯化铜溶液时,在教材中并未提到尾气处理,如果在开放的条件下做实验,则会逸出很多氯气,这对师生的身体健康有很大的损害;铜与硝酸的实验也会生成对人体有害的二氧化氮气体,同样威胁着师生的健康;等等。因为很多学校根本没有条件配备许多通风设备,所以对于教科书中的任一实验,我们都应做到绿色且无污染的设计。

2. 实验资源还有待发掘

尽管新教材中开设了一些家庭小实验和实践活动,加强了化学课程与实际的联系,并且应用了一些无污染的绿色原料,但对绿色实验资源的开发还远远不够。化学教材中的实验器材仍是以常规的玻璃仪器为主,再加上教材对部分实验试剂用量没有规定,这极易造成药品的浪费,而且也不利于学生创新意识的养成。我们除了可以选取生活中的材料来替代药品外,还可以使用生活中的废弃物来自制实验仪器，如将一个矿泉水瓶从中间剪开，上边是漏斗，下边就是烧杯；使用过的医用注射器也可以废物利用，变为量气装置、集气装置，甚至是微型制取气体的装置；吸管也可以替代导气管等。实验模块中涉及的微型实验也应该引起足够的重视。这些做法既可以节约实验资源，突出绿色化的思想，又能锻炼学生的创新思维。

（四）化学实验绿色化的目标

高中化学实验绿色化的目标从长远角度来分析则是合理进行实验方案设计、严格控制实验过程、妥善处理实验尾气，还要尽量做到实验过程的零排放。但是，由于我国化学实验教学的资源相对落后，笔者结合自身的实际工作情况与高中绿色化学实验的现状，针对高中化学实验绿色化列出了六个短期的目标。

第一，加强教师的绿色化观念及理论基础，即教师在授课过程中对学生进行绿色化学思想的教育，同时对高中化学教师开展绿色化的培训。

第二，结合教师的理论知识和教学经验，集思广益，对教材中实验展开绿色化学的改革创新，还要让学生在学习课本的同时，潜移默化地接受绿色化学思想。

第三，在实验教学中，规范学生的实践操作技能，避免学生在实验过程中造成浪费现象。

第四，推广微型实验和生活化小实验。

第五，研究计算机辅助教学手段，加强教师的计算机处理能力，还要求教师运用计算机来对教学中污染较大的实验进行辅助演示。

第六，完善实验室配套设施，同时引进先进的实验教学设备，加强管理者对实验“三废”制度的严格管理。

第三节　新课程下高中化学实验绿色化的改进措施

一、加强教师绿色观念

在我们国家的教育体制中，教师被认为是一切教育教学活动的关键，而且教师的一言一行和思想观念都会潜移默化地影响并改变着学生。所以，只有教师具有了绿色化的观念，才能在日常的课堂教学和实验教学中引导学生，从而让学生树立绿色化学的意识。

迫于高中课程的紧张和高考的压力，绿色化学在普通高中，尤其是条件相对落后的农村高中，实施得并不是很全面，而且部分高中化学教师对绿色化学的认识也不是很透彻，更多的教师只是针对教材“照本宣科”，这种现象就造成了某些地区(如不讲授选修6《实验化学》的地区)教师的知识面有些狭窄,也就更加不用谈学生的绿色实验意识了。所以,教师要有社会责任感,不能因为升学压力而放弃绿色教育,而且教师对绿色教育的实践程度,直接影响着绿色化学实验的成绩。所以,我们要想全面实施高中实验的绿色化,就要先做好教师队伍的绿色化教育。

基于提高化学师资队伍的绿色化理念,笔者提出了四个方面的建议:第一,希望培养教师储备力量的师范院校能够在不加重化学教育专业学生负担的前提下,开设高中绿色化学实验方面的选修课,以培养出更多掌握绿色化知识的高中教师的主力军。第二,对于在职教师来说,其信息可能比较闭塞,这就要求他们经常鼓励自己查阅文献或通过网络等途径学习一些绿色化学及实验方面的知识,以提升自己的知识面。第三,很多高中都会举行教学研讨活动,在研讨活动上除了制订每周的教学计划外,还可以不定期地进行绿色化实验交流活动,从而将绿色化学理念切实可行地应用到实际的教学中去,以深化每位教育者的绿色化思想,并言传身教去影响学生。当然,最集中有效的学习途径就是参加绿色化学的培训活动,这需要学校领导及教育部门的支持。第四,建议各高中领导能给予"绿色化学"更多的重视。在学校中,任何一种新型理念的传授都不能没有领导的支持。因此,学校可以举行绿色化学专题讲座或绿色化学实验设计比赛等活动,以加强教师的绿色化理念和学生的创新思维。此外,学校也可以组织教师以绿色化学考察、参加假期培训班或提供教学观摩活动等形式来提高教师的绿色化实验水平。

二、实验设计方案绿色化

实验设计是一个综合性的活动,其内容包含了多个方面,例如原料设计的选择、装置的选取、药品的用量和实验的流程等都属于设计的范畴。下面,笔者从原料、溶剂、催化剂和装置等角度对设计方案的绿色化提出了一些建议。

(一)原料、溶剂、催化剂的绿色化

1. 选用绿色化的原料

绿色化学的本质就是从实验的源头控制污染,所以高中化学教学实验想要真正实现绿色化,就需要先从实验原材料的角度出发,并在实验效果得到保证的同时,最大限度地把有害的化学物质替换为清洁原料,从而从始端开始规划全局。在《有机化学基础》模块乙炔的实验室制法中,出于实验安全角度,教材将原料电石和水换成了电石和饱和的食盐水,大大降低了反应的速率,排除了安全隐患,但改进后的实验中仍然存在大量的有害气体磷化氢、硫

化氢和砷化氢。虽然课本中设计了用硫酸铜溶液除去气体杂质,但这两者不可能恰好完全反应,硫酸铜溶液中也存在着重金属铜离子,所以此反应仍不符合绿色化学。这就需要我们开始考虑,既然制乙炔是电石和水的原理,那我们可不可以直接用电石和氢氧化钠溶液反应呢？经过实验证明,电石和16%的氢氧化钠溶液反应后,收集气体并用硝酸银试纸对有害气体硫化氢和磷化氢进行检验,杂质气体含量均小于国标要求。虽然这种改动很小,却实现了实验的绿色化要求,同样也给了教师启发,即教材给出的实验试剂并不是独一无二的,所以绿色化实验也并不是高不可攀的。

再如,我们做"乙醛的银镜反应"实验时,其现象比较明显,我们可以在试管上观察到一层非常光亮的金属银,但实验结束后试管很难清洗,通常情况下,我们都是教学生用稀硝酸洗涤。此方法不但会生成危害大气环境的氮氧化物,而且会造成地表的酸污染。它的绿色化改进措施就是用便宜易得的过氧化氢溶液代替有一定污染的稀硝酸,这样完全没有污染气体产生。在指导学生学习电解原理时,教师可以用能生成氢气和氧气的硫酸钠、碳酸钠和硝酸钠等溶液来代替会生成有毒有害气体(氯气)的氯化钠溶液;在比较胶体和溶液的性质实验时,也可用生活中常见的肥皂水来代替制取难度大的氢氧化铁胶体等。这些改动都是非常容易的,但却使生态免于污染。

2. 使用绿色的溶剂

使用无毒、无污染的溶剂也是绿色化学的一部分。高中阶段化学实验的溶剂多是以水为主,非水溶剂使用最多的就是四氯化碳,教材在萃取和有机实验中就曾多次提及。四氯化碳是有毒物质,具有很强的挥发性,对人体的心脏、肝脏和肾脏损害比较大。据悉,接触150～200g/m^{3}的四氯化碳30分钟就会引发生命危险。每当进行四氯化碳萃取碘水的分组实验时,室内就会散发出一种刺激性气味,严重危害着师生的健康。课标中只是要求学生掌握萃取的操作,而非对四氯化碳有要求,对此,我们可以尽量使用无毒的溶剂来替代有污染的四氯化碳,如二氯甲烷、正己烷、环己烷和煤油等。

在介绍萃取原理时,笔者在授课时还使用了"植物油萃取番茄汤"的实验视频代替了有污染的四氯化碳和碘水的萃取。其方法是:事先准备好用白水煮得很碎的番茄汤(汤中不放任何其他物质,只用番茄和水,然后再将大的碎渣过滤出去),番茄汤本身是红的。在冷却后,加入液态植物油,如图5-4所示。其放置在桌上一段时间,明显看到植物油那一层由黄色变为了红色。这个实验由生活中常见的物质入手,充分地调动了学生的学习积极性。此外,学生还可以简单明了地看懂萃取的原理,这是生活中的化学,也完全是无污染的化学。

图5-4　番茄汤的萃取

3. 使用绿色催化剂

绿色化学的研究内容中明确提出了避免使用有害催化剂或尽量使用无害催化剂的要求。高中阶段涉及的催化剂比较少,常用的是二氧化锰和浓硫酸。固体催化剂二氧化锰对环境的污染不大,我们可以在反应后回收再利用。而浓硫酸的处理就比较复杂,浓硫酸是比较强的酸,并且具有腐蚀性,在平时实验中,学生经常不注意而直接将其倒入下水道,容易腐蚀管道且造成地下水体污染。例如,在高中实验中比较重要的乙烯的制备实验,在教材中就是使用浓硫酸做催化剂脱去乙醇的水。此实验中,不但硫酸是污染物,而且极易造成其他的副产物如乙醚、二氧化碳和二氧化硫等的生成,这与绿色化学理念相差甚远。其改进方法很简单,我们可以用氧化铝代替硫酸做催化剂,其原理如式5-1所示。

$$C_2H_5OH \xrightarrow[400℃]{Al_2O_3} CH_2=CH_2+H_2O \qquad (式5-1)$$

改进之后的反应不会产生乙醚、二氧化碳和二氧化硫等副产物,还不会存在酸性遗留物,而且其在工业的绿色化生产中早已推行。再如,在乙酸乙酯的合成实验中,也是采用浓硫酸作为催化剂,同样存在上述的困扰。我们若在反应前改用固体强酸氨基磺酸和硫酸氢钠等作为催化剂,既反应迅速,又提高了转化率,而且固体强酸还易于回收,其完全符合绿色化学的理念。

(二)实验装置的绿色化

除了清洁的原料和催化剂外,实验装置的科学化和环保化也是绿色化学实验中的重要环节。高中化学实验的污染物种类多且繁杂,再加上实验设计及装置的不完善,使学生实验室的环境问题更是雪上加霜。例如,教材在阐述化学反应的吸放热问题时,设计了氯化铵晶体和氢氧化钡晶体的实验来让学生感受吸热反应。此实验弊端很多,如原材料不常见、学生不熟悉;反应后还会产生大量刺激性、有污染的氨气;实验是在敞口的烧杯中进行的,给师生的安全造成了隐患,完全不符合绿色原理。但是,由于此反应快速、现象又比较明显,比较适合课堂教学且又不太容易找到替代实验,就一直被沿用至今。在教学中,我们可以将此实验装置进行如图 5-5 所示的绿色化改进。

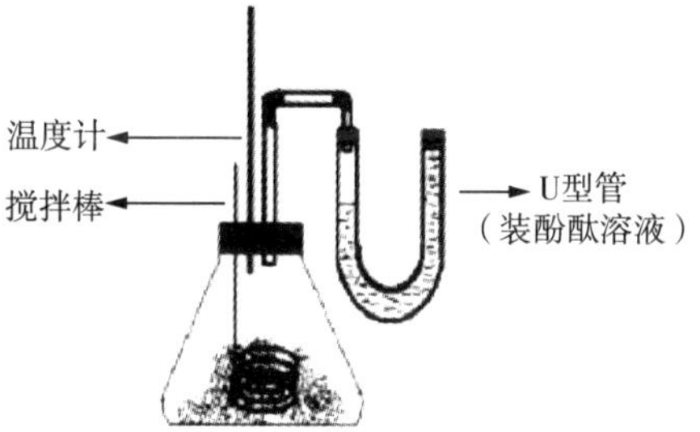

图 5-5 氢氧化钡晶体与氯化铵晶体吸热反应的改进实验

此反应最突出的就是使用了 U 型管中的酚酞溶液,既能够验证了氨气的存在,又吸收了氨气,同时还向学生展示了防倒吸的原理,起到了一举多得的效果。

实验装置的绿色化,目前有两种比较成型的方式,就是装置的组合与装置的密闭化。实验的组合源于中学化学实验的重复和交叉,为了避免实验的重复、减少实验造成的污染与浪费和提高实验的效率,我们可以调整某些实验的顺序,将分散的实验组合或将前面实验的产物用于后面的实验等方法来实现实验的绿色化。这种做法既能提高药品的使用率,又可以节约时间,尤其是对于有毒物质如氯气、二氧化硫、氮氧化物等比较实用。课本中介绍物质时,通常先介绍性质,再讲授制法,实验比较分散,我们可以将实验的顺序调整,把制备和性质组合一下,从而达到实验绿色化的目的。例如,教材在设计氯气的教学时,单就氯气的漂白性就分为两个小实验,需要反复使用有毒的氯气和制备氯气,我们可以做如图 5-6 所示的改进。

按图 5-6 安装好仪器和药品后,先将浓盐酸注射到仪器中,马上会有氯气逸出,小气球会逐渐鼓胀。待观察 U 型管两端干花瓣的颜色变化后,再将 NaOH 溶液注入,气球会恢复瘪状。这次改进实验将氯气的制取和漂白性质、尾气吸收组合在了一起,与教材中的设计相比,操作方便,而且实验对比效果明显,最突出的是实验过程中几乎没有有毒氯气逸出,从而实现了实验绿色化的要求。

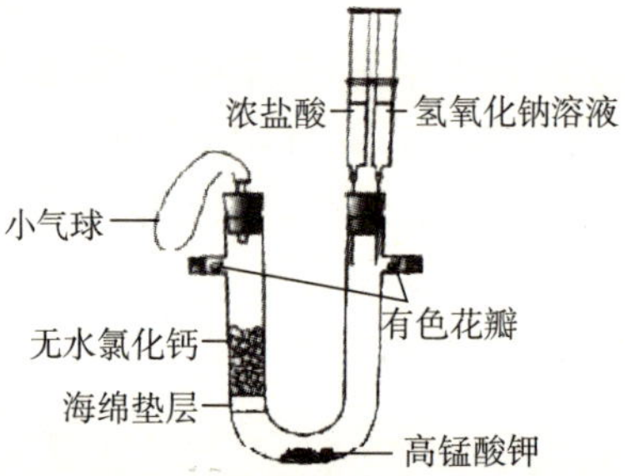

图 5-6　Cl_2的漂白型对比实验

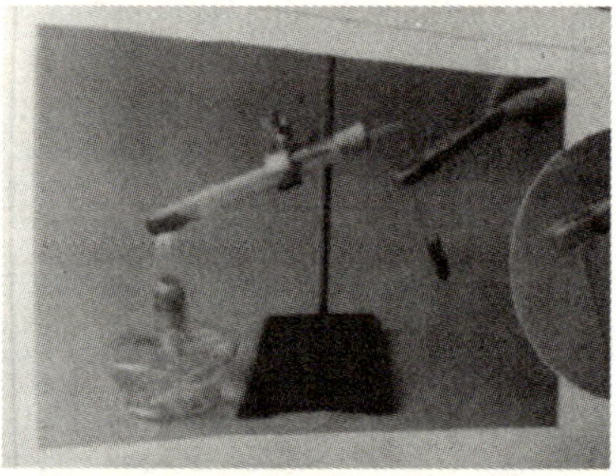

图 5-7　铜与硫酸的反应

实验的密闭化就是基于装置的密闭性,尽量将实验过程中产生的有毒有害物质在装置内除去,不会对环境和人体产生威胁的方法。此种绿色化处理比较常见,重点是对尾气的吸收。例如,新教材中涉及的“铜与硫酸的反应”(如图 5-8 所示)就是在旧课本基础上对实验装置进行了密闭性的改进(如图 5-7 所示)。

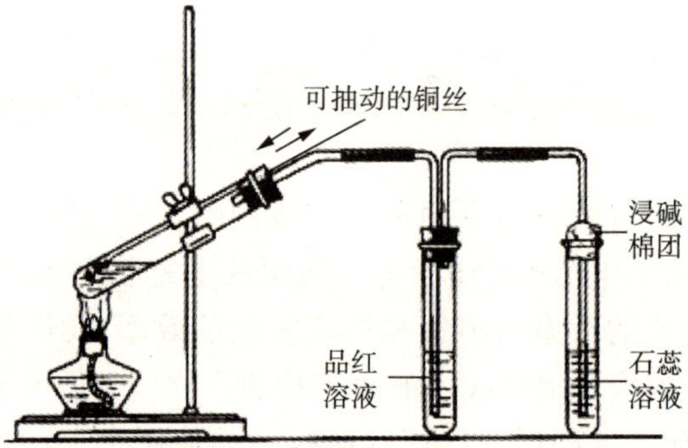

图 5-8　铜与硫酸的改进实验

图 5-8 所示的实验装置为新教材中展现的,其优点在于用铜丝替换了旧教材反应里的铜片,拉近和抽出铜丝,就能够很好地控制反应的进行,而且有一定的绿色化思想。再如,新教材中对于检验氨气的方法,其介绍的是“氨与氯化氢的反应”,此反应时间短、现象比较明显。但是,其缺点在于反应在开放体系进行,两种气体都会对环境造成污染。如果将实验进行如图 5-9 的改进,不但不影响实验的效果,而且会因为使用生活中的废弃物而让学生耳目一新,从而开阔学生学习化学的眼界。

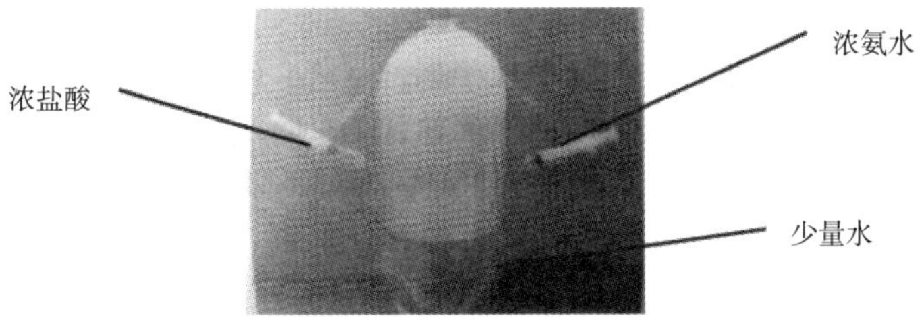

图 5-9 氨与氯化氢的反应

(三)规范实验操作

高中课程标准里明确提出,学生可以通过对实验进行实际操作来获得知识,并提升自己的探究能力。这是课标对实验操作方面提出的要求。也就是说,学生需要熟练规范地掌握实验的基本操作技能,并且这些技能包括实验试剂的取用、试剂的称量及转移、物质的加热、装置的组装和废弃物的处理等。学生实验行为是对教师的模仿,所以教师进行演示实验时,一定要十分注重自己操作的规范性和准确性。在做分组实验前,教师必须规定学生提前预习。学生对所做实验有所了解后,才能更好地进行操作,这不仅能节约时间,还可以最大限度地防止学生出现操作性错误,以避免二次实验带来试剂浪费的可能性。在实验过程中,教师要注重引导,要对实验的操作要点进行强调,还要严格要求学生规范操作,并随时注意其不正确行为进而予以指正,从而让学生养成良好的操作习惯。

当然,在我们严格要求学生准确量取药品、进行规范化操作的同时,教材中有些实验试剂的用量仍然用词笼统,不具准确性。这往往导致学生乱取乱用、浪费试剂,不但不利于学生规范性操作的培养,而且不符合实验绿色化的要求。一线教师需要进行大量的实验,并且在实验现象和结论仍比较明显的情况下,尽量给学生制订一个明确的药品或试剂取用最低值。如果课本中的每个实验都有明确用量的话,这样既能让学生规范操作,又可以培养学生严谨的科学态度和绿色化学观念。

在学生实际的分组实验中,虽然教师多次强调注意药品取用和仪器操作的规范性,但大多数学生做起实验来还是错误频出,如滴管深入试管内部、量取药品不精确、定容不标准等。笔者经过了一段时间的思考后,决定在所教班级组织一次实验基本操作大赛。由于设备和时间所限,这次比赛比较简单,就以《化学 1》模块中“配置 100mL 浓度为 0.1mol/L 的 NaCl 溶液和 H_2SO_4 溶液”为内容,全班同学选出 5 个评委后共分八组,每组中的学生都各自有一个编号,由笔者在实验开始时以抓阄的形式随机从每组中抽出两名学生参加比赛,这两名学生各自配置一种溶液,又快又准确地配置好溶液的一组为胜,没参与比赛的学生负责给本组同学加油和给别组挑错。这次比赛条件虽然比较简陋,但总体来说效果还是不错的,所有的学生都积极参与进去了,所以这极大地提高了学生学习化学的热情并锻炼了学生实验操作的规范性,而且在之后的实验教学中,笔者发现大多数学生在实验中的操作更加规范了,尤其是滴管的使用、定容的操作,这应该是他们反复练习的缘故。所以,笔者建议广大教师可以多进行一些类似于这样的活动,以此来激励学生进行规范性操作。

(四)利用计算机协助实验教学

随着信息技术的快速发展与计算机技术的普及,我们也处于网络信息技术高速发展的新时代,社会的各个领域每时每刻都在发生着全新的变化,我们的教育领域也不例外。伴随着新课程的逐渐深入,大多数优秀的教师都在对自己传统灌溉式的教学观念与教学形式进行转变,并在课堂教学中运用计算机中的强大功能生动灵活地进行教学活动。计算机协助教学(Computer Aided Instruction)又称计算机辅助教学,简称 CAI,它一般是指借助计算机来开展多样化的教学活动。多媒体教学可以解决教学中资源短缺、设备落后和与前沿技术脱节等问题,而且其以生动、形象的图像、文字、视频和动画等方式,使化学教学由难转易、由抽象为具体,极大地丰富了学生的知识系统,引发其学习的兴趣。所以,CAI 在高中范围内经常被用于解释微观粒子和辅助化学实验的教学。

实验是中学生获得感性化学认识的基础,但常规的实验并不是完美无缺的,有些实验会使用大量的试剂和水资源,甚至会使用有毒、有污染或比较昂贵的试剂;有些实验的现象不是那么明显,无法看清;有些实验的反应速度过快或过慢,现象也不能很好地观察,不适合在课堂中演示;更有些实验可能受学校条件所限,不能进行操作……这些问题导致了教师只能在课堂上讲实验。显然,这并不能起到真正实验带来的效果。现在,我们可以通过计算机软件来模拟真实实验,也可以从网络上下载实验视频用来观看,这样就可以给学生制造出实验的真实情境,使学生通过多媒体来了解实验的原理、步骤和现象。通过调查问卷显示,这也是目前大多数教师采用的方法。

用 CAI 系统演示像氢气与氯气燃烧、电解饱和食盐水这样危险系数大或污染严重的实验,不但使学生了解了实验知识,而且将这些危险实验转变为真正的绿色实验,从而实现了化学实验的“零投入和零污染”。当演示现象不明显或速度过快、过慢的实验时,CAI 可以采用放大技术以及暂停、回放和加快等技术来使学生更好地观察到实验现象,让学生记忆深刻。此外,教师也可以使用 CAI 技术来模拟或播放错误的实验操作所带来的后果,如大块的钠与水反应燃烧和爆炸实验、乱排乱放实验废物给环境造成的危害等,从而直观形象地使学生感受到实验污染的可怕和规范操作的重要性，最终体会到实验绿色化的意义。

虽然计算机辅助实验教学有很多的优势，但教师应认识到它不能完全代替常规实验与学生实际动手操作，尤其与嗅觉、触觉和味觉等有联系的和与热度、软硬度等相关的实验。学生的基本实验操作技能是课标的要求，也是培养学生科学素养和我国素质教育的基本要求，学生只能在亲自动手的真实实验中才可以得到锻炼。

(五)开展微型化实验

近年来，新课标提出了要加强学生科学探究能力的要求，这种措施的开展必然对高中化学实验资源提出了更高的标准。我国在实验教学上进行了很多改变：由原来的"讲实验、听实验"到教师的演示实验、学生的分组实验；许多学校也把大量资金用于建设各类实验室，尤其是自然科学实验室，并已取得一些成效。但就目前来看，现有的实验条件并不能满足科学探究的实施，而且实验资源的短缺仍然是我国高中所面临的严重问题。所以，我国的教育工作者正积极地寻找符合国情的解决办法，即微型化实验。

微型化实验说法最早在美国被提出，但 1835 年爱尔兰教师 Reid 就已经开始倡导实验可以小型化，后来同一时期的 Mayo 和 Pike 等化学家又实现了用毫摩尔量级的原料来制取有机物质，从此人们开始关注微型实验，并将其与绿色化学结合引入各阶段的化学教学中。微型实验的内涵有多种说法，但不管哪种，其都含有试剂用量少、反应在微型仪器中进行、实验得到信息量大的描述。所以，微型实验是实验用量少且产生污染少的实验，这与绿色化学的理念完全一致，我们可以认为是绿色化学的一部分。

与常规的实验相比，微型化实验的突出特点是比实际用量更省，实验成本更低；环境污染更少，安全系数更高；实验开展更易，教学效果更好。尤其是由于实验仪器的体积小，药剂的用量甚至可以减至常规所需量的十分之一或更少，不仅节省了实验开支，还使实验更加的快速且效果明显，产生的"三废"也大大减少，减轻了环境的负担。这也使学生人手一套化学仪器和能随时做化学实验成为可能。但是，笔者通过调查后发现，虽然微型化实验的提出很早，在实际的教学中它的实施情况却并不是很好。绝大多数教师除了在课本上出现的用试纸检验氯气和氨气外，并没有开展其他的微型实验，这与教师的观念落后和高考的束缚分不开。微型化实验药品用量少、速度快、污染小的特点十分适合中学实验教学，下面笔者列举两类例子。

第一类，滤纸或试纸的微型化处理。教材中乙烯和乙炔使溴水褪色的实验使用试管承装溴水，溴水有污染且用量比较多，在实验后对人体和环境有很大的影响。而如果改用溴试纸代替的话,实验污染程度大大降低且效果也比较明显。除此之外,卤素间的置换反应、乙醛与新制氢氧化铜溶液的反应等都可以进行微型化改进,还可以让其在试纸或滤纸上反应。

第二类,生活中废弃的小药瓶和注射器的微型化处理。教材中有许多实验会产生大量气体污染,如氯气的相关实验、氨气的制备实验和生成二氧化硫的实验等。将它们设计成用注射器和小青霉素瓶等自制仪器的微型实验,使产生的"三废"大大减少,而且处理起来更加简单,从而提高了实验的环保性和安全性。图 5－10 所示的就是氯气的制备与性质实验。其中,数字 1—8 分别是高锰酸钾粉末、青霉素药瓶、注射器(内含浓盐酸)、圆珠笔芯制作的导管、红墨水溶液、碘化钾溶液、硝酸银溶液和氢氧化钠溶液。

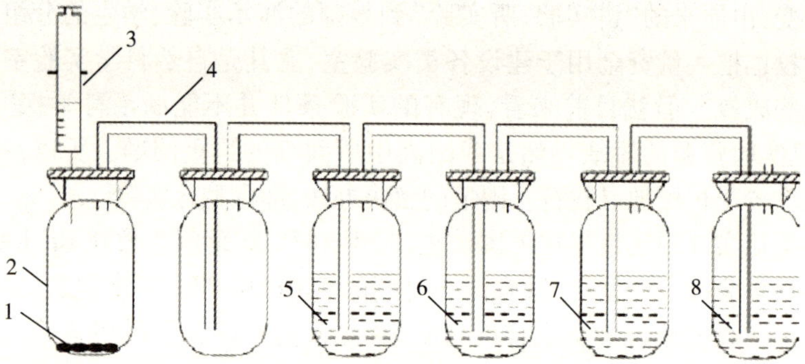

图 5－10　氯气的制备与性质实验

这只是两类比较简单且实用性比较强的利用生活中的废物和实验室中原有的仪器组装的微型装置,考虑到一般高中实验室的经费问题,还有很多专门的用于微型实验的装置并未列出。笔者建议有条件的学校可以多投入一些正规的微型实验仪器,如井穴板、"W"管、多用滴管等,而且我们要先培养学生的微型化实验意识,然后再引导学生进行仪器的替代。

由此可以看出,微型实验较传统实验能够最大限度地节省各类资源和保护环境,是一条在高中开展绿色实验教学的好渠道。微型实验虽然因它"体积小、用量少、现象明显"的特点适合学生的分组实验,但也出现了难操作、难控制的缺点,而且有一定的局限性,如加热和搅拌等。还有一点,就是微型实验通常都不太注意实验的操作,不太利于学生养成规范的实验操作技能,再加上目前还没有微型化实验的配套教材,所以完全用其替代高中的常规化学分组实验也是不现实的。

(六)化学试验后"三废"的绿色化处理

随着资源的日趋紧张和绿色化学的蓬勃发展,化学工作者已经意识到绿色化学不仅只是工业需要考虑的，它同样还是培养国家先进人才的学校需担负的责任。我国教育部已经将“绿色化学”这一理念引入新版本的高中教材里，这对推动我国的绿色化发展起到了很大的作用。但是，我们必须提出，教材只是引入了理念，而在实施方面还不尽如人意，尤其是高中化学实验室的废弃物处理方面还处于空白状态。

虽然新教材中对实验进行了绿色化改进，但我们也应意识到绿色化学并不是万能的，有些经典的实验如电解饱和食盐水是不可能完全杜绝污染的。所以，我们要想降低化学实验对周围生态及师生的危害，就必须使学生了解到化学实验产生了哪些污染物，它们的危害是什么，还要让学生产生危机意识和消除污染的欲望。通过调查，笔者发现学生大多会按照教师的要求处理实验废弃物，所以教师和实验员就需要以身作则，在每次实验后，及时对所有实验“三废”按绿色化要求处理，并将化学反应对环境的污染降到最低程度，这样学生就会耳濡目染地具备了绿色化处理“三废”的意识。下面，笔者将分析表 5－8 中污染物的种类，并总结某些高中实验废弃物的绿色化办法。

1. 废气的绿色化处理

高中化学实验产生的废气可以分为有毒气体和无毒气体两种，这两种气体都可以通过原料的减量来降低污染。像氢气、二氧化碳等无毒气体可以通过通风装置或直接排放到空气中。而有毒气体则要按照其各自的性质进行净化处理，或通入密闭装置或进行尾气处理。例如，二氧化硫、硫化氢等酸性气体和氯气可以通入氢氧化钠溶液除去；碱性废气氨气可以用水吸收；而氢气和甲烷等易燃气体也可以通过点燃再排放。

当然，除了重视尾气处理之外，化学实验室也应该安装一些专门的空气净化装置，如通风橱、分子筛等。有些高中，尤其是农村普通高中，虽然有实验室，但是其基础设施比较差，一接近就有严重的化学制剂的异味。所以，笔者希望可以加强各基础高中的实验室硬件设施建设，以确保广大教师学生的安全与健康。

2. 废液的绿色化处理

在高中生的实验教学中，最为常见、最为严重的污染就是废液污染，其对环境和人体的危害也是极大的。液体污染物主要有酸碱废液、重金属盐废液、含重铬酸根废液与有机废液。酸碱废液可集中回收，或直接用于实验，或进行尾气吸收，或每隔一段时间进行中和处理，当 pH 值达 6.5～8.5 后再排放。重金属盐废液严重污染我们的江河与地下水资源，高中涉及的离子有锰、汞、铜、银、铅和铬等，最常用的处理办法就是沉淀法。像含锰离子的废液，我们先加入生石灰将其 pH 值调到 8 左右，然后再加入碳酸盐，从而形成碳酸锰沉淀,这样就可以直接埋入地下或进行再利用。含铅废液也可以先加入石灰乳,生成氢氧化铅沉淀,再同空气中的二氧化碳作用,形成更难溶的碳酸铅。含重铬酸根废液,可先加入酸将 pH 值调为酸性,然后再加入铁屑,使六价铬转为无毒的三价铬,加入碱液生成沉淀后再排放。有机废液对环境的影响也颇为严重,在处理时需要集中回收,然后再进行蒸馏提纯,之后有些试剂可以在其他实验中反复使用,如四氯化碳。

3. 废渣的绿色化处理

实验废渣一般所占空间比较大,而且部分物质还可能在生态环境中形成一些有害气体或有机物,所以在实验过程中一旦存在,我们就应尽快处理。高中化学实验里涉及的固体废弃物不多,主要是破损的玻璃仪器、过量的反应物固体和生成物固体等。废旧的玻璃仪器不要随意丢弃,我们可以进行回收再利用,如破损的试管可以用于简易的启普发生器、破损的导管可以重制滴管等,以满足绿色化要求。对于生成物或反应物固体来说,能回收的尽量回收利用,如铜与浓硫酸反应后的金属铜,实验完后要把剩余的铜放在指定的容器中来进行综合利用。有的反应中会存在一些不能回收的反应物或生成固体,这就需要进行无害化处理,如反应之后剩余的钠屑,不便于回收,直接排放又存在危险,所以我们可以向反应容器中加入乙醇,让其不产生气体后进行稀释,最后再排放。

“实践出真知”,在日常教学中,教师可以这样设计一堂实践课。在一个刚做完实验的实验室中,教师要求学生要尽量依据自己的知识来对实验产生的“三废”进行合理的绿色化处理,最后再进行验收。这样既能检验学生的知识,又可以使他们体会劳动的辛苦,而且对培养他们的绿色化意识也有一定的促进作用。

总之,高中化学实验的废弃物具有种类多、数量少、浓度高、对周围的人与环境威胁大且不易被重视等特点,所以一线化学教师必须能够言传身教,及时合理地回收或处理实验“三废”来消除学生实验的安全隐患。因此,教师应该多建议学校领导重视实验室的绿色化建设,同时也需要以绿色化学的原则来约束自己的行为,并逐步引导学生时刻谨记实验的末端处理,最终使学生能够独立进行“三废”的绿色化设计与整理。

(七)通过课外活动渗透绿色化思想

通常来说,思想对行动有指导的意义,我们想在行动上实现高中实验的绿色化,首先就要使高中师生在设计实验时具有绿色化的指导意识。这种意识的培养可以是在课堂上获得的,但其更多的来源于师生课外的实际生活。

1. 开展家庭小实验

教材中安排了“家庭小实验”栏目,这既是新课标安排的教学任务的一部分，也是课本实验的一种延伸。家庭实验选取的仪器和试剂大多是生活中易得的物质或废弃物，在反应过程中和过程后也不会产生大量的“三废”污染，既可以降低实验成本，又可以解决实际问题，还能使学生学以致用，并且符合绿色化学的理念。所以，我们要想做好一个家庭实验，就需要从知识和物品两方面进行准备。其中，知识的准备需要学生先掌握实验原理，能独立设计实验方案，而物品的准备则尽量鼓励学生利用生活中的物质，找不到的由教师统一发放。例如，教师可以让学生设计一个“制作肥皂的实验”，要求学生根据所学的知识，利用家里炸东西后剩余的食物油为主要原料制作，并要求学生将做好的肥皂拿到学校展示。这样的实验贴近生活，能引起学生的兴趣，而且实验从设计、原理和操作完全由学生独立完成，这也能锻炼学生的思维能力和创造能力。最后，教师再画龙点睛，从环境保护和废弃物再循环利用的角度来感染学生，从而树立学生的绿色世界观。

2. 设置绿色化习题

习题是教学过程中很重要的一部分，是我国目前考查学生学习能力的基本标准。教学中的每一节课、每一个知识要点都需要通过习题来巩固和提升，所以要使学生形成绿色化学实验的理念，在习题中设置绿色化的内容就势在必行了。随着社会对环境认识的提高，绿色化习题的比重也在不断地增加，尤其是体现在实验题中。例如，2013 年的浙江理综化学题第 7 题中涉及了甲基环氧乙烷与二氧化碳合成聚碳酸酯，是否符合绿色化学原则，考察了原子利用率的问题。再如，2014 年全国卷的第 36 题里，先考察了氢氧化钠除尾气，又让学生比较湿法磷酸和热法磷酸的优缺点来考察了绿色化设计方面的内容。所以，我们一线化学教师需要多搜集一些有关绿色化学方面的习题，尤其是针对绿色实验方案设计类的题目，从而让学生做到心中有数，并能熟练地掌握绿色化学的内容。

3. 生活中树立环保理念

随着环境问题的日益严重，新课标也把培养学生的绿色化环保观念列为教学目标。笔者建议教师在课外时间或课堂上多举办一些丰富多彩的活动或多观看一些相关视频来影响和熏陶学生，使学生亲自感受保护环境的重要性，在学生心里留下真实的痕迹，引导学生能在生活中的小事上注重环保。例如，笔者会在教学进度不紧张时给学生播放一些有关环境的视频，如《未来水世界》《大气层消失》《国家地理：人类消失之后》等，这对学生的触动比单一说教要大得多。

第六章 高中化学微型实验教学

第一节 高中化学微型实验教学的研究

一、高中化学微型实验教学的提出

化学是一门以实验为基础的自然学科,化学实验是化学科学研究中最重要的,也是最基本的研究手段之一。我国已经全面进入了高中化学课程改革新时期,并且在各个地区教育部门的积极组织和教师自身的不断努力学习下,教师也对新课标有了全新的认识和理解,在教学观念上不断更新,教学方式发生了很明显的转变。但是,高考作为一个学校的生存指标,大多数教师仍然处于在高考的压力下进行知识教学。因此,在高中化学教学实验多、课时安排少的情况下,就会出现实验开设不足,甚至出现只讲实验而不做实验的实际状况。而在此时,具有仪器简单、试剂用量少、污染小、反应速率快、现象明显且操作安全等特点的微型化学实验就越来越具有现实意义了。

(一)高中化学重视化学实验的基本要求

化学是一门基础的自然科学,其研究成果改变了人类衣食住行等各个方面。化学学科历史悠久,从远古时代至今,爱好化学的人们通过观察、实验、推理和比较等方法,孜孜不倦地钻研,可谓是硕果累累。化学的发展可以促进科技的进步,化学人才的培养可以促进化学科学的发展。所以,提升学生的化学素养和培养未来的化学研究人员有赖于高中化学的课堂教育。

《普通高中化学课程标准(实验)》中的课程基本理念部分明确提出,通过以化学实验为主的多种探究活动,使学生体验科学研究的过程,激发学生学习化学的兴趣,强化学生的科学探究的意识,并促进学生学习方式的转变,还要培养学生的创新精神和实践能力。根据课改的基本理念,高中化学课程中的化学实验不仅是学生学习化学知识的重要路径,还是学生体验科学探究过程的重要活动;不仅是学生学习化学实验方法、形成化学实验技能的重要载体,还是提升学生创新意识和实践能力的重要路径。我国著名化学家戴安邦先生曾经说过,化学实验是培养学生化学科学素质的重要方法,其不仅可以传授知识,还可以发展学生的智力。

在长久的化学教育实践和研究中,众多的化学教育工作者花费了大量的精力进行深入且富有成效的化学实验教学改革的实践和研究,并取得了丰硕的研究成果,而且也极大地推动了化学实验教学改革的进行。受多方面原因的影响,当前中学化学实验教学被弱化的现象越来越严重,"重化学理论讲授,轻化学实验探究;重化学实验结果的呈现,轻化学实验过程的体验;重化学实验技能培训,轻化学学科素养的养成"的现象普遍存在。此外,我们深入实际的化学课堂中也不难发现,受实验设备、实验药品、实验课题和实验经费等诸多因素的限制,造成了化学实验形式单一,常以教师的演示实验为主,而且学生能够实际操作的机会和时间都很少,能够在课堂教学中进行探究性实验活动的可能就更少了。在这种现状下,学生的实验操作能力和探究能力都不能得到有效的培养。

在化学教学中实现化学实验的教育功能需要多方面的努力和改革,如先进的教育理念、科学的实验内容、必备的实验设施、合适的教学方法和合理的评价机制等。这些是正确实施化学实验教学的重要前提和基本保障。在此基础上,我们才能够确保在化学实验过程中充分发挥化学实验的教育功能。而装置简单、操作轻便和现象明显的化学微型实验就可以保障化学实验的教育功能。本书将对高中化学微型实验进行开发和应用,并提倡学生从做中学,在实验中学习化学,从而提高学生的创新能力和动手能力。

(二)开发微型化学实验是当前化学教学的需求

将高中化学教学中的部分实验以微型化的形式来处理,可以缓解学校教学资源不足的现状,尤其是对于经济条件落后、缺乏实验仪器和药品的乡村中学,这不仅大大降低了教学成本,推进了化学实验替代品的开发和应用,课堂教学实验、课外探究实验活动和家庭小实验等也都得以开展。与此同时,这也可以缓解高考升学作为学校生存指标的应试教育和教师全面提高学生科学素养的素质教育之间的矛盾。目前,高中化学课本中的实验大部分都是验证性实验,学生进行实验只是为了完成任务而重复教师的演示实验,其只是在机械地重复操作,思维并没有得到锻炼,还有不少学生根据教辅资料在不做实验的情况下也可以完成实验报告。

通过引导学生自主设计微型实验,可以使学生由过去被动接受式学习变为主动发现和探索式的学习,使多年来提倡"素质教育""创新教育""启发式教育""学生为主体、教师为主导"的教学方法得以落实。微型化学实验的开发和推广,争取让每位学生都能做实验、做探究性实验。同时,学生也是参与开发微型化学实验的主力军,在实验设计过程中学生的主体性可以得到发挥，学生在掌握化学基本原理的同时还能学会运用化学知识。在主动思考的过程中，学生的化学思维得到锻炼；在实际操作的过程中，学生的实际动手能力得以提升；在反思实验设计的过程中，学生务实的科学态度得到培养。微型化学实验的生活性可以大大激发学生的学习化学和运用化学的兴趣，鼓励学生从不同角度去搜集信息进而选取有用信息，从而促进学生综合素质的提高，这也符合新课改的培养目标。

二、课题研究的现状

（一）微型实验开发的设计与研究

1982 年，美国学者 Mayo 和 Pike 等人首次在有机化学实验中采用了 mmol 量级；1984 年，Mayo 研发的微型仪器在第 187 届美国化学年会上引起了大家的关注，随后便投入生产，并掀起了全球研究微型实验的热潮；1986 年，Mayo 等人编著的汇集了 84 个微型实验的《微型有机实验》正式出版，其基本上覆盖了大学的有机化学实验，配套实验仪器也开始批量生产并引入到教学活动中。同时，有机微型化学实验的快速发展与推广带动了如无机化学、普通化学和中学化学等领域的微型化学实验的研究与运用。1993 年，美国成立全美微型化学研究中心，并积极为各级各类学校化学教师进行微型化学实验培训，还开展国际学术交流，这有利于推动微型实验的全面快速发展。1989 年，美国化学教育杂志专门开设了由 Zippo 博士主持的微型化学实验的专栏，其正式标志了微型化学实验已经成为国际化学教育发展的重要发展趋势。

我国的微型化学实验研究是周宁怀教授赴美回国后，第一次介绍美国的微型实验研究在化学教学过程中的运用及研究，并获得了高度的重视。1989 年，大学化学教学中首次引入了微型化学实验，而我国的微型化学实验与美国不同的是不再从有机化学入手而是从无机化学开始。同年，华东师范大学和杭州师范学院带头成立了相关课题组，并正式开始对微型化学实验进行系统研究。1992 年，《微型化学实验》一书的出版对微型实验在国内的推广应用起到了重要作用。微型化学实验仪器的研制也通过国家鉴定进行批量生产，此套微型化学实验仪器包括成套的玻璃仪器，另一套是由多孔滴管和井穴板组成的塑料微型仪器，微型仪器配备相对完整，基本能满足初高中日常教学所需，而且价格低廉，绿色环保，实际可操作性强。实验仪器装备的配备标准也将微型化学仪器列入其中。同时，化学教育大纲将微型实验列入大纲之中，要求学校进行微型实验，以完成实验教学内容。

自 20 世纪 90 年代以来，化学核心期刊中有关微型化学实验方面的论文日趋增多。1993 年，国家教委工科教学指导委员会应用化学专业将微型化学实验列入了当时的无机化学实验的教学基本要求中，从而提高了微型实验在高校化学实验中应用的普及率。随后,《无机实验化学》《无机化学实验》《无机与分析化学实验》等一系列的化学教材都列入了一些微型实验。1999 年,全国微型化学实验研究中心成立,主要负责规划协调全国微型化学实验的研究与实际应用工作,组织全国性的微型实验研讨会,并积极与国际接轨,参与开展国际学术交流。同时,我国香港、台湾地区也非常重视微型化学实验的学术交流与协作,并且 2001 年 12 月由中国微型化学实验研究中心与香港教育署发起,由香港浸会大学承办的国际微型化学研讨会在香港举行;台湾大仁技术学院方金祥教授长期研究"化学教学实验及教育制作课程",将绿色化学与微型有机实验结合,研发了一系列的微型实验仪器并得到积极推广;2004 年,我国学者齐聚齐齐哈尔市召开微型化学实验研讨会,进一步加强了我国学者的交流与协作。

(二)微型实验教学研究的现状

1. 国外的研究现状

17 世纪,捷克教育家夸美纽斯主张教学需要培养学生获取知识的能力和独立创新精神,并主张要通过亲自钻研来培养真正理解并灵活运用的习惯。18 世纪,法国著名思想家、教育家卢梭提出探究教学的思想。他主张实物教学法,让学生从各种活动中,通过自己的感官来获得直接经验,并主动探索和创造性的学习。1835 年,德国教育家第斯多惠出版《德国教师的培养指南》一书也提出用探究教学来促进儿童积极思考的启发式教学方法。到 19 世纪中叶,教育家杜威也认为,科学教育不仅是要让学生学习大量的知识,还要让学生学习科学研究的过程和方法,而且学校教育也要重视学生在"做中学"。

1995 年,由国际纯粹与应用化学联合会(IUPAC)所属的国际化学教育委员会(CTC)主席 Bradley 博士主持的微型实验在亚非地区得以推广,其目标是让每位学生都可以亲自动手做实验。21 世纪初,美国率先在中学教材中编入微型化学实验,如化学教材 *Merrill Chemistry* 所提供的化学活动中有 63% 都是应用微型化学实验技术来支持探究活动。

20 世纪 50 年代末 60 年代初,以美国为先导,为提高理科教学质量,在世界范围内展开了理科教育现代化运动。在这次教育改革运动中,探究教学的教学思想有了突飞猛进的发展。其中,美国著名科学家施瓦布教授的贡献最为显著。他指出,如果要学生学习科学的方法,那么有什么学习比通过积极地投入到探究的过程中去更好。但是,施瓦布的探究教学思想过度强调学生要像科学家一样去探究、去发现,而忽略了教师在探究过程中的指导作用。在此基础上,日本学者提出引导发现和引导探究的观点,并正确看待了教师在学生探究过程中的积极指导作用,这正是如今探究教学发展的主流方向。

20 世纪 70 年代,对探究式教与学的研究已经发展到模式建构及具体实施阶段。大量研究表明,探究性学习和实验对促进学生形成正确的科学态度和培养思维能力有明显的作用。20 世纪 80 年代以来,以探究性学习为基础重构的基础教育课程成为世界各国课程改革的突出特点,各国不仅将探究作为科学教育最重要的一种学习方式,还将探究作为课程的内容标准,即学生学习科学的重要内容。

2. 国内探究教学研究现状

我国探究教学研究起步较晚。1981 年,陕西师范大学张熊飞教授提出诱思探究教学;1982 年,广东顺德进行了以实验为基础的引导探索的教学研究;1985 年,北京四中在生物学科中进行了"以探究性实验"组织单元教学的尝试。虽然相关探究教学的改革取得了一定的成效,但并没有从根本上动摇传统教学的学习模式。近年来,在新的教育理念的影响下,随着国家课程改革的不断深入,更多人开始关注并接受探究教学,而且探究教学的相关研究也开始全面发展。1992 年,教育部颁布的《全日制普通高级中学化学教学大纲》中已经将微型化学实验作为教学任务编入实施建议中。1995 年,国家教育委员会在中学理科教学仪器配备目录中也把微型化学实验仪器列入其中。2000 年,配备的目录中又增加了塑料仪器。2001 年,我国新出台的课程标准明确强调科学探究是重要且有效的学习方式。教育部于 2003 年颁布的《普通高中化学新课程标准》也提出了开发与利用微型化学实验促进学生科学素养的培养的建议。此外,编著出版与微型化学实验有关的书籍包括《微型有机化学实验》《微型化学实验》《微型无机化学实验》《微型化学实验设计与制作》《初中微型化学实验手册》《微型化学实验与科学探究》《化学新课程中微型实验探究活动的设计》等。在高中化学各个版本的新课标教材中都列入了不少微型化学实验。化学教育专家和化学教育工作者都对微型实验课题和开发微型实验的装置进行了深入的研究。当然,在看到国家教育对探究教学的重视的同时,我们也应该清楚地看到,我国目前的探究教学更多的还是侧重实验方面,缺乏系统的理论指导,而且有关的科学探究还需要更深入的探索。

从整体上来看,虽然我国教育工作者在微型化学实验方面的研究颇多,但大多都缺少一个系统的表达。高中化学微型实验的实例中所列举的实验还存在许多不完善之处。从文献上看,我国主要是对高中典型活泼金属与典型活泼非金属这一类典型无机定性实验的研究较多,而对两性金属和原电池等原理并没有过多涉及。那么,如何转变社会观念,处理好探究教学与传统教学的关系;如何在实际教学过程中进行更为行之有效的探究教学;如何让学生家长接受探究教学对学生乃至整个社会带来的长远影响;如何更为深入地进行探究教学等问题都是我国目前进行探究教学所需要思考和学习的。

第二节　高中化学微型实验开发与设计的理论研究

一、高中化学微型实验的内涵及特点

（一）化学微型实验的内涵

微型化学实验是在微型化的仪器装置中进行的化学实验，其实际用量比对应的常规实验节约90%以上，可以达到准确、明显、安全、方便和防止环境污染等目的，也正是因为其所用试剂非常少，从而极大地减少了实验所产生的废气、废液和废物，这也是可持续发展战略在化学实验中的具体体现。微型化学实验两个基本特征体现在仪器的微型化和试剂的微量化。

微型化学实验并不是简单地对常规化学实验进行缩小，而是选择在微型化条件下对整个化学实验进行重新设计与探究，以期达到用最少的用量得到最多化学信息的效果。这是在绿色化学理念和以学生发展为本的思想指导下，在微型化的条件下的化学实验的创新性变革。教师将微型化学实验置于一定的化学教学情境下，以完成教学计划和达成教学目标而展开的教育教学探究活动，简称为“化学微型实验”。

（二）化学微型实验的特点

1. 仪器的微型化

相较于常规实验来说，微型化学实验的仪器规格偏小，有着专门的微型化学实验仪器。我国自主研发出关于微型化学实验的成套玻璃仪器（微型化学制备仪）和塑料系列微型仪器（多用滴管和井穴板）等实验器材。这套仪器能替代部分常规化学试验中的试管、烧杯、离心管、试剂瓶等，单独或经组合使用可完成大学普通化学、无机化学和中学化学的许多实验，并取得良好的实验效果。

2. 试剂的微量化

微型化学实验的试剂用量少，但不同于微量化学实验。微型化学实验所涉及的领域较多，它起源于有机实验试剂的微量化，因试剂用量小对环境危害较小，后推广到无机化学实验中。微型化学实验运用了一定的微量化学技术，其实验对象和内容却远远超出了微量化学的领域。在实验内容方面，微型化学实验包括物质的制备与合成、物质性质的定性检测和定量或半定量检测等。微型化学实验的试剂用量其实并不需要一个具体的数值去限定它，重要的是相较于常规实验来说，微型化学实验最大化地减少试剂用量但仍然可

以获得准确的化学信息。

微型化学实验以它独有的特点,在节约资源、保护环境和提高实验创新性的同时也存在着一些问题。目前,我国设计研发的微型化学仪器主要以高分子材料制品为主,但器材稳定性不高(不耐高温、易与其他试剂反应),推广应用受到了阻碍。此外,微型实验由于试剂用量较小,在定量或半定量实验中可能会增大误差范围,从而让其精确度受到影响。

二、化学微型实验教学的价值

(一)有利于调动学生学习积极性,提高教学效率

微型化学实验具有用量少、操作简单、反应迅速和现象明显等特点,学生可以不惧失败而多次尝试,并从失败中获取知识,还能更好地理解知识原理,勤动脑、勤动手,从而让学生从多角度、多渠道去接受内化信息,并获得亲自获取知识的快乐感。所以,采用微型化学实验进行课堂教学,可以一改传统教学单通道的师生授受关系,让学生从被动接受到主动求知,以充分发挥学生主体、教师主导的作用,既调动了学生的求知欲,又提高了教师的教学效率。

(二)有利于改变教师的教学方式

在传统课堂上,化学实验教学常常以教师的演示实验为主,学生自己动手实验较少,探究性实验更是稀缺,这样就会导致学生课堂参与度低,降低学生的学习兴趣。微型实验轻便节约,可以大大增加学生自己动手进行实验的机会。学生通过亲手做实验,形成化学概念,理解化学原理,还能提高动手能力和观察能力。教师在化学课堂教学中使用微型化学实验不仅可以让学生的操作兴趣和感官兴趣、操作能力、创新能力和科学探究能力在不同程度上得以发展,还促进了学生科学素养的形成。

(三)有利于培养学生的创新意识和环保意识

微型化学实验的推广改变了传统化学实验对实验仪器设备的大量需求,增加了经济条件较差的地区和学校开展化学实验的机会。微型化学实验仪器代用品的开发需要学生应用所学的化学原理,从而开阔了学生的思路,极大地培养其创新思维。

三、高中化学微型实验的开发与设计原则

微型化学实验的开发和设计必须遵循一定的原则,其具体包括四个方面。

(一)科学性原则

科学性原则是指微型化学实验的设计、操作和结论都必须符合化学实际

理论和科学研究方法理论。在此过程中,教师可以培养学生实事求是和坚持不懈的科学精神。

科学性原则是微型化学实验设计的第一原则。严谨、务实的实验态度是每位研究员、教师和学生都应该在科学研究(实验)中遵守的。一个不具有科学性的实验是无效的实验,其也无法培养学生务实的科学态度和求真的科学精神。

(二)绿色化原则

绿色化实验,是指微型化学实验的设计、实施和事后处理的每一个环节都必须体现绿色化学的思想,以求在最大程度上降低对环境的污染和资源的浪费。

在化学实验中,如何保持环境不受污染和处理废弃的化学药品等问题已经引起了科学家、教育工作者和广大民众越来越多的关注,而如何从源头上阻止污染和在不影响实验效果和有效性的条件下,用最少的化学试剂进行实验,这就是我们所了解的微型化学实验了。

在大力提倡节约资源与环境保护的今天,绿色化学是科学发展的必然产物。这不仅是科学家研究的课题,也是在化学教育中必须传承的基本思想观念。绿色化学强调从源头解决污染,在最大程度上控制污染源的形成。因此,在进行微型化学实验的第一步设计实验时,我们就应渗透绿色化学思想。

(三)开放性原则

开放性原则是指高中化学微型实验活动应不拘于教材,与其他学科相联系,并深入挖掘微型化学实验活动与学生生活实际和社会实际相联系的素材,如实验方式的多元性、实验内容的社会性和实验环境的开放性等。

此外,在化学课堂教学中进行微型化学实验的过程也应该是开放的。教师应该设计开放性的微型化学实验进行探究,鼓励学生从多个角度来看待问题、分析问题和解决问题;让学生在开放的环境中大胆提出自己的见解,以发散思维、集思广益。这样不仅有利于培养学生严谨的科学态度,还对学生创新能力和交际能力有着重要的影响。

(四)学生主体性原则

学生主体性原则是指学生是微型化学实验的探究主体,高中化学微型实验教学是在尊重个体差异的基础上促进学生的全面发展。在制订实验目的、选择实验内容和进行实验操作时都需要体现学生的主体性原则。

每位学生都是独立的个体,在认知水平和身心发展能力上都有所差异,所以教师在设计实验前就应充分考虑学生的实际情况和最近发展区,以确保微型化学实验活动可以促进学生的发展。在实验操作中,教师应当充分尊重学生的主体性,为学生提供独立自主的实验空间。所以,微型化学实验不仅要注重促进学生实验技能的提升,还应关注学生在情感态度上的转变。

四、高中化学微型实验的开发与设计策略

(一)明确实验的目的

在进行实验设计之前,我们首先应该明确该微型实验要达到什么目的。无论是教师演示实验还是学生自主探究实验,其都必须要有明确的实验目的,即该实验与哪些化学教学内容密切相关,主要向学生落实哪些化学知识、哪些基本技能和哪些情感态度。

例如,在讲授“氯气制取及性质”时,我们需要让学生认识氯气的制备原理,比较氯、溴、碘单质的氧化性,并让学生认识到应该处理有毒尾气,以增强学生的环保意识。教师可以据此设计微型的氯气发生装置,以及与之联通的氯、溴和碘单质的氧化性,并比较反应的装置,当然还必须包括微型实验尾气处理装置。这样做既能保证学生看到真实鲜明的实验现象,又尽可能降低了药品的使用量和有毒气体的产生量,以全面达到实验的目的。

(二)精选合适的内容

目前,在高中化学课本中,涉及百余个化学实验,但并不是所有的实验都能被改进优化为微型化学实验。微型化学实验有它独有的特点,但也有其局限性。例如,在处理大量物料时,微型实验的优势不明显;当反应物与生成物的量太悬殊时,也不方便使用微型实验方法;在定量或半定量实验中,我们也需要对微型实验器材进行考虑。

《普通高中化学课程标准》为高中化学教师的课堂实验教学提供了大量的化学实验素材,具体如表 6-1 所列。例如,《化学 2》模块中一共提供了 16 个实验素材,其中包括物质的制备与性质、化学概念与原理两类教学实验,在教材最后一章节还提出了综合性实验活动。这些实验都可以在某种程度上实现微型化,从而服务于教学活动。

表 6-1 《化学 2》模块中涉及的主要实验

章节	主要实验
物质结构　元素周期律	钠、镁、铝与水和酸的反应 氯、硫非金属性强弱的比较 钠、钾金属性强弱的比较 氯、溴、碘单质间的置换反应

（续表）

章节	主要实验
化学反应与能量	化学反应的热效应 原电池原理 化学反应的快慢 Fe^{3+}和I的反应的限度
有机化合物	甲烷的制备与性质 乙烯的实验室制法与性质 乙醇的性质 乙酸的性质以及乙酸的醇化反应 油脂的水解 葡萄糖的性质
化学与自然资源的开发利用	铝热反应 海带中碘元素的存在验证

教材的作用在于引导学生以它所提供的范例为情境形成某种基本的观念和思想，而不是获得具体的知识结论。因此，高中化学微型实验的内容选取应根据教学目的和教学的实际情况对实验素材进行选择和加工处理。除了在培养学生基本实验操作时需要用到常规的实验仪器外，其他实验都可以进行微型化的开发。高中化学新课程正在逐渐淡化演示实验与学生实验，提倡在条件允许的情况下多让学生亲手操作。若教师可以将传统的演示实验进行微型化处理，那么演示实验就可以转化为学生亲自动手操作的探究实验，以提高学生学习化学的兴趣。例如，在比较氯、硫非金属性的强弱时，我们可以采用塑料多用滴管和井穴板来完成微型实验。高中化学微型实验的开发还依赖于教师的创新能力，挖掘具有探究性的实验素材，设计新型的实验器材。

（三）选用恰当的微型仪器

微型化学实验是在微型仪器中完成的实验，使用微型仪器是微型化学实验的基本特征。从微型化学实验出现之日起，有关微型仪器的研究便开始了。根据不同的化学内容，遵照“绿色化学”的理念，研究者设计了许多能在不同的化学研究中使用的微型仪器。这些仪器有的是常规仪器的缩小版，有的是经过全新设计和制作的；有的是用玻璃制作的，有的是由高分子材料制成的。无论其材质及造型如何，在设计的时候，任何微型仪器都体现了有效地减少资源消耗、减少或消除环境污染的“绿色化学”理念。同时，这些仪器还应具备体积精小、操作简便、价格相对低廉和循环利用等特点。

在我国学者研制的微型仪器中,由杭州师范学院周宁怀教授等人研制的高分子材料微型仪器(如图6-1所示,其中左上是六孔井穴板,右上是九孔井穴板,中下是多用滴管)在教学中应用特别广泛,主要有六孔井穴板(井穴板盖配套)和九孔井穴板、多用滴管等,具有功能多、通用性好、价格低廉等优点。

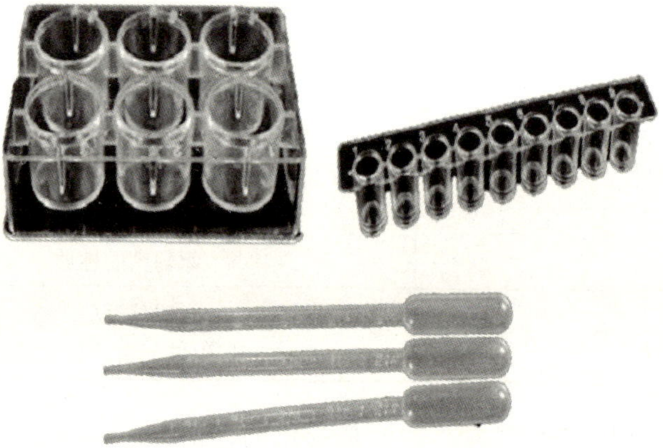

图6-1　微型化学实验仪器

井穴板具有烧杯、试管、点滴板、储液瓶、比色管等功能,各个井穴相隔较近,透光性较好,因此在做实验现象(特别是溶液或沉淀颜色)对比时,效果十分理想。反应温度不超过80℃的无机化学实验基本上都可以在井穴板的井穴中进行。另外还有配套的孔盖板,在盖子上有一长一短两根胶管,我们可用来导气和滴液,这就进一步扩充了井穴板的功能,使得在井穴中可以进行气体制备和气液反应。多用滴管可作为滴瓶、液体计量器、反应容器、储液容器和离心试管等使用。作为滴瓶使用时,多用滴管的基本用途具有一定的耐酸、耐碱性能。如果事先标定多用滴管的液滴体积,其便可以开展定量或半定量的微型化学实验。

微型化学实验有一个非常突出的特点,即使用仪器代用品。在开展微型化学实验时,实验者都会根据各个地方的实际情况来选用很多的代用品,这些代用品往往来自我们的日常生活中,有些甚至是从废弃物中得来的。使用或改进现有器材和用品,是一种既简单易行又比较经济的解决微型仪器问题的行之有效的途径,例如,青霉素瓶和注射器(其在使用之前应进行预处理)。

青霉素瓶在微型化学实验中用途很多,既可用作反应容器,又可用于储存。实际上,更重要的是它可以加热,从而弥补了高分子材料微型仪器只能用水浴加热且温度不能超过80℃的缺陷。注射器具有体积小、操作安全简单等特点，是一种优良的微型化学实验仪器。它具备取液的功能，我们可用来取用试剂；还可充当反应容器，具有封闭性与恒压性。注射器最大的优点在于它可以准确计量和控制反应量（注射器上印有精确的刻度），从而提高了微型化学实验的精准度。

除了青霉素瓶和注射器之外，我们从日常生活中还能随手可得许多代用品来进行微型化学实验，如用装藿香正气丸的塑料小瓶作试管，用吃冰激凌时的小勺作药匙，用吸管作气体导管，用肥皂盒做微型水槽，等等。

五、微型化学实验的探究教学策略

实验探究是学生发现问题、解决问题、获取知识、提高能力和加深体验的重要途径。但在实际过程中，开放性探究实验经常会受到原料的耗用量、产物的毒害性和课程时间安排等情况的影响。因此，笔者将微型实验融进课堂，用微型实验来探究化学反应原理，在节约时间和原料的基础上，最大限度地保护环境和学生的安全，并在点滴中体现环保绿色理念，这也符合可持续发展原则。例如，利用微型实验开展化学研究性学习，学生通过阅读和查阅文献等手段对化学信息进行选择、提取和应用，对实验仪器功能不断探索、对实验操作方法深入思考来获得微型实验方案，而教师则可以通过微型实验来提出问题，并让学生思考、辩论、动手操作，然后找论点、找方法，从而让学生体验“提出问题、产生反应、验证反应和获得结果”的各个阶段，并在探究中获得知识和产生成功的喜悦感。当然，在整个探究活动中，教师必须根据高中化学实验教学要求对实验进行分类，从而进行微型实验的改进，以保证实验的可操作性和安全性。

（一）利用化学课堂教学，改演示和学生实验为微型实验来进行探究教学

在高中教学过程中，演示实验是教师运用最多最广的实验操作过程。虽然演示实验可以由教师控制实验时间、实验容量，也能切实保证实验的安全性，但其也有弊病，如演示实验只有教师和前排学生能观察清楚，多数学生无法看清楚实验流程及实验现象，从而影响教学效果。这不仅不利于学生对实验现象及操作的观察和感知，还不能让学生对化学知识产生正确的理解。如果能将演示实验和学生实验改进为边讲边做的微型实验，将教师讲解与学生动手实验相结合，这样既拉近了学生与实验的距离，又能让学生更直观地观察实验的反应过程及现象，从而培养学生的观察能力和动手能力，启发学生的探究思维，进一步增强学生对化学知识的理解及掌握。如果用常规实验来进行边讲边实验的话，由于常规实验仪器体积大、装置复杂、用药量多、反应时间长等特点，不仅占用较多教学时间，还容易造成环境污染，而这些恰恰是微型实验的优势所在。微型实验仪器简单、体积小，便于

携带和操作;用药量少,不仅节约时间、药品,还能保证环境的安全。因此,充分利用微型实验来进行边讲边实验的探究教学,是化学课堂教学中实施科学探究的一条有效途径。例如,在氯气的性质这一节内容中,在没有条件进行教室或者实验室改造的学校,基本上教师都是在实验室让实验员制取了氯气后到教室进行演示氯气的性质实验,以保证学生和环境的安全。那么,如果我们将氯气的制取及性质实验转化为微型实验,使用少量的实验试剂也能直观观察到反应现象的话,学生会更愿意去探究、去深挖氯气的性质,更不会"谈氯色变"。

(二)利用社团、选修课等第二课堂进行微型化学实验的研究性学习活动

利用社团和选修课等第二课堂进行微型化学实验的主题探究活动,是基于学生自身的兴趣和需要,从已有的知识基础和生活经验出发,在教师的指导下,学生通过兴趣实验、科技实验和化学小制作来进行课堂教学的延续和补充,也是学生主动获得知识、应用知识和解决问题的学习活动。笔者所在学校的"研究性学习"已经是学校必修课程,需要学生获得相对应的学分,但"研究性学习"是不分学科和大班小班化学习的。笔者就此出发,考虑能否将社团、选修课做成课外的研究性学习,这样做不仅能使学生保持独立的持续探究的兴趣,还能获得亲身参与探究的体验,发展学生提出问题和分析的能力,并学会分享、尊重与合作,还能养成实事求是的态度。在如此多的优势冲击下,笔者通过五个阶段来进行整合微型实验的探究教学,即确定课题、制订计划、搜集资料、实验论证、总结整理和交流评价。例如,在学习钠的性质后,学生进行了扩展研究,对钠与水的反应进行了多种创新性实验装置设计。

(三)基于生活的微型实验探究活动

化学是一门最基础的自然学科。英国化学家罗伯特·波义耳说过,化学本身作为自然科学中的一个独立部分,是探索宇宙奥秘的一个方面。瑞典物理化学家阿累尼乌斯也曾说过,一切自然科学知识都是从实际生活需要中得出来的。我们每天的生活就是在跟浩瀚的化学知识打交道,化学知识的学习其实就是对生活中一些常见化学现象的理解和运用。在苏教版化学教材中,许多趣味性的家庭小实验都是学生亲自动手操作的,这样既可以巩固教材上所学的知识,又可以摆脱学校由于仪器设备等因素的限制。教师放手让学生去想、去探究、去动手实验,并引导鼓励学生利用生活中的小物品进行微型实验仪器和装置的改进探究,以发挥学生的想象力和探索精神。很多仪器是由学生自己改造而得的,所以学生在实验过程中也会格外地用心、细心,并努力让自己研究开花结果。

第三节　高中化学微型实验开发与设计的案例

根据实验应用的场所,笔者将高中化学微型实验分为课堂教学类、课外研究性学习类和生活类。本书分别对这三类化学微型实验进行了开发与设计。

一、课堂教学类化学微型实验设计案例

课堂教学实验是高中化学课堂教学的重要组成部分,其对于学生形成化学概念、理解化学原理和认识化学现象具有不可替代的教学功能。根据教学内容,我们可以将化学教学实验分为基本操作实验、元素化合物性质和制备实验、形成化学概念与基本理论实验和实际生活生产实验四类。其中,基本操作实验培养学生基本的化学实验方法和技能,实际生活生产实验涉及大型的化工仪器,这两类实验不宜将其微型化。而在元素化合物性质和制备实验、形成化学概念与基本理论实验这两类实验中,微型化学实验较为流行。不少专家学者和一线教师都在对这两类实验进行微型优化和改进。例如,在对氯水成分进行探究时,我们可以利用青霉素瓶和井穴板等微型仪器将试剂用量减少,以避免过多的氯气对环境造成污染。下面,笔者以具体的案例来对此进行说明。

(一)氯气的制取及性质实验

【实验目标】

1. 认识氯气的制备原理
2. 比较氯、溴、碘单质的氧化性
3. 通过对尾气的处理来培养学生的环保意识

【实验原理】

氯气的制取可以选用强氧化剂与浓盐酸发生氧化还原反应制得。氯气具有氧化性,可以将溴化钠和碘化钾还原生成溴单质和碘单质。

【实验用品】

药品:高锰酸钾(固体)、浓盐酸、干花瓣、鲜花瓣、NaBr 溶液、KI 溶液、NaOH 溶液。

用具:六孔井穴板、多用滴管。

【探究情境】

在净水过程中,我们会通入氯气杀菌消毒;在生活中,我们会用到红药水和碘酒对伤口进行杀菌消毒。这都是因为氯、溴和碘单质都具有氧化性。那么,它们的氧化性如何呢?

【实验探究】

首先,取六孔井穴板,向 1#孔穴中加入高锰酸钾固体,在针筒中吸入浓盐酸,装在 1#孔上,在 2#孔穴中放入一片干花瓣和一片鲜花瓣,再在 3#～5#孔穴中分别加入 NaBr 溶液、KI 溶液、NaOH 溶液(尾气处理)。用输液管把孔穴连接好,具体如图 6－2 所示。

然后,将针筒中的浓盐酸压入孔穴中,观察鲜花和干花的颜色变化和溴化钠溶液、碘化钾溶液的颜色变化。

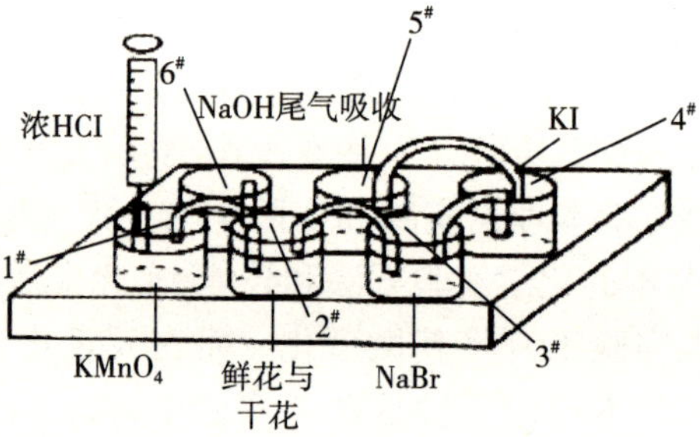

图 6－2　氯气实验装置

【讨论交流】

1. 氯气的制取可选用哪些实验室常见药品

2. 花瓣褪色是因为氯水具有漂白性,还是次氯酸具有漂白性

【案例分析】

氯气的制取与性质探究可以用于"氯、溴、碘及其化合物"的课堂教学中。氯气是一种有刺激性气味且对环境存在严重污染的气体。本案例的探究过程设计充分体现了"绿色化学"的思想。此类实验主要使用微型仪器,不但减少了药品的使用量,而且现象明显;不但不会存在氯气泄漏的问题,而且应用极少量的试剂几乎把氯气的所有性质实验都做完,节省了资源,最后设计了一个尾气处理装置,尽可能减少实验过程所带来的污染,最终实现了对实验的优化。

(二)乙炔的制取及其性质实验

【微型实验过程】

取六孔井穴板,向 1#孔穴中加入电石,在针筒中吸入蒸馏水,装在 1#孔穴上,在 2#～4#孔穴中分别加入 NaOH 溶液、酸性高锰酸钾溶液、溴水溶液,在 5#孔穴的盖上接上针头。用输液管把孔穴连接好。将针筒中的蒸馏水压入孔穴中,观察溴水和高锰酸钾溶液的颜色变化;在 5#孔穴所接的针头上点燃气体,观察火焰颜色,具体如图 6－3 所示。

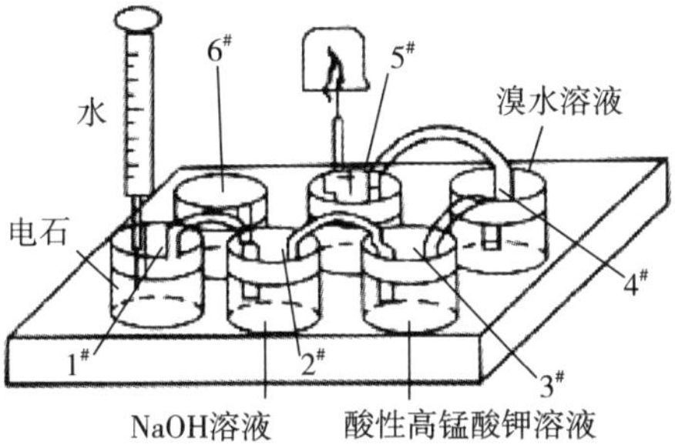

图 6－3　制取乙炔的实验装置

（三）自制“银镜”

【实验目标】

1. 理解银镜反应的基本原理

2. 了解工业上制镜和制造保温瓶胆的有关知识

3. 通过银镜反应实验来增强实验的设计及对实验条件的控制能力

4. 意识到化学在促进人类社会发展中的作用，并体验化学与生活的联系

【实验原理】

含有还原性基团醛基的物质（如乙醛、葡萄糖）容易被弱氧化剂（如银氨溶液）氧化生成酸，同时析出银。在工业上，通常利用这一原理制镜或保温瓶胆。

【实验用品】

药品：质量分数为 2% 的硝酸银溶液、质量分数为 2% 稀氨水、乙醛、葡萄糖溶液和稀硝酸。

用具：微型试管 2 支、酒精灯、多用滴管、小烧杯、温度计和注射针头。

【探究情境】

在我们的日常生活中经常会用到保温瓶来储存开水，细心的学生会发现保温瓶的瓶胆表面是光泽的镜面，当这层物质脱落后，保温瓶的保温效果就会大大减弱。这层闪光发亮的物质到底是什么呢？它是如何制得的呢？

【实验探究】

取 2 支洁净的微型试管，用多用滴管向其中加入 5 滴浓度为 2% 的 $AgNO_3$ 溶液，然后一边逐滴加入浓度为 2% 的稀氨水，一边摇动，直到白色沉淀刚好溶解后，继续滴加半滴稀氨水，往其中一支加入乙醛 2 滴，另一支加入 2 滴葡萄糖溶液，振荡摇匀后置于 70℃ 水浴中温热几分钟，然后观察现象。在反应完成后滴加两滴稀硝酸进行溶解，并回收废液。

【讨论交流】

1. 在实验中为什么不能用明火加热

2. 如果白色沉淀没完全溶解就加热,估计会有什么现象发生

3. 观察水银是涂在瓶胆的哪个部位,为什么不能直接涂在瓶胆的内壁上

【案例分析】

银镜反应是在高中化学《有机化学基础》模块中学习醛类性质的一个重要学习内容,它对学生理解醛类物质的还原性有着极为重要的作用。银镜的制作也是一项与日常生活联系较为紧密的生产工艺。通过“自制银镜”这一探究活动,不仅可以帮助学生理解醛类物质的化学性质,了解工业上制银镜的基本原理,体验其基本的过程,还可以使学生将所学的化学知识与生产生活紧密联系起来,从而提高学生学习化学的兴趣,增强学生实验动手能力和知识综合运用能力。此实验的关键是银氨溶液的配置,氨水的用量要控制好,而在常规实验中,氨水容易过量,从而导致实验失败。微型实验仪器中的多用滴管一般是50~70滴/毫升,能够较常规实验更好地控制氨水的用量。

(四)蛋白质的变性条件

【实验目标】

1. 通过实验探究,了解鸡蛋清的主要成分为蛋白质,知道蛋白质变性的某些条件

2. 让学生认识到日常生活中的许多物质或现象都是具有探究价值的,还要训练学生的问题意识,并让学生初步形成从熟悉的社会生活中发现化学问题的意识

【实验原理】

蛋白质变性学说:我国著名的现代生物化学先驱吴宪(1893—1959)在1929年波士顿召开的第13届国际生理学会上提出了蛋白质变性学说,该学说认为天然大分子不是一条长的直链而是紧密的结构;这种结构是除肽键之外的其他键,将肽链的不同部分连接而形成的,所以容易被物理及化学的力所破坏,即从有规则的折叠排列形式变成不规则及松散的形式。

影响蛋白质变性的因素:温度、pH值、重金属盐、有机溶剂与尿素和一些去垢剂均能使蛋白质发生变性。

【实验用品】

药品:鸡蛋清、食盐、水、盐酸、NaOH溶液、$CuSO_4$溶液和丙酮。

用具:青霉素瓶2个、六孔井穴板、多用滴管、小烧杯、玻璃棒、微型酒精灯、火柴、石棉网和支架。

【探究情境】

鸡蛋是我们日常生活中司空见惯的一种食品,是人体重要的营养源。儿

童和青少年差不多每天都通过吃鸡蛋来补充生长发育所需要的一些营养物质。我们常吃的熟鸡蛋的蛋清是白色固体，而生鸡蛋的蛋清却是液态的，那么到底是什么原因能使蛋清由液态变成固态呢？

【实验探究】

根据蛋白质变性的原理和材料准备的情况设计实验过程，具体装置如图6－4所示。

1. 取5mL鸡蛋清，加入些许食盐，再加入约20mL蒸馏水，用玻璃棒轻轻搅拌

2. 吸取少量蛋清滴在六孔井穴板的1#～3#井穴中和两个青霉素瓶中

3. 将一个装有鸡蛋清液的青霉素瓶加热（最好是水浴）；再在另一个青霉素瓶中加入丙酮，在六孔井穴板的1#～3#井穴中分别加入盐酸、NaOH溶液和$CuSO_4$溶液

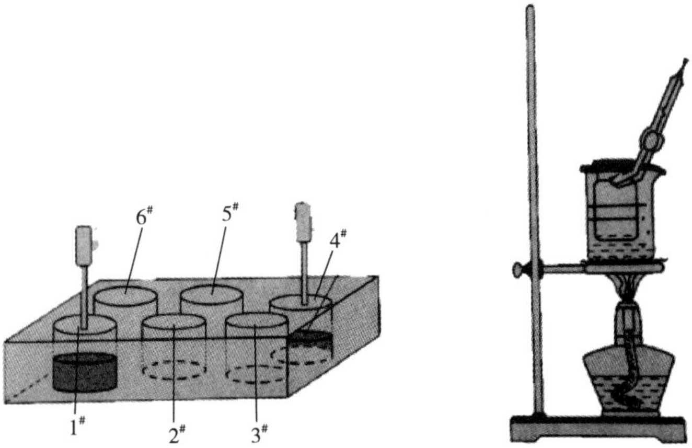

图6－4　反应装置

观察、记录实验现象，表6－2为实验现象记录表。

表6－2　实验现象记录

项目	1#井穴	2#井穴	3#井穴	青霉素瓶1	青霉素瓶2
操作	加入盐酸	加入NaOH溶液	$CuSO_4$溶液	加入丙酮	水浴加热
实验现象					

【讨论交流】

1. 重金属盐和甲醛等物质能使人畜中毒的原因

2. 有人说，当发生重金属盐中毒时服用生鸡蛋的蛋清能解毒，这是否有

科学依据

【案例分析】

对蛋白质变性条件的探究是学习蛋白质和氨基酸时的一个重要内容。本实验选择了日常生活中随处可见的鸡蛋来进行探究,不仅激发了学生的探究兴趣,还有利于加深学生对化学与社会生活的密切关系的认识。同时,在探究的过程中,我们应尽可能与日常生活结合起来。在情境创设中,我们可以结合一些生活中常见的事实,从这些常见的事实中提出疑问,以激发学生探究的兴趣,还可以使学生学习如何从我们熟悉的日常生活中提出有价值的探究性问题。在本实验中,我们所采用的是多用滴管、六孔井穴板和青霉素瓶等一类常用的微型实验器材,在探究的过程中,学生一些基本的微型化学实验技能会有所提高。

二、课外研究性学习类化学微型实验设计案例

课外研究性学习是指在教师引导下,基于学生的学习兴趣和探究欲望而展开的,是以学生为核心的一种自主探究和体验过程的综合性学习活动,它可以使学生在已有的经验基础之上对知识进行综合应用,从而解决生活和社会实际的相关问题。所以,教师要让学生探究整个问题解决的过程,并从问题的表征、资料的收集、假设的提出到问题的最终解决都要求学生积极参与,还要求学生自己确定问题的含义,并根据问题的条件来确定要收集的资料,设计问题解决的假设,然后再由自己验证假设,并以书面形式呈现问题解决的成果。学生可以利用社团或课外活动时间对化学问题进行探索与讨论。在课题探究过程中,学生不仅对课题内容有了自己的理解,其合作能力和交流表达能力也得到了强化。例如,在新课“钠”的教学中,钠与水反应生成氢气一般都由教师做演示实验完成。在社团活动时间,学生就可以自行设计收集气体的装置并检验是何种气体。其中,化学实验在课外研究性学习的问题解决中担任着重要角色。

由于试剂的微量化和微型仪器的安全性,教师可以放手让学生自主操作,以激发学生的探究欲望。课外研究性学习类微型化学实验探究活动通常会涉及不同学科知识,并且可以将不同类型的活动形式组合形成一个主题实验活动,这属于综合性活动实验。综合性活动实验中的“情境”需包含与所学化学知识有关的社会文化背景,在这样的背景中学生能够主动地建构知识的意义,并围绕某一主题(化学反应中的光和热、化学平衡原理等)或事物(牛奶、漂白粉等)开展系列活动。此类综合性的微型化学实验探究活动对于学生科学素养的形成有着重要的意义,而且学生可以涉猎不同学科知识并将其综合运用,从而让学生形成开阔的视野和正确的科学观念。

(一)"烟酒不分家"的危害

【实验目标】

1. 了解香烟中的有毒物质

2. 学会通过设计实验检验香烟中的一些有毒物质并探究其对人体的危害

3. 体验科学探究的过程

4. 通过对香烟烟雾中有毒物质的检验,让学生认识到吸烟对人体的危害,以增强健康意识、卫生意识和环保意识

【实验原理】

香烟烟雾中含有2000多种有毒物质,其中致癌的有40多种。香烟烟雾中的尼古丁、醛类和CO等有毒物质含量较高,对人体危害很大。尼古丁易被酒精吸收,并随酒精进入人体血液中,使血液变成褐色;CO与人体血液中的血红蛋白结合成一氧化碳血红蛋白,使血液失去输氧能力,让血液颜色变成暗红色或深褐色,并导致人体各器官、组织缺氧,从而造成中毒。此外,尼古丁可与$HgCl_2$溶液生成白色沉淀。

【实验用品】

药品:95%酒精、鲜鸡血(或其他动物血)、浓度为0.1mol/L的$HgCl_2$溶液、蒸馏水、香烟(或烟叶)。

用具:六孔井穴板、九孔井穴板、尖嘴玻璃管、洗耳球、胶管和多用滴管。

【探究情境】

研究资料表明,口腔癌有70%与同时吸烟和喝酒有关。还有调查表明,喝酒又抽烟的人致癌的概率比单独喝酒或抽烟的人高15倍。所以,医生经常提醒"烟民"在喝酒时不要抽烟。你知道这是为什么吗?

【实验探究】

1. 分别在4#、5#、6#、3#井穴中注入2~3mL的血液、血液+酒精(1∶1)、蒸馏水、蒸馏水+酒精(1∶1),然后用细乳胶管将4#、5#、6#、3#井穴连接起来,其装置如图6-5所示

2. 将点燃的香烟插入尖嘴玻璃管中,并将玻璃管尖嘴用细乳胶管连接固定在4#井穴盖长导管上,用洗耳球在3#井穴板盖上的短管口缓慢吸气,注意观察并记录实验现象和此时香烟的消耗量

3. 取4~5滴3#中实验后的酒精溶液于九孔井穴板中,再滴加几滴0.1mol/L的$HgCl_2$溶液,然后观察现象

4. 将已抽过的香烟过滤嘴分别投入2mL蒸馏水和95%酒精中,观察现象,然后分别取这两种溶液,滴加几滴0.1mol/L的$HgCl_2$溶液来观察现象

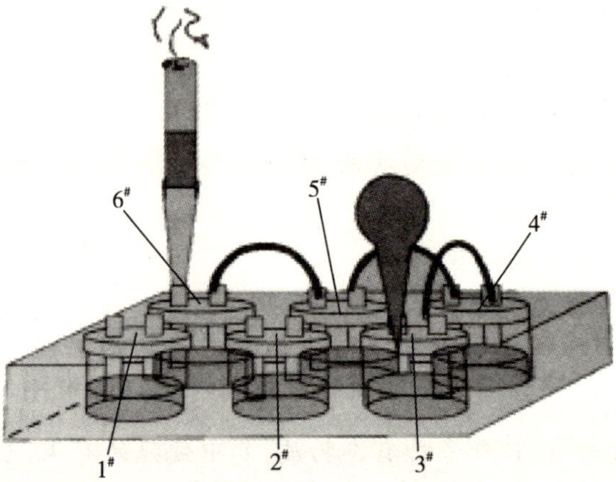

图6-5　反应装置

【讨论交流】

1. 还可以用什么方法检验香烟烟雾中含 CO

2. 在香烟烟雾中还含有其他什么有害物质

【案例分析】

本实验的选题来自生活中常见的事例,烟和酒作为生活中最为常见的两种影响健康的物质,我们以此作为探究对象来培养学生学会从生活中发现问题,运用化学的思维去思考问题,并利用常见的仪器和药品去探究问题。1 支香烟的尼古丁含量并不多,若以常规实验,我们需要燃烧大量香烟,否则实验现象并不明显。微型化学实验的实验器材容器和导管微小,有效地提高了尼古丁的浓度。在进行实验探究的过程中,学生不仅掌握了控制变量法的科学研究方法,还能从实验现象中观察到烟酒中有害物质的含量,从而让学生直观地明白烟酒的危害。而常见实验用品的使用还可以让学生将自己的科学猜想化为实际行动,从而在实验中验证自己的科学猜想。

(二)硫酸型酸雨的形成及危害

【实验目标】

1. 通过探究活动初步了解硫酸型酸雨形成的过程,并了解导致硫酸型酸雨的原因

2. 加深对酸雨的危害的认识,并进一步提高学生环境保护的意识

【实验原理】

酸雨是近代工业发展的产物,它一般包括硫酸型酸雨和硝酸型酸雨两种。含硫物质放出 SO_2,同时燃烧产生的高温使空气的部分成分发生化学变化,让氧气与氮气化合,产生酸性气体 NO_x,这些气体在高空中被雨雪冲刷,并

溶解在雨雪中。当 pH 值小于 5.6 时便形成酸雨或酸雪，在某些高山地区还可能形成酸雾。

酸雨的危害极大，它对农业、渔业、林业、建筑、文物和我们的日常生活都有影响。它可以使土壤、农田酸化，从而造成农作物大面积减产；可以使水体酸化，造成鱼类死亡，水生生物种群减少；可以使森林退化，树木大量枯死；可以使建筑物、桥梁损坏；可以使文物面目全非。目前，酸雨已经成为三大全球性问题之一，引起了各国的高度重视。

【实验用品】

药品：硫粉、氧气、品红溶液、浮萍和水。

用具：青霉素瓶（带盖）、微型燃烧匙、微型集气瓶（或青霉素瓶）、注射器（带针头）、玻璃棒、精密 pH 试纸和标准比色卡。

【探究情境】

目前，各国都受到了来自酸雨的威胁，也都在关注有关酸雨治理的问题。那么，给人类带来这么大危害的酸雨究竟是什么东西呢？它需要经过怎样的过程才能形成？它到底会给我们的生活带来怎样的影响呢？硫燃烧产生的二氧化硫溶于水形成的亚硫酸（硫酸型酸雨）将会对植物的生长产生怎样的影响呢？

【实验探究】

1. 取少量（约 0.5g）硫粉于微型燃烧匙上，然后将燃烧匙放在酒精灯火焰上加热，观察燃烧匙中硫粉的状态；此时再将燃烧着的燃烧匙伸入装有氧气的集气瓶（可用 100mL 盐水瓶代替）中来观察实验现象

2. 用一支小注射器抽取约 0.5mL 品红溶液，再抽取约 3mL 二氧化硫气体，轻微振荡，观察品红是否褪色

3. 再用小注射器吸取 15～20mL 的水，并将其注入装有二氧化硫气体的微型集气瓶（可用青霉素瓶代替）中，振荡，使气体和水充分混合，用玻璃棒蘸取少量的二氧化硫水溶液在精密 pH 试纸上，对照标准比色卡读出溶液的 pH 值，看是否小于 5.6；若 pH 值小于 5.6，则可将这种溶液作为“酸雨”

4. 取 5 棵浮萍，将其置入于上步反应所得的溶液中；另外再取同样的 5 棵浮萍，将其置入于装有水的同样大小的容器中；然后再将两个装有浮萍的瓶子置于阴凉的地方，3～5 天后仔细观察，比较两个瓶子中浮萍的生长情况

5. 再用上述方法制取少量“酸雨”，将其撒于光亮的铁皮、大理石上，2～3 天后观察实验现象；再撒一些到土壤中，测定土壤的 pH 值，并和没有撒此液体的土壤进行比较，并把现象记录在如表 6－3 所示的实验现象记录表中

表6-3 实验现象记录

与酸雨接触的物质	浮萍	光亮的铁皮	大理石	土壤
现象				

【讨论交流】

1. 检测所在城市的雨水酸碱度,并展开调查,看看哪些地方雨水的酸性较大,哪些地方雨水的酸性较小

2. 在调查的基础上,就科技、工业生产与环境之间的关系问题提出一些如何协调发展的看法

【案例分析】

此案例是以全球性的环保问题——酸雨为内容展开探究的。该案例最大的特色在于将社会生活中的环境保护问题与化学知识紧密结合起来。同时,这种涉及社会生活多个方面的内容的探究对提高学生化学学习的兴趣和激发学生探究的热情都会起到很好的效果。在问题情境创设中,教师通过展示大量有关酸雨危害的图片等方式,不仅可以极大地激发学生的探究兴趣,还能使学生逐渐增强使命感和责任感。

(三)护城河水的检测

【实验目标】

1. 了解BOD的检测原理

2. 了解高铁酸钾的性质及其应用

3. 了解水样检测的方法,并比较不同试剂对污水治理的效果差异,从而选择最佳试剂

【实验原理】

BOD是水中有机物等需氧污染物质含量的一个综合指标,用来说明水中有机物由于微生物的生化作用进行氧化分解,使其无机化或气体化时所消耗水中溶解氧的总数量。其值越高,说明水中有机污染物质越多,污染也就越严重。因为污水中含有硫化氢等还原性物质,所以我们可以利用氧化还原反应来治理污染。

【实验用品】

药品:污水水样和高铁酸钾溶液。

用具:青霉素瓶、针筒和激光笔。

【探究情境】

在治理水污染之前,我们需要通过水质检测了解水体受污染的程度。水质检测涉及许多项目,其中有一项是有关溶解氧的测定,为何要测定溶解氧?

如何测定？报告显示水样的溶解氧为1mg/L，而自然环境中的水体溶解氧为5~10mg/L，那又是什么原因导致水样中溶解氧减少了呢？

【实验探究】

1. 取等量的污水水样在三个青霉素瓶中

2. 向1#瓶中注入5mL浓度为15%的H_2O_2溶液，向2#瓶中注入5mL高铁酸钾溶液，振荡并观察现象

【讨论交流】

1. 处理污水的方式多种多样，我们除了利用氧化还原反应的原理治理污水，还可以采用其他什么方法

2. 如何从源头上控制水污染的发生

【案例分析】

现代社会环境逐渐恶化，水体污染也日益严重。不管是对水体污染的治理，还是对污染源头的控制都与化学相关。通过实验活动，我们不仅可以利用化学解决生活问题，突出化学与生活、生产等方面的联系，还可以解读真实水样的水质检测报告，以促进学生能力的发展，并培养学生的环保意识和提升学生的核心素养。本次实验所用的高铁酸钾并不是中学实验室常见的药品，高铁酸钾与过氧化氢的反应，学生可能只在书本上见到过，那么在初次进行实验时就可能会用量过多，从而可能会引发危险。微型实验的用量小、现象明显正符合此类实验。微型实验器材的选择可以引导学生在做科学决策前必须要树立风险意识，并用实际行动诠释了绿色化学的思想。本次探究活动主要是了解污水整治的一般步骤和一些处理方法，但事后更让人值得思考的是如何在源头去控制水污染的发生。笔者认为，我们可以利用所学化学知识来为自己的生活创造一个更为洁净的环境和空间。

三、生活类化学微型实验设计案例

高中化学课程的学习在发展学生科学素养的同时，也在培养学生运用化学思维解决实际问题的能力。《普通高中化学课程标准(实验)》提到加强化学课程内容与社会生活和现代社会科技发展的联系。因此，高中化学微型实验探究活动的开展需强调从熟悉的社会环境和日常生活出发，然后通过相关的实验探究活动来让学生正确认识化学物质和理解化学变化，进而加深学生对化学这门科学的理解，以提高学生学习化学的兴趣和欲望。家庭小实验既是学生运用所学知识解决实际问题和体验科学研究的过程，也是培养学生科学素质、实践能力和创新精神、创新能力的重要实践活动。在题材选取上，我们可以从三个方面着手：第一，选取学生身边物质做实验用品，如牙膏、洗涤剂、醋、牛奶、鸡蛋等；第二，选取生活中涉及的化学现象和事件；第三，选取与

社会和环境相关的化学内容,如酸雨的模拟实验、污水的净化和指纹破案等。教师应注意引导学生对生活用品进行创新性改造,成为家庭实验的仪器。在生活中,学生可以选择与自己生活息息相关的问题进行摸索和探究。虽然没有正规的仪器设备,但绝对不会妨碍学生进行微型化学实验探究。微型实验仪器可以来源于生活中常见的物体或者对一些废物进行改造使用,这样既可以培养学生的科研兴趣,又可以提高学生的创新能力。

(一)洗涤剂使油、水混合及分离——洗涤剂去油的原理

【实验目标】

1. 通过微型化学实验,初步了解洗涤剂去油的原理,形成对洗涤过程的简单认识

2. 增强学生善于观察和思考生活中化学现象的意识

3. 通过对清除水体原油污染的探讨来增强环保意识,并初步尝试应用所学的化学知识来解决生活中的化学问题

【实验原理】

常用的洗涤剂有肥皂和合成洗涤剂,其主要成分是磷酸盐或磺酸盐。此类物质中同时包含了极性的亲水基和非极性的憎水基两类基团。所以,其既可以溶于极性的水中,又可以溶于非极性的油污中。通过摩擦和振动充分混合后,洗涤剂将油污充分乳化,分散到水中,从而脱离原有物质。

【实验用品】

药品:植物油、洗洁精和水。

用具:青霉素瓶(两个,带盖)、多用滴管(两支,一支已标定)。

【探究情境】

我们在清洗餐具时可以发现,清水往往不能将有油污的餐具清洗干净,我们通常会加入一定量的洗涤剂来保障清洗效果。在我们现代社会生活中,每个家庭都会使用洗涤剂,但大家有没有想过为什么洗涤剂会有如此神奇的功效,那么它的原理又是什么呢?

【实验探究】

1. 取两个青霉素瓶,分别在其中加入约为其体积一半的水

2. 在装水的两个青霉素瓶中用多用滴管滴入 3 ~ 4 滴植物油,盖上盖子,将瓶子充分摇动,静置约 5 分钟

3. 在其中一个青霉素瓶中用多用滴管滴入 3 ~ 4 滴洗洁精,盖上盖子,充分摇动,静置约 5 分钟

4. 将加入了洗洁精的青霉素瓶中的液体与没有加入洗洁精的青霉素瓶中的液体进行对比,观察并记录实验现象

【讨论交流】

1. 在不同的水中加入同样的洗涤剂，洗涤效果将会有些差别，我们应如何设计实验探究其洗涤效果的潜在规律

2. 原油的泄露常常给水体带来严重污染，给生态环境带来了严重威胁，我们是否可以应用有关洗涤剂去油原理来处理水面上漂浮着的各种油污，如果使用这些洗涤剂来消除这些油污，那又将会给水体带来怎么样的影响

【案例分析】

在生活中，被油污染的物品随处可见，我们也总想着能消除这些油污。对于儿童与青少年学生来说，常常会对消除油污有浓厚的兴趣。以去除油污为内容的探究活动符合了学生这一实际需要，而且会激起学生更大的求知欲，从而使他们更乐于对此问题进行探究，并就此展开联想。本实验选择了简单的实验器材，以便于学生在课后可以轻松完成。同时，在案例中设计了一个用来做对比的实验样本，便于学生通过比较来更好地建构知识。

（二）为什么护发素能护发

【实验目标】

1. 了解有关头发的一些常识

2. 通过探究知道头发最适宜的环境是弱酸性的

3. 能够解释为什么护发素能够起到保护头发的作用

4. 通过研究与生活关系紧密的课题来培养学生的探究热情和学习的积极性

【实验原理】

人体的皮肤及毛发 pH 值约为 4，而头发是一种角质化的蛋白质，也有自己的酸碱度，正常情况下呈微酸性，其 pH 值约为 4。而我们平时使用的洗发水和护发素就是根据头发的 pH 值采用不同的配方，以维持头发的酸碱平衡。洗发水的 pH 值大于头发正常的 pH 值，而护发素的 pH 值为 3 左右。在洗发时，洗发水的 pH 值大于头发正常的 pH 值，头发的 pH 值升高，表皮鳞片就会张开，这样，藏在鳞片内部的污垢得以彻底清洁。头发 pH 值升高，鳞片呈打开的状态，所以我们会感到头发有涩涩的感觉。而此时，头发也最脆弱，最容易受到损伤，因此我们需要使用护发素来使头发升高的 pH 值恢复平衡，这样头发的表皮鳞片就会闭合起来，就会变得光滑易梳，而且健康柔顺。

【实验器材】

药品：护发素；头发；pH 值为 1、4、7、10、14 的溶液（或是 pH 值相近的替代品）。

用具：六孔井穴板和放大镜。

【探究情境】

拥有一头健康、亮泽的头发无疑能给你增添不少魅力,所以了解一些头发的基本知识就显得十分必要。那么,我们为什么在用了洗发液之后还需要用护发素来保养头发呢?

【实验探究】

1. 取适量护发素,加入适量水,并加以搅拌,用 pH 试纸测量其 pH 值的大小

2. 将收集到的头发束分成均匀的 5 份

3. 将头发装入六孔井穴板,分别加入 pH 值为 1、4、7、10、14 的溶液,直至将头发浸没,并放置半个小时

4. 将头发取出,用卫生纸吸,通过使用放大镜观察头发的光泽

5. 取适量的洗发水,加入适量水,并加以搅拌,用 pH 试纸测量其 pH 值的大小,然后填写如表 6-4 所示的实验记录

表 6-4 实验记录

项目	在不同 pH 值溶液中浸泡后的现象				
	pH = 1	pH = 4	pH = 7	pH = 10	pH = 14
观察各束头发的光泽					
分别取一根头发,用两手拉直至拉断,记录拉断的难易程度					
结论					

【讨论交流】

1. 想有一头乌黑亮丽的头发,在日常生活中应该注意哪些事项

2. 护发素是否是女生的专用品,根据自身条件应该多长时间用一次护发素

【案例分析】

“从生活中走进化学,从化学进入社会”是当今化学课程改革的一个重要理念。新课改提倡学生在已有的经验基础上,在真实的生活情境中感受化学的重要性,了解化学与我们日常生活的密切关系,并运用化学思维学会分析和解决一些简单的实际问题。从学生的生活或社会情境中出发来引导学生发现和提出问题,这对激发学生的学习探究兴趣和促使学生开展积极的探究活动具有重要的意义。

基于生活的微型化学实验的设计要充分考虑学生便于取材和操作的实

际情况。因此,此类实验在设计和开发时,笔者通常都会选择常见的、便宜的生活用品和实验器材作为基本的实验用品。此案例选取日常生活必需品中的洗发水和护发素为研究对象,从酸碱性的角度探究使用护发素的作用。洗发水和护发素这一实验情境的创设可以激发学生的好奇心,通过对洗发水和护发素酸碱性的探究有利于学生从生活的角度去关注物质的酸碱度。在以微型实验为主要手段的探究活动中,学生既了解了新的知识和提高了解决问题的技能,又加深了对已学知识的理解和综合运用,同时还能训练科学方法,以获得情感态度与价值观的发展。

(三)亚硝酸钠和食盐的鉴别

【实验目标】

1. 认识亚硝酸钠的性质

2. 通过对比实验来鉴别亚硝酸钠和食盐,从而避免混淆亚硝酸钠和食盐

【实验原理】

在亚硝酸钠中,氮的化合价为+3 价,处于中间价态。因此,亚硝酸钠与强氧化性物质反应时表现出还原性。例如,亚硝酸钠与 $K_2Cr_2O_7$ 反应时,$Cr_2O_7{}^{2-}$被还原成 Cr^{3+},$K_2Cr_2O_7$ 溶液由橙色变为绿色。其离子反应方程式为:$Cr_2O_7{}^{2-}+3NO^{2-}+8H^+ = 3NO^{3-}+Cr^{3+}+4H_2O$。

【实验用品】

药品:亚硝酸钠、氯化钠、$K_2Cr_2O_7$ 酸性溶液、H_2SO_4、KI 和 $AgNO_3$。

用具:井穴板和多用滴管。

【探究情境】

亚硝酸钠俗称工业盐,其外观与食盐相似。在新闻报道中常常出现因误食工业盐而导致中毒的事情,轻者头晕、呕吐,重者腹泻、死亡。那么,我们如何揭开这位“W 性杀手”的真面目,从而消除由它造成的心理恐慌,这就是化学研究的一项任务。

【实验探究】

1. 取少量亚硝酸钠于井穴板 1# 孔穴中,少量氯化钠于 2# 孔穴

2. 向 1# 和 2# 孔穴中滴加 $K_2Cr_2O_7$ 酸性溶液,用玻璃棒搅拌,观察实验现象

3. 取少量亚硝酸钠于井穴板 3# ~5# 孔穴中,分别滴加 H_2SO_4、KI 和 $AgNO_3$ 溶液,然后观察实验现象

【讨论交流】

1. 亚硝酸钠具有不稳定性,氮元素处于+3 价,既具有氧化性又有还原性,我们如何通过亚硝酸钠的不同性质对亚硝酸钠进行鉴定

2. 亚硝酸钠会导致人体中毒,如果亚硝酸钠中毒,我们应如何解救呢

【案例分析】

亚硝酸钠和食盐的鉴别实验,简单易操作,但背后却隐藏了化学与生活的紧密关系。亚硝酸盐不是高中化学教学的重点,不便于放入课堂教学进行探究,但亚硝酸钠无论是作为建筑业中的混凝土掺和剂还是生活中常用的食品添加剂,都与我们生活紧密相关。所以,教师要鼓励学生利用经验对生活中的化学物质进行探究,培养学生利用化学思维解决生活实际问题的能力。所以,虽然 H_2SO_4、KI 和 $AgNO_3$溶液在生活中并不常见,但此类实验的探究是非常有必要的。通过实验探究亚硝酸钠的性质来鉴别亚硝酸钠和食盐,还可以唤起学生探究生活化学的欲望。

第七章　高中化学实验生活化教学研究

第一节　实验生活化教学的理论研究

一、实验生活化教学的相关概念

(一)生活

生活对我们来说很熟悉,因为我们每个人都要生活,然而生活的定义却又很广泛。笔者研究主要采用杜威和陶行知的教育教学理论对“生活”的解释。杜威对“生活”一词的解释为“生活是一种机能,其中既包括机体,又包括环境。”所以,在杜威眼中一切皆是生活。陶行知在《生利主义之职业教育》中指出生活范围之广实与教育等,在他眼中的生活并不只是普通的衣、食、住、行,也不只是谋取职业的“生利主义”,而是包罗万象的世界,即人生一切皆生活。笔者认为,生活的概念是指与人相关的日常生活、自然界、历史和社会。

(二)生活化教学

生活化教学借助“知识”这一媒介来让学生学习人类生产活动中积累下来的丰富经验和知识。生活化教学的中心是生活,其重点是知识与技能和情感态度与价值观。生活化教学是指教师将课堂知识和生活实际相融合来引导学生通过探究合作等学习方式达到课堂教学所要求的三维目标,并教会学生利用所学知识来解决生活中的实际问题,从而实现学科教学的生活化。

(三)实验生活化教学

实验生活化的教学是以生活化的方式进行的实验教学,首先是实验本身的生活化,同时其还包括实验教学过程和教学评价的生活化。在前人研究的基础上,笔者将实验生活化教学界定为“以生活为中心,以实验为基础,以三维目标为重点的教学方式”。

二、实验生活化教学的理论综述

(一)基本概念辨析

1. 情境

周青在《化学教学设计与案例分析》中对“情境”的定义进行了一定程度的总结升华,其认为,情境是与参加事件相关的整个情景、背景和环境。在这里,笔者倾向于周青老师对于“情境”的定义。

笔者通过对上述“情境”定义的梳理,将“情境”的定义总结为:情境,顾名思义,“情”即为情感,包含多方面的情绪因素,是“境”的先导,有“情”再有“境”;“境”可理解为环境、境地,是“情”的空间载体,有“境”和“情”的流露和抒发才有实际的依托。所以,“情境”中糅合多种情景,比情景有更大的容纳能力和更深层次的内涵。

2. 教学情境

周青老师认为,教学情境就是在教学过程中根据学生已有的知识结构和所处的背景来创设益于学生主客体的情境,使教学在积极的情感和美好的情境中展开,并完成对知识的构建。笔者认为,教学情境不同于教学情景,它可以贯穿在一节课的始终,但始终不可以脱离课堂主线。教学情境的创设具有目的性、趣味性和多样性,不仅融合了富有生动色彩的具体场景,还可以加入积极向上的课堂氛围。

3. 生活化教学情境

生活化教学情境,即情境中更多地融入了生活的元素。以李吉林先生的“情境教育”两者互相融合,相互借鉴陶行知先生的“生活教育”可以在某种程度上很好地诠释生活化教学情境的要义。笔者对生活化教学情境的定义为:所谓生活化教学情境,就是指在教师教学时根据教学目标与教学计划,甄选在生活中易于学生理解和接受的真实现象或问题进行重组,从而有利于学生对问题进行探究。

高中阶段的化学课程理念对化学教学联系生活做出了明确的要求。我们结合两份课程标准不难发现,“生活化教学”更确切地说是“生活化教学情境”,其在课程标准中已经予以明确的要求。学习化学的目的是为了满足实际应用的需要或者从另一个角度来说,学化学的目的是为了获得化学的学科素养。所以,创设生活化教学情境恰恰为教师培养学生的化学学科素养提供了一种行之有效的方法。

笔者曾经观摩过优秀高中化学教师的课堂教学,不难发现无论是面对初出茅庐的高一年级还是面临升学压力的高三毕业班,在课堂整体的驾驭和知识的讲解上,优秀教师或多或少地会采用生活化教学情境创设的方法。笔者通过观察学生的课堂表现发现，通过教师创设生活化教学情境，不仅可以让原本枯燥的知识点鲜活起来，让原本沉闷的课堂活跃起来，还能提高学生的学习热情。笔者较为认可这类教师的教学策略，所以笔者通过亲身实践来努力探寻行之有效的方法以供广大教师参考。

（二）理论基础

1. 建构主义理论

建构主义的思想最初来源于认知加工学说。建构主义的思想与学习相结合起始于西方国家，该学习理论的主要代表人有维果斯基、布鲁纳和皮亚杰等。建构主义学习理论的内容是如何使学生获得的知识结构通过个体与之发生交互作用而内化为认知结构，通俗来讲就是学生在学习文化知识的过程中是怎样将所学习的知识内化于学生自己的知识体系当中的。建构主义学习理论的核心可概括为“以学生为中心”。建构主义认为，人的学习过程并非是简单的“填鸭”，也不像人们所想象的只要是放进去的东西就能成功地被学生所接纳。学习不是无主动性地接受，而是个体处于一定“情境”中进行的一种能动建构的过程。在这个主动建构的过程中，教师可以利用一些表象生动、直观的外界刺激来对学生的感官施加作用，从而引起学生的联想，结合学生的个人经验和先前已有的认知，对新接受的知识予以同化，整合和重组到原有的认知图式中，这样新接受的知识在个体中就有了新的意义；若是这个同化的过程无法顺利完成，则个体会在原有的认知图式上重新进行重组和改造，以完成对新的学习材料的接受和掌握。

有关建构主义学习理论有很多关于它的基础理论，因为每个人都是一个独立的个体，都有其自身特有的思维方式，对于同样一件事物，每个人都有着不同的看法和意见，这同样也是建构主义学习理论研究的难处。认知心理学家皮亚杰认为，随着儿童的成长，其认知发展要经历图式、同化、顺应和平衡四个阶段，他认为每个人的认知发展都要经历这四个阶段，并且这四个阶段是连续发展依次进行的、顺序不可改变的。我们可以清晰地看出这就是一个学生的心智成长的过程，每个人从小到大所经历的事物都不一样，所以在学校的教学中，教师结合实际生活教学是十分必要的，这样不仅有利于学生之间的合作交流，还有利于学生的成长。布鲁纳认为，教育的主要目的是为学生提供一个现实世界的模式，学生可以借此解决生活中的一切问题。他认为学生的学习是与生活环境紧密结合的，学生习得的知识要通过在周围的环境中进行交互之后再内化为自己的知识。在这整个过程中，学生以特有的思维方式去主动融合知识，而不是怠慢、滞后地去等待别人强硬地将知识灌输给他们。

建构主义学习理论的知识观对于知识的解释为：知识不是对现实纯粹的、客观的反映，任何一种传载知识的符号系统也不是绝对真实的表征。笔者认为，对于建构主义学习理论的知识观，我们可以用哲学中一个观点将其解释为“用发展的眼光看问题”，一个时代的知识仅限于当时的环境背景，只能对当时的问题进行解释说明，仅仅是一种解决问题的方式。旧知识一定会随着社会的发展、时代的变迁和人类对事物的认识程度加深而不断重组改变。一个结论不是在所有问题中都适用的，也不是万能的，它需要在新的问题中对旧结论重新加工，在整个推陈出新的过程中培养出学生的辩证思维能力和独立性。

建构主义学习观认为，每个个体存在于社会中，虽然社会大背景相同，但个体从出生到死亡所经历的事物是各有不同的，知识是客观存在于社会中的，这样就会产生每个个体对知识的认识有所不同。因为每个人的生活环境、接受的教育、习惯和思考问题的方式都不一样，所以其在获取知识时建构在其自身内部的方式和结论就不一样。建构主义学习观强调，在学习的过程中，学生是以自己的方式建构知识体系的，在学生已经具备的知识经验之上去进行新的知识构建和新知识与旧知识的整合，所以在这个过程中学生处于主体地位，学生的选择性很大，而且学生的这种内部知识的建构是他人无法代替的。

建构主义的教学观与传统教育相比，建构主义学习理论倡导学生学习的主动性，那么对于教师的要求为：教师不再是旧时课堂的教师，教师在课堂上不再向学生灌输僵硬的知识，不能再以麻木的方式进行教学。显然，建构主义对当今教师的要求也很高，笔者在此用一句古语概括建构主义理论的教学观，即“授之以鱼不如授之以渔”。现代社会发展迅速，学生在今天学习到的内容也许明天可能就会不再适用，所以教师的任务应该是教会学生学习的能力，即便学生日后离开校园没有了教师的帮助，其也能自如地适应社会。教师是带领、监督学生学习的，所以教师要给学生营造良好的学习氛围，要多与实际生活相关联，而且要让学生在协作和合作的课堂中快乐学习，协作是教师协助学生学习，合作是指学生和学生之间建立起合作学习的关系，所以教师要让他们在合作的过程中相互学习、取长补短、相互成长，最终成为生活中独立的个体。

笔者基于以上思想认为，建构主义的主张主要体现在三个方面。

(1)关注学生的主体作用

在生活实际和课堂学习中，学生有了自己的经验。学生不再是两手空空地进入课堂，当教师在课堂之中抛出一些学生未曾谋面的问题时，学生也能依据以往经验和能力对出现的问题提出假设,从而解决认知上的冲突。在教学过程中,教师不能忽视学生的生活经验,不能在课堂上向学生机械地灌输化学知识,而是要将学生所学的化学知识和学生原有的生活经验融合起来,以诱导学生从已有的知识经验中萌发新知。此外,教师绝不能仅仅是知识的呈现者,更不应成为课堂活动中的知识权威,而是应当尊重学生对新现象的理解和想法,更应该为学生的质疑感到高兴,所以教师要做的应该是引导学生更改自己的解释,最后让学生获得新知。

(2)强调学习的迁移作用

教学目标不但要以课堂评测为目标,而且应该与学生生活实际中的目标相适应,所以教师预设的问题应该来自学生已有的知识经验,这样学生才不至于对问题产生生疏感。因此,教师设计在整合教学内容的基础上,要紧贴学生已有的经验和生活实际。此外,教师在教学过程中要鼓励学生将课堂所学知识应用在生活实际中,解决实际问题,并用自己在课堂的所学对出现在实际生活中形形色色的信息做出判断和取舍。

(3)协作建构,提倡交流合作

在化学实验教学中的教生之间和生生之间的协作是师生共同对学习实验生活现象的观察分析,以及对其提出假设并验证假设的学习过程。协作学习对学生自我体验和结果的评价和知识的习得都有着不可替代的作用。课堂协作在某种程度上是协商的意识,协商主要有内心反复商议、合理解释的自我协商,以及师生间商议、研讨和互疑的相互协作。由此可以看出,课堂的协作过程离不开课堂的交流,而交流是其必要的方式。

2. 生活教育理论

生活化教育理论的创始人为19世纪的教育家杜威。其理论主要内容可概括为:教育即生活、学校即社会和从做中学。当时,杜威的实用教育理论在整个西方国家影响非常广泛。这是因为教育与生活历来是共生的,人类的教育活动总是融于社会活动当中。中国教育家陶行知依据实际情况,并在前人的研究成果上形成了“生活教育”理论。

(1)杜威的实用主义教学理论

实用主义教育是西方现代资产阶级教育理论的一个重要思想流派,提倡教育以儿童为中心,而且师生之间要民主平等。实用主义教育思想对我国师生关系影响很大,这一思想批判传统的师道尊严,提倡以学生为中心,而且教学关系应该是教学相长,所以教师要营造民主、平等和合作的教学氛围。“教育即生活”“学校即社会”“从做中学”是杜威教育思想的集中体现。在他的教育思想里,学生的经验是教育的核心,教育不应该脱离实际生活而只在课堂中发生,教育是学生对生活经验的改造,是学生在生活中自主生长的过程,脱离生活实际的教育,学生的发展也就无从谈起。

实用主义最开始源于西方的哲学理论,从杜威的角度出发,实用主义又可以称作“经验主义”“工具主义”或“经验的实验主义”。它表明,“认识自身就是一种身体力行的行动”,而这也是杜威后续“生活教育”思想的重点所在。他反对传统学校的形式主义教育,批判传统形式的课堂教育,并且认为学生是能动的个体,有自己的思想,其应该在课堂上尽情展示自己的生命。教师在课堂上要起到引导学生学习的作用,引导学生思考并提出问题,最后配合学生解决问题得出结论,而不是我们现代的课堂中教师向学生讲授生硬的知识,而学生没有其他选择,只能全盘接受。杜威是以培养学生解决问题的能力和提高学生的综合素质为出发点的,而传统教育以学习到知识为目的,过分重视知识的积累,二者相比,显然实用主义教学思想更有长久的发展道路。

教育家杜威是实用主义教学理论的代表人之一,其将生活看作是一个自我更新前进的过程,是不断进步、不断发展的过程。杜威提倡的实用主义教育观点具体有五点。

第一,批判传统教育理论忽略儿童天性特点和社会生活不停变革的需要。这正是我们现在所说的教育要随着学生和社会的不断变化而改变的观点,笔者认为这是十分必要的。知识固然重要,可是旧时期的很多知识或思想应用对于现代社会来说意义并不大,不能带来社会的进步,所以我们只能说其具有很大的历史价值。

第二,主张教育即生活,教育即经验的不断改造,学校即社会。杜威认为,接受教育是为了未来的生活,人们在生活中都会接受教育,所以教育要与学生的实际生活相匹配。因为学校也是社会中的一部分,所以学校也是社会生活的一种形式。

第三,强调儿童中心,批判教育的重心在教师和教材上。现代课堂教育正在转变方向,其重心已经慢慢从教师和教材上转移到学生身上。以学生为课堂的主体,不仅让课堂慢慢地发出学生的声音,还让教师对学生不再是只有权威性和压制性。

第四,“从做中学”,即教育要在以学生具有的生活经验的基础上,让学生在真实的情境中去实践、探究,并重视学生的经验和兴趣,让学生在思考和动手的过程中培养主动性和创造力。

第五,杜威认为教育的整个流程是师生一起参与和合作的过程。他提倡在以学生为主体的同时,教师也要积极参与课堂活动当中,从而创造民主和谐的课堂氛围和平等的师生关系。

以上就是教育家杜威的实用主义教育理论的主要思想。我们可以看出，现代教育所提倡的教学生活化思想就是杜威先生实用主义教学思想的一种继承和延续。

(2)陶行知的“生活教育理论”

陶行知是我国伟大的教育家和实践家，他十分热爱教育，将毕生的精力都奉献给了教育。陶行知就读于哥伦比亚大学教育系，师从教育家杜威，毕业回国后为祖国教育事业的改革发展做出了杰出的贡献。

陶行知回国后看到祖国当时的教育状况十分担忧，他反对死教书、死读书，提倡“活教书”“活用书”。他将杜威的教育理论进行了改编，也就是我们今天所学习的陶行知的“生活教育理论”，他提倡教育要与学生的社会生活实践和兴趣相结合，还要与社会生产劳动相结合。

陶行知说：“生活教育是生活所原有，生活所自营且生活所必需的教育。教育的根本意义是生活之变化，生活无时不变，即生活无时不含有教育的意义。”这句话用他的生活教育理论的一个思想概括就是“生活即教育”，即生活为教育提供了素材，同时教育也是为生活服务的。“生活即教育”的思想是陶行知先生“生活教育理论”的核心，也就是说只要人类生存就必然要进行生活，生活离不开教育，同时教育也离不开生活。“生活即教育”思想，即人类的整个生存过程都是一个受教育的过程，笔者认为我们可以将其称为终身教育。

“社会即学校”的教育思想：如果说学校是社会，这显然是一个不全面的说法，因为社会的范围要比学校的范围大得多，但如果说社会即学校，这样的说法是符合实际的，人类的生活构成了整个社会，学生在学校里接受教育只是狭义的教育，而社会学校是每个人从出生到死亡必须处于其中的，所以陶行知认为社会就是学校。他要求人们在社会这个大学校中所接受的教育不仅仅是真正学校里的教育，认为社会的每一件事都是学习的机会，而且社会的每一个地方都是学习的场所。

陶行知认为，传统教育理论的教育方式单一、无趣且不灵活，针对这种现象，他提出了生活化教育理论的教学方法论——“教学做合一”。也就是说，在教学过程中，教师的教和学生的学以及学生在实际生活中如何应用要相互统一。在传统教育中，学生学习完教材中知识，只会死记硬背，不能将其自如地应用到生活中，这样的教育在现代社会中是没有意义的，其也必将会被改变或淘汰。

正如陶行知先生所言，全部的课程包括了全部的生活，即“生活教育的本质属性之一就是教育的生活性”，“真实有效的教育应该是与生活紧密联系的教育，真切、丰富的生活实际能为教育提供新的动力，反过来，与生活紧密联系的教育,也会有助于人的发展和社会的进步”。由此可以看出,陶行知的“生活教育理论”对中国教育的意义重大,他对中国的教育改革具有杰出贡献,也对中国教育与世界接轨起到极大的促进作用。

3. STS 教育理论

STS 是“Science Technique Society”的缩写,即“科学、技术和社会”。科技的繁荣为人类带来极大便利的同时,也产生了各种各样的问题,而这些问题便引发了人们深刻的思考,STS 的教育思想就应运而生。1982 年,美国 NSTA 发表了一项题为“科学、技术和社会:80 年代的科学教育”的宣言,从理论上论证和宣传了 STS 教育的目标和意义,随后 STS 教育的风潮迅速在各国教育界引起极大的反响。STS 教育以技术为纽带,将科学和社会予以联结,以科学为基座,以社会问题为导向和切入点进行科学课程的设计,不仅可以让学生对这些问题产生兴趣,还为学生进行科学课程的学习提供动力和契机。此外,STS 教育的目标既为我们的教学指明了方向,又为学生科学态度、科学理念的形成奠定了基础。

STS 教育是国际理科教育及其改革的一种指导思想。它认为,学生应当是教育教学的中心,强调在真实的社会生活情境下解决实际问题并在过程中理解“STS”的意义,把学生的课堂所学(科学)、社会(技术)和他们的生活实际(社会)紧密地联系在一起。STS 教育重视学生科学素养的培养,旨在提高学生的科学素养,培养学生的社会责任感,提高学生适应现代社会的能力。所以,STS 教育重视学科知识与生活实际的联系,并关注学生的生活需求。

STS 教育的特点为:第一,强调科学、技术和社会三者的交互作用。第二,提升学生对三者之间激发的问题的直觉。第三,可以帮助学生从伦理、价值方面审视面临的各方面问题。第四,促进学生对科学技术应用的了解。第五,培养学生决策的技能。第六,促进学生参与本地社区的活动。

STS 教育与传统教育的区别为它的落脚点不在于知识的简单传授,而在于知识的价值指向性、学生的认知心理发展的阶段性、科学的前沿性、技术的实用性和社会的需求性,从而为如何做更好的教育和怎样进行基于生活的高中化学情境创设提供了一个很好的导向。

4. 情境认知与学习理论

情境认知与学习理论起源甚早,20 世纪 90 年代渐成气候,并渗入到教育的各个领域之中,进而给西方的学习理论带来了一次重大的革命。情境认知与学习理论起初由“认知”与“学习”两个部分组成,伴随着研究的进一步深入,两者之间已经不再存在明显的界限。在笔者看来,其主要涵盖四个方面的内容。

第一,学习的实质性问题为讨论的首要问题。学习并非一个孤立的存在,而是可以突破社会隔膜存在的一种复杂的活动。学生是在原有知识储备层次上进行学习的,在这一过程中,教师有意识地营造氛围,让学生在恰当的情境中学习,学生的理解会更加透彻。这种双向结合进行的学习活动,不但可以突破以往学生孤立学习的局限性,而且学生可以通过自我建构的方式获得知识,进一步促进学生对知识更高层次的学习。

第二,学习的目的和方式是探究学习本质的重要途径。学习的实质就是学生知识水平和能力水平不断充实和提高的过程。在这个过程中,学习目的是否明确、学习方式是否便捷有效就成为影响学习效果的重要因素。学习方式是学生在学习过程中运用的所有方法的总称。其正确与否,将严重影响学生达到学习预期的程度。这些学习方式的实现离不开生活化情境的创设,对如何通过与社会环境和实际生活建立更多联系以更好地实现学习目标提出了更高水平的要求。

第三,教师的作用。教师在学生已有经验的基础上,结合真实的生活场景,创设有利于学生完成对新知识建构过程的课堂情境。教师的作用已经发生了明显的转变,其主要集中在一个辅导者的角色中,不断促进学生能力的发展和素质的提高。

第四,学习环境的创设。学习环境的创设要求教师首先对教材有一个整体的把握,既立足于教材,又高于教材。其次,教师应该结合相关的学科和一定的教学情境,在情境中,积极利用各种资源与学生已有经验产生认知冲突,以充分调动学生的积极性,从而完成对新知识的获得。

情境认知与学习理论和建构主义学习理论有所契合,是一种不断完善和发展的理论,其强调以学生为本和改变传统教师主导地位的观念是值得参考和借鉴的,其也在不断促进教师教学理论水平的提高。

三、高中化学实验生活化教学遵循的原则

(一)时效性原则

对于学生来说,课堂教学是学校生活的基本形式,是学生生活的一个非常重要的生命体验,它的质量直接影响到学生的发展和成长。不可否认的是,当今许多高中生的学习压力还是非常巨大的,他们的学习动力多是提高学习成绩等外部动机。化学学科知识是学生迫切想要在课堂之中获取的,但多数教学活动对学生来说会显得乏味枯燥,此时课堂教学就会变成学生的一种负担。

笔者认为,实验生活化教学要有成效,首先就要改善学生的学习动机,提高学习兴趣:将学生的生活经验融入课堂教学中,然后通过发掘学生生活经

验这一教学资源,在课堂中引入趣味性较强的生活化实验,激发学生兴趣,活跃课堂的气氛,还能使学生喜欢上化学、乐于学习化学。其次,教师要将化学概念、原理等基础知识融入实验生活化教学中。这是因为生活化实验本身具有很强的趣味性,学生很容易被其吸引,在兴趣的驱使下学生对这些知识的记忆就会更加牢固。同时,实验生活化教学不能忽视学生的实际学习需求,否则可能的结果是学生在学习实验后除了新奇的现象之外什么也没记住,等到平常练习或测验时就会束手无策,若长此以往,学生可能就会因为在实验生活化教学中学不到东西而逐渐对其丧失兴趣。

(二)自主性原则

从皮亚杰的认知发展阶段论来看,高中生的思维方式具有一定的自主性,所以实验生活化教学应多以和学生息息相关的问题为中心,并引导学生自主思考。从艾立克森的人格发展理论来看,高中生的人格也具有自主性,所以我们要改变传统实验教学中"学生听、教师讲"的局面,要让学生自然而然地充分参与到实验问题的讨论中,而不是在教师的督促等外部压力的驱使下参与课堂活动,还要为学生创造更多参与实验的机会,要让学生在兴趣的驱使下"抢"着做实验,而不是只是担当教师演示实验的一个"小助手"。总而言之,实验生活化教学应该促进学生在实际生活中进行独立自主的探索问题。

(三)趣味性原则

趣味性原则是指教师在教学过程中要结合学生的认知规律,使实验生活化课堂教学的情境创设、内容选择和教学媒体手段等都要具有一定的趣味性。实验生活化教学的趣味性原则主要有三点:第一,趣味性原则要求教学内容具有选择性。也就是说,教师在从生活中选取实验生活化教学内容时,要结合学生的认知规律和课堂教学的实际需求,在保证所选取的生活化知识的可靠和情境中概念、原理的准确的前提下,要敢于舍弃过于繁杂的教学内容。第二,趣味性原则要求问题的预设要具有层次性,问题的设计要由表及里,首先要吸引学生的注意力,激发学生的学习兴趣,其次设计的问题要有一定的难度,学生需要经过一番思考才能解决这样的问题,但问题设计也不要太难,否则学生会对其产生无助感,从而不利于学生学习兴趣的激发。第三,趣味性原则要求教学情境应该真实有效,实验生活化教学需要在真实有效的情境中进行,倘若教学情境不够真实,教学过于形式化,很难引起学生兴趣。这是由于学生在真实有效的情境下,才能利用已有的"生活经验"来解决实际问题,而将教学情境和学生生活实际割裂开来,很容易影响学生解决实际问题能力的培养。

(四)开放性原则

教师的责任不仅仅是向学生传授科学知识,其教学活动还要着眼于学生的发展。学生不仅仅是课堂之中的学生,更是生活之中的人。课堂教学应扩展到整个社会生活中。因此,实验生活化教学遵循开放性原则主要体现在三点:第一,问题的解决要不断深化拓展,要形成“问题到结论到新问题再到新结论”的良性循环,学生的思维水平要能在这样的训练中螺旋上升,其知识结构能不断优化。第二,问题的解决要具有迁移性。高中生要有灵活处理问题的能力,能够触类旁通,还会将在课堂上处理问题的经验移植到生活中去。与此同时,他们也会将生活中处理问题的经验带入到课堂之中,从而消除课堂与生活的壁垒。第三,问题的解决要具有发散性,学生解决问题需要有开阔的眼界。就学生经验而言,学生在解决实际问题时不要局限于课堂知识,而是要结合生活经验;就学科特点而言,学生在处理实际问题时要将化学知识与其他学科知识结合起来,从而深刻理解学科知识之间的密切联系。

同时,运用开放性原则也不能忽视教师的引导作用。首先是教学时间这一客观因素的限制,若将学生放任自流,学生则很难在有限的时间内同时获取新知和训练思维方式;其次,学生的思维水平尚处于快速发展阶段,所以要充分利用教师的引导作用,以帮助学生形成科学严谨的思维方式。

(五)安全性原则

安全性原则一直以来都是化学实验教学所要遵循的一项重要的基本原则。生活化实验多是借鉴前人或自己设计而成,实验器材又多是取自生活,如果要以严格的实验规范来衡量一些生活化实验,许多生活化实验的安全性是值得商榷的。这就要求教师在实验生活化教学中,首先要精选实验内容,要尽量避免危险试剂,在实验操作过程中也要渗透实验安全意识;其次,教师在将生活化实验带进课堂之前要多“演练”几遍,将一些可能引起安全隐患的因素排除掉,力保在课堂中的生活化实验安全有效。当然,我们也不能因噎废食,教师在保证安全性的前提下还是要大胆创新,积极将书本上的实验进行生活化改进。

(六)人文性原则

在新课程理念的指导下,教师要重视对学生进行人文教育,要让学生亲身感受到化学这一门学科在现代社会文明中的作用,进而培养学生的社会责任感,提高学生对化学的认同感,培养学生的民主意识和质疑精神。人文性原则在高中化学实验生活化教学中体现在:学生应从课堂中脱离出来,独立面对现实生活中复杂的环境并能对问题做出合理的解释、判断和选择。教师在实验教学的过程中仅仅是激发学生的兴趣是不够的,而应该更加深入地发掘培养学生自我意识和科学理性的判断能力。

第二节 生活化教学情境创设与实践的可行性分析

一、高中化学生活化教学模式的基本结构

本书建立的高中化学生活化教学模式是依据生活化教育教学理论、建构主义理论、STS 教育理论等教育理论来建立一个以课程理念为导向的“从生活中来回归到生活中去”的高中化学新课程的教学模式。该模式有利于将学生生活经验迁移到高中化学知识的学习中,提高其科学素养,以及运用化学知识解决生活现实问题的能力。

(一)创设情境

创设情境就是要把高中化学知识寓于一定的情境中,让知识形成一种主动靠近学生的形态,而不是冷漠固化地等待学生艰难的探索。这就需要教师充分了解学生已有的生活经验与高中化学知识的联结点,使知识主动走向学生,让学生在悄无声息中将知识内化。

在创设情境时,教师应注意三个问题:第一,事先精准了解学生学习的“起点能力”。如果教师事先不了解其学习的“起点能力”,将学生的起点定得太高,那么学生学习知识就会吃力,教学效果差;若是将学生学习的起点定得太低,那么其学习是低效的。所以,教师创设情境的起点就是要精准地把握学生的学习起点。第二,美国心理学家奥苏伯尔认为,影响学习的唯一因素便是学生已经知道了什么。依据奥苏伯尔的观点,教师要了解掌握学生已有的生活经验,并切记不可将教师自身的生活经验同学生的生活经验混淆。第三,在展示情境方面,教师要尽量多采用现代化的教学设备,并力求使情境直观地展示在学生面前,从而使学生的直接经验直接融于情境中,最终启发学生的探究欲望。

(二)活动探究

在情境创设好以后,教师必须要用一定的具体组织形式表现出来,而这种组织形式就是活动探究。活动探究是情境的载体,是情境得以发挥作用的外显形式。德国学者彼得·科斯洛夫斯基提出,接受知识不是使本身被灌输、被社会化,而是自由地习得和自我活动。可见,学生的知识学习必须要通过一定的活动来实现。探究包括课上的实验探究、小组讨论、角色扮演,以及课外的参观和调查等。因为化学是一门以实验为基础的自然科学,所以化学

课堂上的活动探究的形式以实验探究为主。在组织实验探究的时候，教师要注意指导学生实验，强调实验的注意事项，并在保证实验的安全基础上，突出学生的主体地位，鼓励学生放开手来，让学生尽情“在做中学”。此外，化学教师在组织活动探究的时候，除突出学生的主体地位之外，还要注意课堂时间的有效利用和课堂秩序的有效把控。

（三）知识内化

想要让学生将知识内化，教师就要在活动探究中提出贴近生活且富有启发意义的问题来促进学生思考交流。研究表明，当学习的知识与其实际经验越契合，学生主动接受知识的水平就越高。教师精心创设的生活化的问题情境，与学生平时的经验相关联，学生就有了学习的内在动机，并且契合度越好，学生就越能主动、高效地学习，这也是在教学过程中挖掘生活化的化学问题的原因。

那么，教师如何精设问题来促进学生思考，并一步步将知识内化为自己的东西呢？结合自己的教育实践，笔者认为这是生活化教学模式中的难点。为了使学生在有限的教学时间中内化知识，提高教学有效性，教师要鼓励学生独立思考，并大胆地表述自己的看法。

在实际操作中，教师可采用“是什么—为什么—怎么样”这种思维导图方式来层层递进，促进学生知识逐步内化。例如，在“化学反应的速率和限度”一课中，学生知识内化经过了“知道化学反应速率是什么—为什么有的化学变化快，有的化学变化慢—怎么样控制化学反应速率”这一过程。又如，在学习“化学能与电能”一课时，学生知识内化经过了“化学能、电能是什么—为什么化学能可与电能互相转化—化学能与电能的互相转化可为人带来哪些应用”这一过程。在这一过程中，教师要注重对知识重难点的点拨，并及时做好对知识点的小结。

（四）践行生活

化学存在于我们生活的各个角落。教师应当指导学生将化学知识践行到生活实际中，让学生拥有一双善于发现化学问题的眼睛，并能解决化学问题。例如，在学习“乙酸”一课时，在探究了乙酸的化学性质以后，教师就可以跟学生叙述，如果缺钙，我们可在煮排骨的时候加些醋，这样可起到补钙的作用；喝醉酒可通过适当喝醋来解酒等。通过一定的具体实践形式可以帮助学生内化知识。

这种“从生活中来再回归到生活中去”的教学模式不仅可以促使教师关注学生的现实生活，设计教学情境，组织开展活动探究，还可以引导学生将知识逐步内化。因此，在整个教学过程中，教师既要力求突出学生的主体地位，又要符合化学新课标的基本理念。

二、高中化学生活化教学情景创设的方式

(一)故设悬疑,以疑激趣,创设生活化的导入情境

高中课程在课程衔接上与时间安排上相对来说比较紧凑,如何在快节奏的高中生活中赋予学生生动有趣的课堂氛围就显得尤为重要。例如,在讲授“碱金属”一节时,以金属钠为例,教师可列举以下案例来创设问题情境,故设悬疑,从而激发学生的学习兴趣。列举的案例为:在中国偏远地区一个小山村里,上演了一场捉鬼的戏码。有个农夫的孩子高烧不止,农夫请来神婆为孩子驱魔。神婆经过一番观察后咬定这位农夫的孩子是“中了邪”,务必立刻驱邪,这还是个怕水的“邪魔”。这位神婆作法后,声称自己降服了这只“缠上”农夫儿子的“邪魔”,之后将这只“邪魔”擒到自己带来的一个盛有水的脸盆里。水中立刻出现一个嘶嘶作响的小球在迅速游动。神婆嘴里念念有词,声称自己拥有圣水,可彻底消除“邪魔”。滴入之后,水盆中的水迅速变为红色,然后“除魔”仪式结束。试问,水面上那个“邪魔”到底是什么呢?它又有什么样的特性呢?教师通过这则悬疑小故事不仅可以引发学生对本堂课的学习兴趣,还可以使学生在教师创设的问题情境中进行探索,从而完成本节课的学习。

(二)运用现代技术手段,创设生活化教学实施的情境

以现代化的技术手段辅助创设生活化的教学实施情境,对教学大有裨益。

首先,借助多媒体技术手段,教师可以完成操作难度大、学生无法独立完成的实验演示,完成生活化的实验情境创设。在实际的化学教学过程中,有些实验可以由学生独立完成,有些操作难度大的实验(如实验容易产生剧毒气体、极易爆炸等)不宜在课堂或实验室予以演示,所以我们可以利用现代技术丰富的呈现形式达到直观、可视的目的。

然后,借助多媒体技术手段,教师可以营造真实可感的生活场景。例如,在讲授“海水制盐”一节中,教师可以通过使用多媒体课件如播放海水制盐的实际场景的录像,来让学生更加直观地感受化学知识在实际应用中的神奇之处。

最后,借助多媒体技术手段,我们可以化难为易。多媒体课件的多维度感官刺激,易于创造一种生动的课堂气氛,学生的兴趣被极大地激发出来,从而有利于对学生创造性思维的培养。例如,在化学概念原理的学习中,对于物质的微观世界等抽象知识的学习,教师可运用多媒体手段制作成课件,使抽象的知识生动具体起来,从而极大地降低了知识的难度。

（三）以生活为本源，创设生活化的实验情境

生活素材随处可见，通过对丰富多彩的生活素材加以整合，创设生活化的实验情境，不仅可以增强实验的趣味性，还可以与学生已有生活经验相结合，从而达到更好的学习效果。生活中可用的素材多种多样，如在介绍“金属及其重要化合物”一节中，在探究钠特殊的两性时，我们需要进行对照实验。在这一环节中，教师就可以选取生活中常见的导线（如铜丝、铁丝）与实验室的金属钠进行对比，所需药品简单易得，学生对选取的材料非常熟悉，比较容易得到好的教学效果。

（四）追踪社会时事热点，创设生活化的经验情境

在现代社会中，我们每个人都处于各式各样信息的环绕中。信息化时代，师生不应拘泥于校园一隅，也需要与社会时事接轨。神舟飞船发射成功这一历史性的大事件与我们的化学科学息息相关，其足以融入我们的化学课堂教学中来。例如，神舟十一号升空时的巨大火焰可以和“氧化还原反应”相结合，这不仅可以深化学习内容，还可以提高学生的民族自豪感和自信心，而且三维教学目标中的情感、态度与价值观方面也得到了很好的体验。

（五）巧用化学史进行整合，创设生活化的实验情境

在高中化学生活化教学情境创设的过程中，如果条件允许，我们可以在实验室中动手实践，从而再现化学史中的情境。

以氯气的发现为例：1774 年，舍勒在研究软锰矿的过程中，突发奇想将软锰矿与盐酸混合在一起加热，意外发现了一个奇怪的现象，两者混合后的产物是一种奇怪的气体，经测定显示这种气体的水溶液显酸性。舍勒发现这种气体的水溶液竟然能让一些有色物质永久褪色。氯气的水溶液为什么会呈现酸性，还能使有色物质褪色呢？

为此，我们可以设计实验来还原当时的案例情境，以探究其中的内在机理。具体实验如下：取三支试管，试管 1、2 中均充满氯气，试管 3 中盛有适量蒸馏水。向试管 1 中加入 2～3mL 水后，立即塞紧盖子，充分振荡，再向试管 1 和试管 3 中滴入石蕊试液，观察实验现象；将试管 3 倒立在滴有酚酞试液的氢氧化钠溶液中，轻轻振荡，认真观察。以上实验表明，氯气的水溶液呈酸性，能与氢氧化钠溶液发生反应，而且氯气溶于水后的产物对有色物质具有漂白作用。通过还原舍勒发现氯气的过程，学生不仅能够对氯气的性质有较好的理解，还能体会到化学来源于生活的道理，从而有利于学生化学科学素养的培养。

三、创设与时间中可能存在的误区

(一)教学目标:指向不清,失去意义

课堂不是一个表演的场所,它有着自己明确的教学任务和教学目标,脱离两者之外的教学情境创设都是徒劳的或无效的。生活化教学情境的创设,不应该仅仅是为了创设而创设,也不应该停留在活跃气氛的层面。笔者发现,部分教师将教学的重点放在营造活跃的课堂氛围上,忽视了对生活化教学情境实质的思考。这种误区集中表现在两个方面:一是教师的教学过于强调形式;二是生活化教学情境创设过程中对生活素材的选取不当,没有很好地完成对素材内在本质的提升和挖掘。

在生活化教学情境的创设过程中,素材的选取作为整个情境创设的线索,具有不可取代的作用,随意选取的生活素材不仅起不到教师所预期的效果,还容易抓不住课堂的重点,得不偿失。作为教师,我们应在积极创设生活化教学情境的同时,学会利用教学情境的创设更好地落实三维目标。生活化教学情境不仅可以用于活跃课堂氛围,还需要利用其作为沟通学生已有经验与新知识的便捷渠道。

(二)教学内容:内容不当,脱离真实的生活

生活世界为我们提供了各种各样的素材,为教师进行生活化教学情境创设创造了有利条件。所选取的素材贵在真实性,重在与学生的生活有着多重联系,这样才能更好地被学生接受和认可。在创设的过程中,教师有些时候难以直接选择与学生生活紧密联系的题材,为了更好地符合要求,教师有必要对所选取的素材进行一定的甄选和加工。在进行处理的过程中,我们应该力求真实,尽量避免进入过于虚化的误区。虚化具体表现在:第一,所选的素材明显不符合逻辑;第二,所选素材过于富有感情色彩,仅仅是为了满足学生的猎奇心理而任意对素材进行改造。

(三)教学方式:越俎代庖,主体错位

教师应对接受主体有明确的认识,即所面对的主体是学生,而不是教师本身。笔者在观摩优质课的过程中发现,部分教师在实践的过程中往往忽视学生先前得到的一些具体经验,而是从教师个人感知经验出发,从而导致学生对教师所提供的素材无法形成感性认识。笔者发现,教师存在两点误区:一是教师以自身的生活经验替代了学生的生活经验;二是只注重所选取的素材来自生活,并未深入考虑本地区该年龄段学生的实际生活,从而在生活素材和学生实际生活经验之间出现了断层。

（四）教学手段：喜新厌旧，盲目追求现代教育技术的应用

现代社会是一个科技迅猛发展的社会，作为新时代的教师，掌握必要的信息技术，熟练使用现代教学媒体是非常有必要的。然而，教师在应用现代教学媒体为教学进行服务的同时，有时也会陷入依赖教学媒体的误区，长此以往，教师会陷入一种“无多媒体不教学”的尴尬境地。板书作为合格教师的重要技能之一，条理清晰、字体工整美观的板书不但能给学生带来视觉上的冲击，而且彰显了教师良好的专业素质，同时也便于学生梳理课堂内容，其具有提纲挈领的作用。现代多媒体一方面给予教师便利，在另一个方面也警示教师：优秀的课堂教学并非对传统毫不留情的否定，也并非对现代技术毫无批判的接受。两者应该相辅相成，相互借鉴，这样才能相得益彰。

（五）教学过程：顾此失彼，重导入轻过程

教学过程的虚化在实际生活化教学中也经常出现。导入作为整个课堂的切入点，具有抛砖引玉的作用。一节优秀的课堂，始于一个安排得当、设计合理的开头。生活化教学是一种将化学知识与实际经验结合的教学方式，是一种贯穿整堂课的线索。然而，笔者发现部分教师出于一些功利性的目的考虑，在进行生活化教学导入的过程中投入了大量的时间，并力求营造一种活跃的课堂气氛，从而导致导入部分花费过多时间，无法给作为课堂主体的教学过程留有充裕的时间，使得设定的教学任务无法完成，顾此失彼。

（六）教学效果：事倍功半，重量不重质

生活化教学情境的创设应当具有典型性，大量的实例不如一个代表性的例子效果显著。在实际教学中，教师有些时候不能很好地理解生活化教学情境创设的根本，认为生活化的情境创设需要大量生活实例的融入才能达到良好的教学效果，忽视了该教学方式应该遵循的一条原则，即典型性原则。盲目运用的大量生活资源在一定程度上丰富了教学内容，同时也容易偏离教学目标。

第三节　高中化学实验生活化的教学策略

一、营造生活化实验情境

所谓教学情境，主要是指教师在教学过程中创设的情感氛围，也可以指整个课堂环境，包括学校内的各种硬件设施和软件设施，如教室内的各种设施布置、卫生、教师的教学技能等。营造良好的生活化教学情境必然有助于学生的学习，能够调动学生学习化学的主动性和积极性。生活中的化学大多

数是在实际生活中的应用,那么教师要想将实际生活中的应用与课本上的化学知识点相结合并引入到课堂上,就需要在课堂上创设生活中的教学情境,给学生提供类似真实的情境,并以此来激发和培养学生的问题意识,在发现问题到解决问题的过程中使学生逐渐提高综合能力,这也是化学生活化教学思想的教育目标。

营造生活化的教学情境有助于实施生活化教学理念,那么当问题出现时,教师应该怎样去创造出生活化的教学情境呢?笔者认为,教师应做到以下五点。

(一)教师的教学语言通俗易懂

考虑到高中学生的思维能力、语言运用能力和课堂的严肃性,笔者认为在进行生活化教学时,教师的语言应在贴近生活的同时又要生动形象地讲述出化学事实,从而让学生能很容易明白教师所讲述的内容,而不至于是“一头雾水”。

(二)巧妙运用故事、传说,结合化学知识营造生活化的教学情境

高中生正处于青春期的末期,这个时期学生的主动性很强,总是认为自己已经能脱离家长和教师的监护,对社会上事物的好奇心逐渐加强,而对课堂内容的兴趣一点一点在减少。学生对于枯燥的知识总是不感兴趣,如果教师在化学课堂上能将化学知识与一些故事、成语或谜语等结合在一起,相比正常的教学会大大提高教学的有效性。

例如,在学习“无机非金属材料的主角——硅”时,教师可以将神话故事《西游记》结合本节内容授课。在导入时,教师可以播放《西游记》开播的第一个画面,即孙悟空从石缝中腾空而出,学生都对《西游记》有很深的记忆,所以教师可以此来激发学生的学习兴趣,并以孙悟空从石缝中蹦出引出石头的成分。接下来便是太上老君没能成功将石猴炼化掉,以引出二氧化硅的物理性质和化学性质。最后,教师给学生设置悬疑,“孙悟空为什么会炼成火眼金睛”,从而让学生帮助太山老君设计一份成功的“炼化妖猴”的计划书。教师用《西游记》中的故事情节从始至中贯穿于整堂课,其教学效果比普通的知识点讲授教学效果要好得多,但教师要正确引导学生,切忌学生只是记住了神话故事,而没真正地正确掌握知识点。

(三)与时俱进,与社会热点紧密相连营造生活化的教学情境

教学是一门艺术,但它绝非是一成不变的艺术,因为教学的内容和方式是随着社会的发展变化而有所不同的,所以教学有其独特的特点,教师的教学也必然要有变化。为了营造生活化的教学氛围,教师在教学时不能总是

用一种教学思维，在教学时可以结合当下社会的热点问题，如时下流行的事或物、民生话题等，将课堂教学与社会热点问题相结合进行教学，能使学生更有效地掌握所学习的内容，还能培养学生的思维习惯和观察意识，提升学生对社会问题的关注度。因此，教师要改变有些学生“两耳不闻窗外事，一心只读圣贤书”的现象，从而在生活化的课堂上培养学生的社会责任感和爱国热情。

(四)灵活利用教育媒体技术，创设高效的生活化教学情境

教学媒体是指教学内容的载体，是教学内容的表现形式，是师生之间传递信息的工具。它包括教师的语言、黑板、图片、教材、投影仪、幻灯片、电视机、广播和计算机等。教学媒体可以方便教师的教学，并且有助于学生的理解。

教学媒体给现代教学带来了很多的帮助，当下的课堂中很多教师采用课件的方式辅助教学，媒体课件上呈现了大量的内容，教师不用再拿起粉笔在黑板上一笔一笔地写字，这将为课堂节省了大量的时间，还能增大课堂容量。另外，教学媒体能够非常生动形象地将一些图文展示给学生，再加上一些声音的刺激，能够激发学生的学习欲望并快速地调动学生的思维。由于多媒体的种种优点，教师可以灵活利用多媒体进行教学，这样可以使学生难以理解的内容变得一目了然，将一些抽象的、教师讲不清楚的知识变得简单易懂，从而真正做到事半功倍。

例如，教师在教授“分散系及其分类——胶体”这一节课时，胶体要与溶液、浊液进行区别，而胶体的定义是分散质粒子直径为 1～100nm 的分散系。学生都知道纳米的数量级是 $1nm=10^{-9}m$，但很难在脑海中形成纳米单位大小的概念。教师可以利用多媒体课件给学生假设一幅图片，图片中用三个乒乓球的直径和地球的直径相比，这样学生会很快地在脑海中形成纳米这个单位的大小概念。

(五)利用多样化的教学内容，创设与生活息息相关的教学情境

化学的学习兴趣和学习化学的信心对学生来说是十分重要的，教师要做到将化学教材里的知识与日常生活现象灵活地结合在一起，还要做到充分了解学生，并以学生已有的生活经验为基础来扩大课堂内容的范围。所以，教师在平时教学中要做到“师师相通”，也就是教师与教师之间应该多交流学习，要灵活处理教科书，并根据实际情况来对原来的教学内容进行“深加工、深处理”，从而真正做到化学教学的生活化。

笔者认为，教师不仅要传授给学生有教育价值的知识，还要教给学生如何去实现知识的教育价值，让知识真正带来价值，发挥知识的生命力。教师

想把有价值的知识传授给学生,可是学生怎么会知道这些知识具有价值呢?对于学生来说,什么样的教育内容才更容易被他们接受呢?当然是那些生活中熟悉的内容更容易被学生接受了。所以,教师要扩大教学的内容,在以教材为上课依据的同时,要做到将教材“活化”,这里的“活化”是指与教材中的知识相关的生活中或工农业生产中的相关素材都可以成为教学的内容。教师要把教学内容转变成通俗易懂的生活中的事物来传授给学生,从而让学生真正掌握知识的本质。

例如,教师在教授二氧化硫的漂白作用时,在多媒体课件上给学生展示了一个商贩卖白包子的照片,并讲述商贩在卖包子时,在包子出蒸屉之前,会在小勺内放些硫粉点燃放入蒸屉内部,稍等片刻白白的包子就出锅了。在课堂上,教师可以反问学生,商贩此举是为什么,在学生认真思考后,教师再将二氧化硫的漂白原理告诉学生。教师还要告诉学生,商贩的做法是错误的,硫是有毒性的,并且燃烧的产物会污染环境。在整个教学设计过程中,教师所创设的情境是学生很熟悉的,学生不仅学习了知识点,还知道了不法商贩的违规做法,并懂得了运用在课堂学习的知识来保护自己,从而让教师完美地做到了在课堂中对学生知识与技能、过程与方法、情感态度与价值观这三方面学习目标的教育。

拓宽教育内容有利于学生知识的丰富,当然并不是所有与课堂知识相关的生活中的事物都可以教授给学生,所以教师在选材时应该慎重再慎重、把好关、备好课,并正确引导学生将知识与日常生活相结合,从而在轻松快乐的课堂中收获更多的价值。

二、高中化学实验生活化的教学策略

在实际教学中,由于各种因素的影响,实验生活化教学实施起来有一定的阻力。笔者通过实际教学经验并结合前人的研究成果认为,有效实施实验生活化教学的策略主要有五个方面。

(一)实验内容生活化

教师应该充分利用生活资源对课堂上的实验进行生活化的改造。学生直接的学习还是来源于短短的45分钟的课堂,如何在有限的时间内达到理想的教学效果是一个值得教师深思的问题,笔者认为对实验进行生活化的改进应该是一个不错的途径。

第一,有些化学实验并不能很好地在课堂教学中开展,进行生活化的改进后,实验更能吸引学生的注意力,提高学生的学习兴趣,还能使实验简便易行安全可靠。例如,“氢气在氯气中燃烧”的反应,由于氯气有一定的毒性,而且氯气与氢气的比例错误的话,会引起爆炸,实验的安全性相对较低。

这个实验在课堂教学中的展示机会不大,用生活中的注射器当成氯气和氢气的反应容器后,既减少了用量,又增加了安全性,同时由于反应现象是两种气体在注射器中燃烧并发生爆炸,爆炸对学生产生的感官刺激比原来的燃烧现象更为强烈,在实际教学中,学生都被这"突如其来的事件"吸引住了。

第二,简便易行的生活化的实验有助于学生进行分组实验。例如,在探究"硫的氧化物"这一课中,用注射器作为反应容器,由于注射器具有密封性好、容量小的特点,这样就容易在同一时间实施多个探究实验。学生也就有机会亲自做实验,课堂上的积极性也就提高了。

第三,生活化资源的充分利用,还能促使学生运用课堂所学去关心社会问题。例如,在探究酸雨的形成过程时,点燃火柴来制造二氧化硫,在探究结束后,通过追寻硫元素的来源发现火柴,让学生发现环境问题不是与他们无关,还要让学生认识到现实生活中的一个小举动慢慢累计也会是一个大的环境问题。

(二)实验导入生活化

化学实验生活化教学不单单是实验生活化的教学,同时也是情境生活化的教学。学生不是孤立存在于课堂之中的个体,他们具有一定的生活经验,所以教师要善于利用学生已有的生活经验,将其与课堂教学相结合,从而让学生更加轻松地融入课堂中。

首先,教师可联系自然现象和生活实际问题来引入教学。例如,在探究硫的化合物的性质实验时,我们可以从身边环境问题——酸雨引入。教师可以让学生思考:酸雨这种现象是如何产生的,我们的日常生产生活和其有何联系,并以此为契机来引入二氧化硫转变成硫酸的探究实验。

其次,通过演示实验来引入教学。化学是一门以实验为基础的自然科学,化学教学离不开实验,化学实验是化学在教学中设置教学情境的有利因素,教师利用实验的问题情境可以调动学生学习的积极性。

再次,利用科学故事来引入教学。学生的生活还包括课堂外的历史因素。生动活泼的化学故事在吸引注意力和激发学生学习兴趣方面有着天然的优势。例如,在进行"氯气和氢气"的燃烧实验时,教师给学生简单讲解波义耳发现酸碱指示剂的化学小故事,并以此来引入"有色花瓣"这一生活化元素来检测生成的产物 HCl。教师还可以将这个故事作为课后拓展活动,即让学生了解和发现酸碱指示剂背后的故事,体悟波义耳在发现酸碱指示剂时展现出来的科研品质,了解偶然背后的必然。

最后,关注社会热点来引入教学。随着社会经济的发展,化学与人们的生活联系得越来越紧密。化学能为我们带来便利,如燃料的燃烧为我们提供能量,生活中各种化工产品方便了我们的生活;化学也会给生产生活带来诸多影响,如在学习"化学能转化成电能"时,通过"手机电池的续航能力"来引入所要学习的知识——"化学原电池"。

(三)实验探索生活化

教师可以创设生活化的问题情境来引导学生进行实验探究。例如,以酸雨的来源这一生活化的问题情境引出实验探究——酸雨的形成过程。笔者认为,实验探索生活化要注意两点。

第一,积极运用多媒体手段进行思维探究。多媒体教学与生活化并不冲突,多媒体可以将危险复杂、不易在课堂上演示的化学实验抽象化和概括化。例如,在进行氯气和金属的燃烧反应时,由于金属钠和氯气的反应较为剧烈,在实验时稍有不慎就会造成事故,在实验教学中,教师就以多媒体来代替实验;再如,在探究原电池的结构时,由于解剖原电池具有一定的危险性,在实验中也可以用多媒体来代替实验。

第二,创设和谐教学氛围,使学生乐于探究。精心营造民主平等的教学氛围、民主平等的师生关系是引发学习兴趣的前提。在实验课堂中,学生有时会对教师的提问做出"不着边际"的假设,教师应该理解、信任学生(学生没有学过的东西,提出一些貌似不合理的假设在所难免),同时还应该对此做出适时的回应,以免挫伤学生的学习积极性。不仅如此,教师还应该鼓励学生提出不同的见解,如果学生没有发表自己看法的自由,也就很难有质疑精神和创新精神。质疑精神可促使人们发现问题,而创新精神则可以促使人们进一步解决问题。例如,在进行探究氯气化学性质的实验中,教师可依据"氯水能使有色花瓣变色"这一实验现象得出"次氯酸使花瓣变色"的结论。此时,有学生就有类似的疑问"为什么一定是次氯酸使花瓣变色,氯气和水反应不是还生成了氯化氢吗",这时教师赞同并鼓励这种质疑,从而让学生进一步探究现象背后的原因。

(四)实验练习生活化

不可否认的是,学生在课堂上所获取的知识要通过各种训练才能掌握得更加扎实,而学生学习化学的最终目的也是将所学知识运用到实际生活中去。课堂作业不能只训练学生的解题技巧,让学生机械地记忆各种知识点,而是应该致力于知识的运用。生活化课堂训练要从学生的实际出发,将习题与生活实际相结合,让学生在真实的生活情境中运用自己所学的知识来发现和解决身边的问题,进而自然而然地受到创新性思维的训练,并体悟到创造的真实。

例如，在学完酸碱指示剂后，学生在实际生活中就能使用红色的花瓣等自己创作酸碱指示剂，并利用它来探究日常生活中的溶剂酸碱性；在学完原电池后，学生能利用生活中常见的物品来制造原电池；在学完二氧化硫的化学性质之后，学生能对社会生活中类似“商贩用二氧化硫熏制枸杞、银耳等”的现象做出自己的解释、判断和选择。

（五）实验延伸生活化

课堂延伸的生活化是指改变原有的课外作业只强调学科知识的训练，将课堂所学与生活实际结合，让学生在多样的课外活动中自主探究学习，以巩固学生的知识和提升学生的能力。课外拓展活动的基础应该是学生的学习兴趣，很难想象一个对化学缺乏兴趣的学生会积极主动地参与到课外活动中去，也就更不用提通过课外活动来锻炼学生的能力了。

生活化实验的延伸不单是教学课堂的延伸，它应当体现学生生活的一种状态。学生对化学的学习不应该只在课堂上，生活中的化学问题也是值得去关注的。如果学生能很好地完成课外活动，那么他的自我效能感就会得到提高，反过来就会增加课堂学习的兴趣。因此，教师布置良好的课外拓展活动就显得尤为重要了。

学生的学习绝不仅仅发生在课堂之中。生活中充满着各种教学资源（如网络资源、校本资源等），所以教师应该充分利用这些资源，将课堂训练延伸至课堂之外，让学生有机会将课堂所学和生活实际相结合，在解决实际问题的过程中提升自身的创造力，最终发展学生终身学习的能力。

第四节　高中化学实验生活化的教学案例

实验生活化教学的首要任务是实验的生活化，生活化实验的优点就是易于实施且趣味性强。笔者通过总结前人的研究发现，教师可用多种方式来对高中化学实验进行生活化的改进。

一、化学实验进行生活化改进的途径

（一）改变实验器材

化学课本上很多实验都可以进行生活化的改进，用生活中常见的物品代替一些实验器材是一个可取的方式。

例如，“喷泉实验”通常是用图7－1（a）所示的装置进行。在实验过程中，因为各种原因都会导致实验的失败，所以这个实验通常是由教师演示，学生较难亲身参与实验。

我们可以利用生活中的物品来代替实验器材,使实验的成功率提高,改进装置如图7-1(b)所示。在实验时,我们首先用手指堵住透气孔,然后将塑料瓶中的水挤进圆底烧瓶中,最后松开手指就能产生“喷泉”现象。这样的实验设计能有效避免用传统实验装置进行实验会出现的问题,即水滴不易挤入圆底烧瓶或是挤入圆底烧瓶的水不足,从而导致实验失败。

通过生活化装置的引进,实验成功率提高了,实验也更容易在课堂中进行;通过生活中的物品进行实验,也使得实验的趣味性提高了。

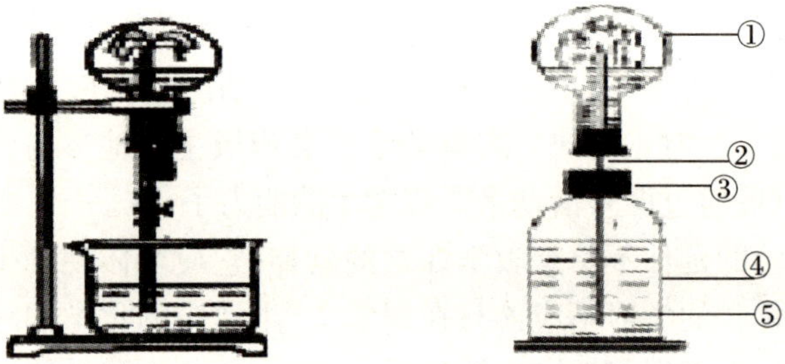

(a)　　(b)

图7-1　“喷泉实验”的实验装置

再如,氯气和氢气燃烧反应。由于H_2和Cl_2在点燃和光照的条件下均可以发生反应生成HCl,但Cl_2有毒,并有强烈的刺激性。此外,如果氯气和氢气的用量及比例控制不好,在点燃条件下此反应会容易发生爆炸,有一定的危险性,并且会污染教室环境。因为这些原因,使得这个实验走进课堂的机会很小,所以教师可以对其进行如下改进。具体实验装置如图7-2所示。

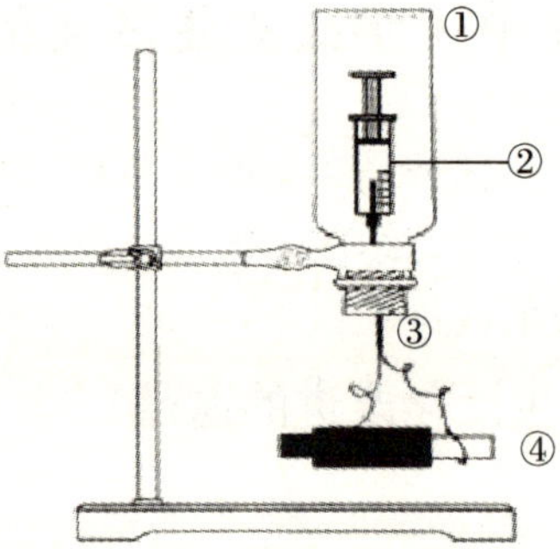

图7-2　氯气与氢气燃烧反应改进装置

其具体实验过程:课前分别制取收集一定的H_2和Cl_2备用,用黑纸将50mL一次性塑料注射器的筒身包裹住,依次吸取H_2和15mL的Cl_2,此时H_2和Cl_2在注射器中基本混合均匀。将导线(废弃的铜丝线)从注射器口插入到注射器筒内，用胶水将导线和注射器之间的缝隙密封，并按如图 7－2 固定好，再按下打火器开关。

导线和注射器的连接处密封且注射器外筒用纸包住，注射器中的氯气和氢气可以保存很久，教师在课前就能将实验准备好；药品使用量较小，对环境造成的污染较小；现象为产生爆炸，实验现象明显，在饮料瓶的保护下实验又很安全。

（二）改变实验试剂

在生活中有很多的资源能为我们所用，它们能帮助我们对课本实验进行生活化的改进，有的是很好的实验试剂替代品。例如，用玫瑰花的提取物代替传统指示剂来检测生活中的物质。图 7－3 为用玫瑰花的提取物检测“钠的重要化合物”实验的改进图。其中，图中的字母 A、B、C、D 依次代表：饱和的 NaOH 溶液、饱和的 NaCl 溶液（用食盐水代替）、饱和的 $NaHCO_3$溶液（用小苏打溶液代替）和饱和的 Na_2CO_3溶液（用苏打溶液代替）。

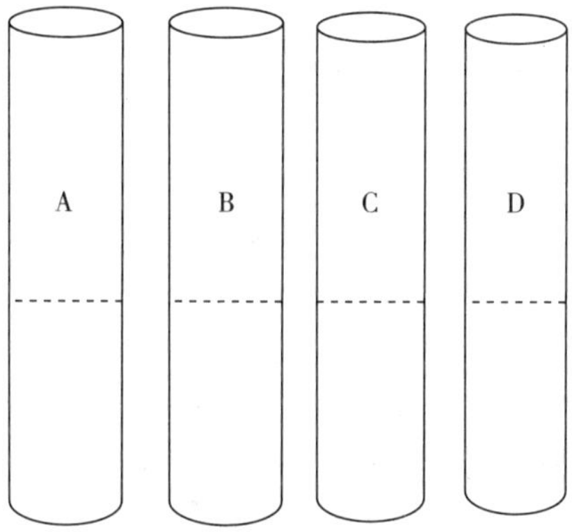

图 7－3　“钠的重要化合物的鉴别”实验改进

其具体实验过程：向 A、B、C、D 四个试管加入等量玫瑰花的提取物，再向四只试管分别逐滴加入蒸馏水，并逐渐稀释溶液。指示剂的检测范围是 pH＝1（鲜红）—桃红—pH＝7（粉红）—绿—pH＝14（橙黄），饱和食盐水的 pH 值为 7、饱和氢氧化钠溶液的 pH 值为 14。因此，将指示剂加入试管中就能直接鉴别出食盐水和氢氧化钠溶液；饱和碳酸钠的 pH 值为 10，饱和碳酸氢钠溶液的 pH 值为 8，在稀释的过程中由于碳酸氢钠溶液的 pH 值会先到 7，这样就能将这两种溶液鉴别出。

在这个实验中，用玫瑰花的提取物代替指示剂，用生活中的食盐水代替氯化钠溶液、小苏打溶液代替碳酸氢钠溶液、苏打溶液代替碳酸钠溶液，通过利用生活中常见的物品来对课本实验进行生活化的改进。

又如,在探究化学能是如何转化成电能的实验(原电池的组成)时,我们也能通过生活中的一些物品对该实验进行改进。其实验装置如图 7-4 所示。

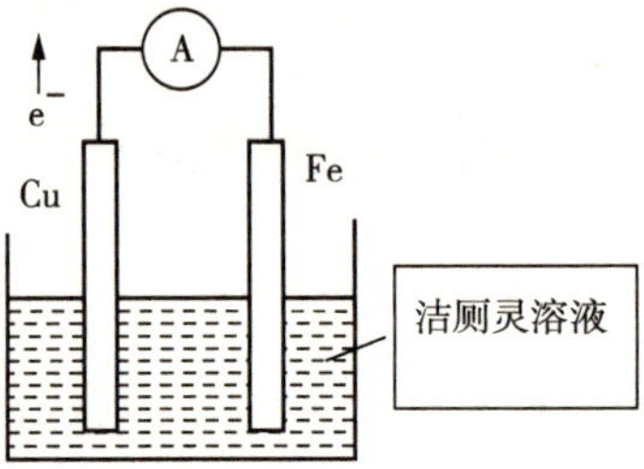

图 7-4　原电池生活化实验改进

其具体实验过程:首先,将铜丝圈(采用铜丝圈的原因是能加快反应的速率)放入到洁厕灵溶液中,发现没有明显变化;然后,将铁片放入洁厕灵溶液中,发现铁片会在溶液中溶解,表面有气泡产生(洁厕灵的主要成分是氯化氢);最后,将铁片和铜丝圈放入洁厕灵溶液中,并依据上图组成一个闭合回路,发现电流表指针发生偏转、铜丝圈表面有气泡产生、铁片周围还是有气泡产生,但比第二步中产生的气泡要少(只有部分的铁参与了原电池的电极反应,部分铁片还是直接与洁厕灵中的氯化氢发生反应)。

在这个实验中,用含有氯化氢的洁厕灵代替电解质溶液,用废旧铜丝和铁片代替原电池的电极。通过试剂的替换使这个实验更加贴近生活。同时,这个实验也是一个很好的课后拓展素材,即学生还可以利用生活中的其他酸性液体来代替原电池中的电解质溶液,如食醋、84 消毒液等,也可以用其他物品代替原电池的电极材料,如碳棒、铝片、锌片等。

(三)改变实验方法

实验方式生活化,就是引导学生学会探究身边事物背后的化学问题,引导学生从实验的角度思考和分析生活经验。例如在关于“硫的化合物性质”的教学中,因为身边的环境问题——酸雨和硫的化合物息息相关,所以教师可以以酸雨为问题,然后通过实验的方式来探究酸雨形成的过程,使学生在实验探究的过程中学习硫的化合物性质。其具体实验装置如图 7-5 所示。

其具体实验过程:实验 a,用 100mL 的一次性注射器分别吸取 10mL 的 SO_2 和 20mL 的 H_2O,密封摇匀;实验 b,用 100mL 的一次性注射器分别吸取 10mL 的 SO_2、20mL 的 H_2O 和 25ml 的空气,密封摇匀;然后分别检测实验 a 和实验 b 的 pH 值。

这个探究实验是以生活中的问题(酸雨问题)为中心,通过实验的手段来思考分析生活经验(酸雨的形成)。由于实验 a 的注射器中只会生成 H_2SO_3,而实

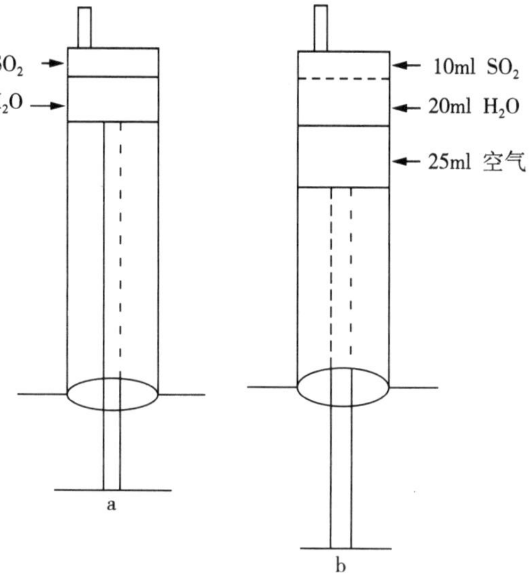

图 7－5　探究酸雨形成实验装置

验 b 的注射器中只会生成 H_2SO_4，两者不同的 pH 值变化规律能引起关于两个实验中物质变化的讨论，学生在此过程中能学习到硫的化合物的化学性质。

实验生活化教学的先决条件是实验的生活化，笔者通过查阅文献和自行设计总结了实验生活化的一些途径方法。当然，课本上能进行生活化改进的实验绝不仅是上述这些例子，生活化的实验还需要广大教师去积极创造。笔者在设计一些生活化的实验后，想尝试以它们为素材进行实验生活化的教学实践，以下就是笔者的教学实践案例。

二、生活化实验教学实践

（一）“氯气的性质”教学过程

氯气的性质

[设置情境]

在我们的生活中，氯元素可谓无处不在，我们知道广袤的大海含有大量的氯元素。我们身边的很多物质都含有氯元素，如我们一日三餐离不开的食用盐，它的主要成分就是 NaCl。

[引入问题]

你们认为通过哪些化学方式能得到 NaCl 呢？

[交流讨论]

把 NaCl“拆开来”就会得到“Na”和“Cl”……教师提示，NaCl 可由 Na 和

Cl_2 通过反应而来。

[引出新知]

今天我们要学习一种新的物质——氯气,在上面的交流讨论中我们知道氯气是一种双原子气体,它能与金属钠发生反应。

[提出问题]

氯气除了会和金属钠反应,还会和其他金属反应吗?

[视频展示]

金属铁、金属铜在氯气中的燃烧。

[交流讨论]

通过视频我们发现,金属能在 Cl_2 中燃烧,这和我们以前学过的一种气体 O_2 的性质很相似,这说明 Cl_2 应该是种很活泼的气体。那么,Cl_2 除了会和金属反应,还会和其他物质反应吗?

[提出假设]

Cl_2 和 O_2 一样,会和金属发生反应,O_2 会和 H_2 发生反应,那么 Cl_2 可能也会和 H_2 发生反应。

[实验验证]

(H_2 和 Cl_2 在点燃和光照的条件下均可以发生反应生成 HCl,而且 Cl_2 有毒,并有强烈的刺激性。此外,如果氯气和氢气的用量及比例控制不好,在点燃条件下此反应会发生爆炸,有一定的危险性,并且会污染教室环境)对"氢气在氯气中的燃烧"这一实验进行了一些生活化的改进。其实验改进装置如图 7-2 所示,其具体操作略。

[提出问题]

这个实验现象有哪些?

[回答问题]

氯气和氢气的混合气体被点燃并发生爆炸,产生了白雾状的产物。

[继续追问]

通过这个实验和看过的视频,你能得出哪些关于氯气的性质? 你对燃烧的概念有一些新的认识吗?

[交流讨论]

第一,通过观察可知氯气是种黄绿色气体;教师做实验这么小心翼翼,是因为氯气具有刺激性气味且具有毒性;氯气是种很活泼的非金属单质,能和金属、氢气发生反应。第二,燃烧不一定需要氧气的参与。

[教师总结]

教师总结板书氯气的物理性质和化学性质;总结燃烧的概念。

[提出问题]

氯气和金属的反应、氯气和氢气的反应都是氯气和单质之间的反应，氯气会和化合物发生反应吗？

[创设情境]

我们日常使用的自来水的水源来自江河，江水中携带着很多的污染物，自来水厂通常是用什么对江水进行消毒的呢？

[引入新知]

自来水厂利用氯气对江水进行消毒。

[提出问题]

为什么可以利用氯气对江水进行消毒？

[提出假设]

和学生一起交流讨论得出实验假设：第一，Cl_2 具有消毒作用。第二，Cl_2 和水会发生反应，可能是生成的产物（HCl 和 HClO）具有消毒作用。

[实施实验]

笔者发现，如果按照课本“实验 4-4、实验 4-5”进行实验，在探究式实验教学的情况下，无法排除 HCl 是否具有漂白性，所以课本实验有值得改进的地方，改进的实验装置如图 7－6 所示。

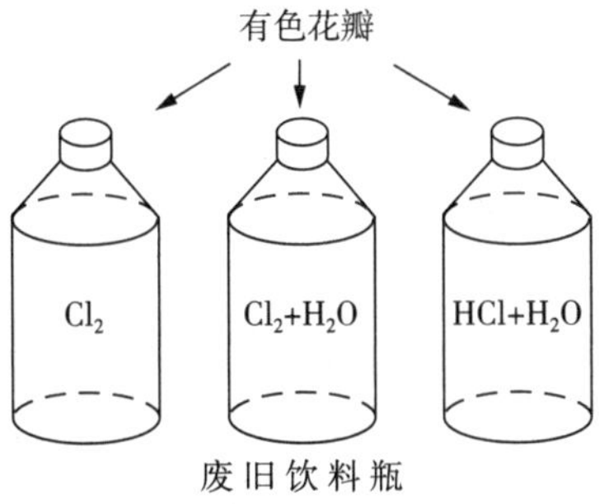

图 7－6　氯气漂白性试验装置

[实验过程]

取出图 7－2 中装满反应产物（HCl）的饮料瓶备用，再用两个相同的饮料瓶分别装取干燥的氯气和湿润的氯气，将适量等量的有色花瓣分别放入到两个饮料瓶中，观察实验现象。

[实验现象]

新制氯水中的有色花瓣褪色，而干燥氯气中的花瓣没有褪色。

[实验结论]

教师先请学生自己总结出实验结论，有不少学生直接依据课本不假思索地得出结论:“HClO 具有强氧化性,氯水中含有 HClO 而具有漂白作用”。教师立即反问:“有 HClO 那就同时伴随 HCl 的生成,为什么不是 HCl 使有色花瓣褪色呢?”此时教师帮助学生进行思考:如何排除 HCl 对有色花瓣的影响,即如何证明 HCl 不能使有色花瓣褪色? 这时,有学生提出:前面的实验(氢气和氯气的燃烧反应)中不就产生了 HCl,我们用它来验证就可以。此时,教师在上个实验的塑料瓶中加入适量的蒸馏水,再将有色花瓣放入瓶中,发现有色花瓣不会褪色。学生依据上述探究过程得出结论:HClO 能使有色花瓣褪色。

[继续追问]

为什么 HClO 能使有色花瓣褪色?

[交流讨论]

这是因为在 HClO 中氯元素显正价,具有强氧化性,从而使 HClO 具有消毒漂白的作用,用 Cl_2 给自来水消毒,是因为 Cl_2 会和 H_2O 反应生成 HClO 和 HCl。

[课后拓展]

也有同学进一步提出质疑:第一,HCl 能使有色花瓣变色,HCl 是一种酸,HClO 也是一种酸,有没有可能是 HClO 的酸性使有色花瓣变色进而褪色的呢? 第二,有没有可能是 HClO 和 HCl 的共同作用使有色花瓣褪色的呢? 对于学生的提问,教师建议学生在课外了解酸碱指示剂的发现史,看看 HClO 是不是也能使有色花瓣褪色,还可以让学生试着设计出实验方案来探讨是否是 HClO 和 HCl 的共同作用使有色花瓣褪色。

[课堂反思]

通过追寻生活中食盐的来源结合课本资料卡片的描述引入所要介绍所要学习的氯元素,然后通过课本实验来进行生活化的改进,使“氢气在氯气中的燃烧”这一实验准备更简便、效果更明显、实验更安全。在实验教学中,笔者发现学生对这种剧烈的现象(爆炸)有着浓厚的兴趣,而且课堂气氛十分活跃,学生多数都积极参与课堂活动,同时由于该反应会发生爆炸,所以教师在实施实验教学之前就进行了多次实验操作,从而确保了实验的安全性。

用“自来水厂为什么用氯气来消毒”这一生活中的问题来引入对氯气和水的反应的探讨,利用生活化的实验来探究氯水中具有漂白作用的物质次氯酸。以实验探究的方法获知生活问题背后的原因,让学生明白生活之中的现象看似简单,但其中的原因不是像课本上描述的那样简单。所以,我们必须善于发现和勤于思考才能得出正确的结论,同时在平等的交流讨论中,也能培养学生的质疑意识。

教师要鼓励学生进行课外拓展。也就是说，教师要以实验课中的问题为导向去鼓励学生了解课堂之外的化学知识，使课堂学习和学生生活联系结合起来。此外，教师对学生的课外拓展还要有一些切实可行的设计或指导。

（二）“硫的氧化物性质”教学过程

硫的氧化物性质

[引出新课]

图片展示我国酸雨灾害分布图和酸雨侵害森林、建筑等的图片，进而提出问题：酸雨中的硫元素是从哪里来的？

[讨论结果]

主要是由生产生活中的煤、石油等化石燃料造成酸雨现象。

[提出问题]

生活中的硫是如何一步步变成酸雨的？

[提出假设]

在燃烧化石燃料等含有硫元素的物质时，空气中的氧气将其中的硫元素从低价的化合态或是游离态氧化成更高价的化合态，有可能生成的产物是 SO_2 或 SO_3。

[实验探究]让学生分组进行“硫的氧化物在水中的溶解”的实验（实验 a）和“模拟酸雨的形成”的实验（实验 b）。

将生活中常见的火柴在集气瓶中点燃，取出后盖住瓶口，备用。

两个实验的具体装置如图 7－5 所示。

[实验过程]

实验 a：硫的氧化物在水中的溶解

用一支 100mL 注射器收集 10mL 的 SO_2 气体，吸入 20mL 水后，立即重新塞上橡胶塞，摇动注射器，观察活塞的移动情况，然后检测注射器中溶液的 pH 值，并在黑板上记录下数据。

实验 b：酸雨的模拟试验

用一支 100mL 注射器收集 10mL 的 SO_2 气体，再吸入 25mL 空气，最后吸入 20mL 水，立即重新塞上橡胶塞，摇动注射器，观察活塞的移动情况，然后检测注射器中溶液的 pH 值，并在黑板上记录下数据。

[实验现象]

活塞都向注射器底部滑动；实验 a 中溶液的 pH 值会发生变化：刚开始时小于 7，一段时间后还会逐渐变小，最后不变，实验 b 中溶液的 pH 值一直稳定在小于 7 的一个范围内。

[结果分析]

注射器塞上橡胶塞摇晃后,发现两个实验注射器推柄向里移动,这说明注射器内的气压减小,其结论为:硫的氧化物能溶解在水中;溶解后生成的产物是一种酸性物质。

[发现新问题]

和学生一起讨论两个实验 pH 值变化差异的原因:为什么实验 a 和实验 b 中溶液的 pH 值会不同?

[讨论引导]

实验 a 和实验 b 中最有可能生成的酸性物质分别是 H_2SO_3 和 H_2SO_4。结合学生已学:H_2SO_4 是种强酸,浓度不变的硫酸溶液的 pH 值是不会改变的。那么,实验 b 最终可能生成 H_2SO_4。

[问题深入]

实验 b 中的 H_2SO_4 是怎么来的?

[引导讨论]

实验 b 中可能出现的过程 1:$SO_2+H_2O \rightarrow H_2SO_3$,$H_2SO_3+O_2 \rightarrow H_2SO_4$;或是过程 2:$SO_2+O_2 \rightarrow SO_3$,$SO_3+H_2O \rightarrow H_2SO_4$。结合实验 a 中的 pH 值变化(从小于 7 逐渐减小,最后稳定在一个范围内),我们可以得出结论:二氧化硫会和水反应生成亚硫酸(pH 值小于 7),亚硫酸会被氧化生成硫酸(其 pH 值稳定在一个范围内)。

[总结板书]

总结上述结论中化学反应方程式。

[提出问题]

为什么不会发生“过程 2”?(事实上,这是学生自己提出的问题,因为有的同学预习过课本,已经知道二氧化硫会和氧气反应生成三氧化硫)

[引入图片]

介绍工业生产硫酸的方法:二氧化硫催化氧化生成三氧化硫,三氧化硫和水反应生成硫酸。(通过生产生活的实际问题为佐证,证明“过程 2”不但是可行的,而且和我们的生产生活息息相关)

[师生总结]

总结有关硫的化合物的性质及其相关的化学反应方程式。

[课堂反思]

通过展示酸雨这一影响生产生活的热点环境问题,以生活中常见问题引入新课,这样不仅可以拉近课堂和生活的距离,还能帮助学生培养生活联系化学的意识。

教师要多创造学生亲自参与实验的机会，学生在实验过程中能自己发现问题。由于将实验进行了生活化改进，用生活中常见易得的注射器作为反应装置后，实验准备制作简便，步骤简洁，操作简单。在实践中，笔者组织了8组实验，学生沉浸在实验探索的乐趣中，由于试剂用量、装置气密性等原因使有的学生实验没有达到预期的效果，他们非但没有因此失去兴趣，反而还激发了他们探索问题的兴致。在探究酸雨可能的形成过程中，学生能分组亲身体验实验操作，从而参与课堂活动的程度大幅提高了。

生活化教学要培养学生的质疑精神，所以生活问题的答案不会像课本知识一样摆在我们眼前，而是要通过不断的探究才能发现其背后的原因。课本上的知识也是前人不断探索的结果，它只是表明"是什么"而没有表明"为什么"，因此对课本知识我们要有一种质疑的精神。在探究酸雨形成原因时，有的学生因为预习过课本，他们的思维就固化了：酸雨的形成过程是氧化硫被氧化成三氧化硫，三氧化硫和水反应生成硫酸。在此次实验教学中，教师没有沿着学科知识这条主线进行，而是以生活中实际环境问题为主线，然后通过让学生解决实际问题来完成对学科知识的学习。

（三）"原电池"的教学过程

原电池

［引出新课］

教师拿出自己快没有电的手机，提出问题"手机没电了，手机的电源来自哪里"，在生活的情境中引入新课——原电池中的能量转化。

［讨论结果］

原电池中的化学物质发生反应，化学能转化成电能。

［提出问题］

电池是如何将化学能转化成电能的？

［引入情境］

将生活中的资源引入课堂：展示一个生活中常见的干电池（锌锰干电池）的结构图，并讲解其组成和结构。

［提出问题］

干电池中的各个组成部分发挥着怎样的作用？

［引导讨论］

首先，在教师的引导下，分离出干电池的核心部件：碳棒、锌皮和糊状电解质（主要含有 MnO_2 和 NH_4Cl）。

［引导讨论］

得出解决问题的方向：可能是电池中的这几种核心部件之间会发生化学

反应,使化学能转化成电能。

[提出假设]

上述各种物质可能发生的化学反应:$Zn+2MnO_2+2NH_4Cl = ZnCl_2+Mn_2O_3+2NH_3+H_2O$。

[提出问题]

上述反应是如何将化学能转化成电能的?

[实验探究]

通过如图7－7所示的实验装置进行实验。

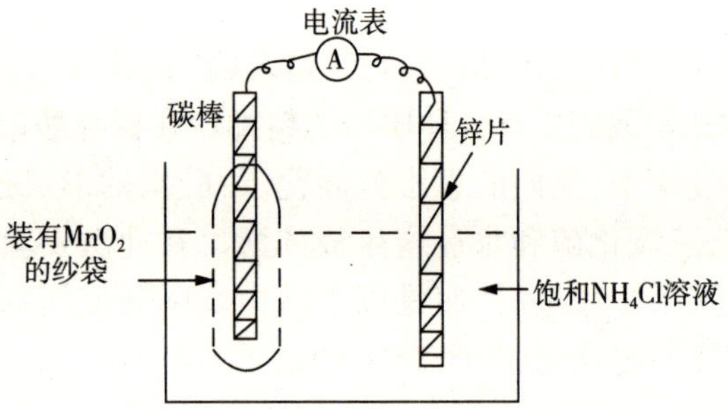

图7－7　原电池教学实验装置

[现象观察]

锌片逐步溶解;碳棒无明显变化;装有 MnO_2 的纱袋有少量气泡产生;灵敏电流表指针发生偏转。

[实验总结]

电流表指针偏转说明有电子的转移,总的反应是 $Zn+2MnO_2+2NH_4^+ = Zn^{2+}+Mn_2O_3+2NH_3+H_2O$,该反应是一个氧化还原反应,氧化还原反应的实质是电子的转移(或偏移)。两端分别发生氧化反应($Zn-2e^-=Zn^{2+}$)和还原反应($2MnO_2+2NH_4^++2e^-=Mn_2O_3+2NH_3+H_2O$)。通过实验,我们可以得出结论:将一个能自发进行的氧化还原反应的氧化反应和还原反应分别在原电池的两极上发生,外电路中就会产生电流(即原电池的工作原理)。通过该实验总结出构成原电池的条件:第一,一个能自发进行的氧化还原反应的……第二,构成电极的两种物质活泼性不同;第三,电解质溶液;第四,能构成一个闭合回路。

[课堂巩固]

教师提供一些生活中常见的物品:铜丝、铁片、洁厕灵。请学生自己设计出一个原电池说明原因,预测实验现象。最后组成的实验装置如图7－4所示。

该反应的实验现象为:第一,将铁片放入洁厕灵溶液中,发现铁片会在溶液中溶解,表面有气泡产生(洁厕灵的主要成分是氯化氢)。第二,将铁片和铜丝圈放入洁厕灵溶液中,并组成一个闭合回路,发现电流表指针发生偏转、铜丝圈表面有气泡产生、铁片周围还是有气泡产生(只有部分的铁参与了原电池的电极反应,部分铁片还是直接与洁厕灵中的氯化氢发生反应)。

[课后拓展]

第一,了解手机电池的使用注意事项,了解使用可充电电池注意事项,了解废旧电池对环境的影响。第二,除了利用教师提供的物品组装原电池,让学生课后去尝试自己利用生活中常见的物品设计一个原电池。

[课堂反思]

现在电子产品在高中生中的普及是一个不可回避的事实,这也引起了一些不良结果,如学生将过多的时间和精力花费在手机等电子产品上。通过创设"手机没有电"这一和学生紧密相关的生活情境来将化学能与电能转化的知识引入课堂,这样就很好地引起学生的注意,而且学生学习的兴致高涨。教师可趁学生注意力集中时抛出问题,学生在兴趣和疑问的驱动之下就能踊跃地参与课堂讨论。在课堂教学中,教师可直接研究实际生活中的干电池工作原理,在这种贴近实际的教学情境中,也能为之后贴近生活的课堂教学和课后拓展做铺垫。

在实验生活化教学过程中,课堂巩固也是必不可少的。在得出化学原电池的基本概念、基本原理和构成条件后,同样是利用生活中的物品,要求学生组装一个原电池并说明原因、预测现象。在这个过程中,学生能学习巩固相关知识点,同时由于实验贴近生活,学生参与课堂学习的热情丝毫不减,这样就可以让学生在轻松开放的课堂环境中习得知识。

实验生活化教学不仅是在课堂中实施,教师还要设置一些可行有效的课后拓展。在课后拓展中,学生了解了原电池在造福人类的同时也会因人们的不当处理而造成一些危害,这不仅有利于学生树立科学的化学观念,还能培养学生关心社会问题的意识。学生在利用生活中的物品进行原电池的设计制作时,首先能巩固课堂中的学科知识,其次能培养学生解决问题的能力,最后对学生独立自主的学习习惯也是一个很好的训练过程。

此外,实验生活化教学要注意实验安全。在教学过程中,教师需要展示干电池的内部结构,但解剖干电池有一定的危险性。在教学过程中,教师可通过多媒体展示干电池的内部结构。同时,教师在教学过程中要强调关于原电池的一些安全隐患,否则学生课后对生活中的原电池进行"探究"就容易出现安全状况。

三、对生活化实践教学实施效果分析

(一)对学生课堂表现的分析

在实验生活化教学的实施过程中,笔者发现学生在学习化学时有不同程度的改变,从学生的学习兴趣上、参与课堂活动的程度上和提出的问题的质量上都可以感受到学生的进步。同时,学生对化学这一门学科的看法和态度都发生了转变。

例如,在《富集在海水中的元素——氯》的教学实践中,通过改进“氢气在氯气中的燃烧”这一实验,氢气和氯气反应发生爆炸,产生的实验现象十分明显,学生被吸引住了。在这次课堂教学中,学生回答问题十分积极,课堂气氛十分活跃。还有在探究“酸雨的形成”的过程中,以前坐在后面不怎么发言的学生都提醒教师“要开始记录两个注射器的 pH 值的变化了”。通过改进实验,不但学生参与课堂的积极性提高了,而且学生交流讨论的积极性也提高了。

同时,在生活化的实验教学中,学生还改变了“教师讲,学生听”的局面。在教学过程中,其主动性得到提高,质疑的意识也提高了,不再是被动地接受知识。例如,在探究氯水的漂白性时,笔者在教学设计之初只是考虑到 HCl 这一实验变量会干扰我们得出 HClO 具有漂白性这一实验结论。但是,有学生在课堂上提出了其他的干扰因素:第一,HCl 能使有色花瓣变色,HCl 是一种酸,HClO 也是一种酸,有没有可能是 HClO 的酸性使有色花瓣变色进而褪色呢?第二,有没有可能是 HClO 和 HCl 的共同作用使有色花瓣褪色的呢?从中我们可以发现,通过这样的教学方式,学生的思维水平就会逐渐提高。

(二)研究者的反思

虽然倡导生活化的新课程理念已提出多年,但当下有效地实施化学实验生活化教学并非一件易事。从提高学生的成绩而考虑,教师多是选择“教师讲,学生听”的方式进行教学,因为这种方式较为简单并且能在有限的时间内有效地提升学生的成绩,许多实验课被这种“高效”的教学方式所取代。但是,笔者通过的教学实践发现,实施实验生活化教学也能达到令人满意的教学效果,同时在提高学生兴趣和参与度、培养解决问题能力等方面又有一些优势,如高中化学实验生活化教学能提高学生的学习兴趣和参与课堂的积极性。过去在化学实验课上,教学重点是在概念、理论和各种题型的解法分析,教学方式以讲授法为主,教师对学生关于学习化学的告诫多是“化学是理科中的文科,学好化学要多记多练”。诚然,在现实背景下,这句话有一定作用,但过于强调化学学习的机械记忆未免使化学学习变得单调、枯燥,学生在这样的学习方式下很容易被挫伤积极性，降低学习兴趣。高中化学实验生活化教学的优点主要体现在三个方面。

第一，高中化学实验生活化教学能提高学生发现和解决问题的能力。学生解决问题的能力既包括解决课堂教学中的问题的能力，如解题能力，也包括解决生活中的问题的能力。实验生活化教学对培养学生解决实际问题的能力有一些特有的优势。实验生活化是以生活问题为中心，学生在课堂中形成的解决问题的能力就更容易迁移到实际生活中去，从而提高学生的能力；同时在实验教学过程中以问题为线索，在解决问题的过程中获得新知而不是直接强加给学生，学生对问题质疑和思考的意识就会得到提升，就更容易发现生活中的问题了。同时，教师还要指出，实验生活化教学不能忽视学生的基本的实际需求，即学生渴望通过实验课的学习来提高解题能力。实验生活化教学要有意识地培养学生的解题能力，不能为“生活化而生活化”。

第二，高中化学实验生活化教学能提高学生关心生活中化学问题的意识。教师用社会生活中的现象或是热点问题将学生带入课堂中或是直接在课堂之中研究与生产有关的问题，不仅可以让学生感受到化学与生活的紧密联系，还可以提高学生关心生活中化学问题的意识。

第三，高中化学实验生活化教学能提升教师的专业素养。笔者在设计实施实验生活化教学时，对其中的困难有深切体会：首先是要了解学生的学习情况、认知状况等，并以此来确定什么样的实验能进行生活化的改造；其次要利用身边各种资源对课堂实验进行生活化的改造，再次是要在探究式的教学过程中对学生做有效的引导，并在学生参与实验的情况下对课堂进行有效的管理；最后是要对学生提出的质疑有充分的准备和应对。教师在克服这些困难和实施实验生活化的过程中，其专业素养就会得到提升。

第八章　高中趣味化学实验教学研究

第一节　高中趣味化学实验的理论依据与开发原则

一、高中趣味化学实验研究的理论依据

(一)趣味化学实验的概念界定

化学实验是指通过改变实验条件来让学生对已经认定的化学定理或实验结果进行验证来获得知识的一种手段。趣味化学实验是指根据教学需要,加入趣味元素,并利用物质的某些特性,如颜色变化和状态变化等开发设计新的实验,或者对已有实验的某个步骤进行改进,使实验现象呈现得更新颖,装置和操作更简单,现象更明显,以增添实验的趣味性和生动性,从而解决普通验证性实验的枯燥乏味问题。

高中化学实验大多涉及能量、状态和颜色的变化,我们要巧妙利用这些变化,并在实验中加入一些趣味性的元素或将实验装置稍微改动,就能设计成趣味性十足的实验。

(二)理论依据

1. 多元智能理论

作为首位提出多元智能理论的心理学家加德纳,其在 1983 年就在批判传统智能理论、认知理论的基础上提出了多元智能理论。这个理论的观点是"每个人都具有多种智能",即一个人身上会同时存在多种智能,而且每一种智能又互不依赖,能够独立存在,但这些智能在一定条件又能相互组合。人的智能包括语言智能、逻辑—数学智能、空间智能、身体运动智能、音乐节奏智能、自我认识智能和人际交往智能七种类型,并在 1996 年又增加了自然智能,1999 年增加了存在智能。到目前为止,加德纳多元智能理论总共有九种类型的智能。加德纳认为,这九种类型的智能各自相对独立,各具其自身的特点,还能在某种程度以不同方式有机地结合在一起,从而形成不同的智能倾向。他还认为,我们不能忽视其中任何一种智能在实际中的作用,在人类

生存和发展过程中，九种类型的智能都发挥着各自重要的作用，为了达到最终目的，个体能够挖掘其所有潜能，发挥各自的聪明才智，采用各自的方式手段，每个人的智能才能得到真正的发挥。在这个过程中，为达到目标所采用的智能不是单一的，而是多元的，也正是这种个体智能的差异性造就了人与人之间的不同。

多元智能理论认为，每个个体都拥有智能，只是其各自在发展潜能上存在差异性，在个体智能中，不同的智能占有的比例并不相同。加德纳认为，智能包括两方面，即能够解决生活中碰到的问题和能够生产出对我们有用的东西。他认为，个体的智能不是稳定不变的，具有可变性，如环境因素和教育因素都会对个体智能起到促进或制约的作用。现如今的时代是信息高速发展的时代，在这样的时代下，社会需要全面发展的个体，也需要具有不同个性的个体。我们只有创造好的生活环境和教育环境，才能更大限度地促进个体智能潜能的极大发展。同样，他认为各种智能应该"一视同仁"，并无孰轻孰重。不同智能不是简单糅合在一起，而是朝着不同方向进行"辐射"，相对独立地去表现。智能的种类有多少并不是很重要，重要的是分析解决问题的方法应该是多维的，多数成年人只有一种智能可以得到特殊的发展，并取得较好的成就。在教育教学过程中，我们认清个体智能具有多元性，并尊重不同学生具有不同个性和不同智能在同一个个体上发展的不平衡性的特点，因材施教，更好地促进学生个性发展和全面发展。

多元智能理论是"趣味化学实验"课程的理论依据，原因有二：一方面，"趣味化学实验"课程的实质就是改造物质或创造物质的实践活动过程，与生产生活实际紧密挂钩，我们可以通过实验室小规模的实验来解决日常的实际问题，创造出社会所需要的产品的大规模化工业生产实践，显而易见，学生在实践中所体现的化学实验的能力与加德纳的智能定义相一致；另一方面，通过"趣味化学实验"的开展，不同学生的思维能力、观察能力、操作能力和人际交往能力等都能在不同程度上进一步得以开发并深化，这与加德纳的多元智能理论是相一致的。

2. *活动教学理论*

杜威认为，教育的本质就是儿童经验的改变或经验的重新组合，这是立足于主观经验论和心理学两方面的基础上提出的。儿童只有通过自己的活动才能获得想要的知识和经验，而且活动是人存在和发展的根本方式。所以，在实践活动中，学生作为学习主体，在完成对所学习的内容和对自身的双向建构的过程中，最终促进他们的发展，以达到实现教学的最终目的。

活动课程就是以活动教学理论为指导，立足于学生生活中有待解决的问题,把问题的解决作为活动的基本过程的课程,即在活动的实施过程中,学生要善于发现问题,而且对于发现的问题要有批判精神和革旧创新的精神,在通过师生合作和生生的合作、交流和探讨的互动中去分析问题,然后通过自己去不断探索和证明来解决问题。在这个过程中,学生是活动的主体,教师起指导作用。杜威主张"学校即社会""教育即生活",其强调的是问题解决的过程和方法,而学习只能在解决问题的过程中才可能发生。他认为,知识同过程和探究联系在一起,是活动课程的本质特征,其中探究就是通过改变活动中的问题情境而获取一个新的情境行为来解决困难、排除疑惑和解决问题。知识是探究者通过解决问题,把不确定的情境变为确定情境的过程中获得的,需要探究者亲自参与探究活动的过程,并认真反省、运用思维,从而构建自身有意义的知识体系。在整个活动过程中,教师只是组织者,充当参谋和顾问,而学生才是活动的主体,强调整个活动要在"做中去学"。

"趣味化学实验"课程,它是一门实践活动课程,学生在活动中是主体,教师只起指导作用,通过创设不同的学习情境,我们可以发现学习和生活中需要解决的问题,并围绕"解决问题"这个中心去查找资料,然后通过不断思考与探索来分析存在的原因,最终去解决问题。通过"做中去学"这样的一个过程,不仅培养了学生动手动脑的良好习惯,还提高了学生的综合能力。"趣味化学实验"课程与杜威的活动教学理论的理念是一致的。

3. 建构主义理论

皮亚杰在心理学方面颇具影响力,特别是在认知领域方面。他最早提出了"建构主义"。关于建构主义,皮亚杰认为,个体认知结构的逐步搭建有两种方式:一是同化,即通过个体吸收外部讯息来融合和丰富自身原有的认知;二是顺应,即受外界影响使原有认知体系发生相应的改组,从平衡到不平衡到再平衡最终达到与周围环境的平衡,从而逐步搭建起自己的认知结构。也就是说,个体存在差异性,虽然世界是客观存在的,但不同的个体其主观经验和认识能力都有差别,那么最终对事物的认识也会有所不同。个体建构或解释事物总是通过自己的主观经验来判断。而新知识的形成要建立在原有的一些知识或经验的学习上,从原有的知识或经验的基础上延伸出新的知识或经验,并不断循环,从而温故而知新。建构主义认为,教师不能满堂灌,全权包揽,以压迫学生学习的积极性,学生要想获得有效知识结构,就必须以主体的身份主动去学习获得,即教师对学生学习上的促进,虽具有一定的教学责任,但他只是学生学习的帮助者、促进者和支持者,而不是知识的灌输者。其强调以学生的"学"为中心,认知的主体是学生,学生要获得新知识就必须在原有经验的基础上主动去获得,即学生对头脑中已经形成的知识或经验主动去综合归纳、重改整组、转换再改造，以用来解释新信息、新事物、新现象或解决新问题，最终生成个人的意义。也就是说，学生在学习过程中，要自己能够理论联系实际，主动去发现问题，提出假设，并收集资料和相关信息，通过探究去归纳总结获得知识；而教师在学习过程中起着帮助者和促进者作用。所以，教师应充分利用交流和讨论等方式，创设符合学生特点的教学情境，并开展各种活动，以激发学生学习的动机，从而引导学生真正成为主动建构者。建构主义认为，构成学习的四个基本要素是情境、合作、交流和意义建构。

高中时期，学生正处于身心快速成长的阶段，这个阶段的他们好奇心强、求知欲旺盛，抽象思维能力逐渐增强，对一切感兴趣的事物都充满好奇，喜欢探索。实验现象鲜明、千变万化，容易给人留下印象是化学实验所特有的优点，学生的兴趣很容易被激发起来。在“趣味化学实验”课程开展过程中，“趣味性”浓，观念先入为主，更能引起学生的学习兴趣。“趣味化学实验”课程作为一门实践课程，其就是通过一系列实践活动的开展来创设一定的学习情境，让学生在这样一个实践学习氛围中主动建构化学知识情境，寓知识于实践活动中，并通过学生亲手操作实验，共同协作和相互交流，进而探讨一系列的问题来扩展视野，增加学生的生活经验，从而培养学生的实验能力和探究能力，提高学生的审美情趣，更有效地学习和掌握化学知识。可见，“趣味化学实验”课程的教学理念依附于建构主义的“构成学习的四个基本要素是情境、合作、交流和意义建构”的基础之上。我们可以说，建构主义理论为我们开展“趣味化学实验”活动课程提供了强有力的理论依据。

4. 人本主义学习理论

以马斯洛和罗杰斯为代表的人本主义学习理论的核心理念是“以人为本”。该理论认为，学习的过程就是个体通过自发去学习和获得所需的知识，习成良好的行为，还能培养个体完满的人格，并强调个体在学习中的自主地位，提倡“尊重人—相信人—理解人”。人本主义学习理论把学习分为无意义学习和意义学习两类。其中，意义学习是指学习个体能够根据自己的兴趣，以积极的学习态度摄取和积累有用的知识来全面促使个体各方面能力的提高，最终引起个体的知识和情感各方面的变化。意义学习不仅使得个体知识得以增长，还注重学生情感方面的培养。

人本主义认为，每个人在学习方面都有未完全发挥的潜在能力，所以我们应该建立一个以学生为中心的学习平台，让他们学习的潜在能力能够在这个平台中得以完全发挥。给学生一个自由、和谐的学习空间，能够让学生把这种内在潜能充分发挥出来，而教师的作用就是“助产士”“催化剂”。教师必须全方位去建立事实存在的问题场景，尽量利用学习的一些资源，如网络资源和图书馆资源等,并给学生营造一个良好的学习平台,以鼓励学生自由探索,从做中学,培养学生的创造能力,最终促进学生的全面发展。

“趣味化学实验”课程开展的理念就是创设一个能够激发学生学习兴趣的氛围和空间,学生在这样的环境下,能够自主、愉快地学习,并且能参与到实践和创造中,从实践活动的过程中认清自身的价值和发展潜能。在实践活动中,学生能够通过自身已有的知识结构,理论联系实际,并拓展自身的知识结构,从而为实际课堂学习提供更为有利的帮助。因此,人本主义学习理论能够为“趣味化学实验”课程的开展提供理论依据。

5.“发现学习”理论

美国著名心理学家布鲁纳的“发现学习”理论强调,学习就是掌握学科的知识结构,并获得一套概况的基本思想和原理。学生都具有学习新知识的内在愿望和好奇心,以培养探究性思维方法为目标,利用基本教材使学生通过一定的发现步骤进行学习,利用教材或教师提供的条件自己独立思考,并自行发现知识,掌握原理和规律,这是很好的学习方式。

第一,学习就是主动形成认知结构的过程。认知结构就是表征或表征系统,是人们知觉和认识世界的一套规则。

第二,学生的学习认知过程就是对新知识的获得、转化和评价,三个过程几乎同时发生。所谓新的知识,是指与所知道的知识不同的知识。其学习的过程实际上也是“立志、博学、审问、慎思、明辨、时习和笃行”的过程。其中,立志就是激发学习动机,博学就是多见多闻,审问就是多问多思考,慎思就是学思相结合,明辨就是形成明确的概念,时习就是要及时复习,笃行就是要学以致用。所以,在教学情境中,学生通过与教师、同学和教学信息的相互作用来获得知识、技能和态度。

第三,强调对各门学科基本结构的学习。任何一门学科都有它的基本知识结构。学生学习的主要任务是掌握这门学科基本的知识结构,在头脑中形成相应的知识体系或编码系统。教师的教学任务也就在于让学生形成这种认知结构。在教学活动中,教师必须把各门学科的基本结构的学习放在中心地位上。无论是教材的编写还是教学活动的进行,教师都应侧重让学生掌握一门学科的基本结构。

第四,提倡发现法教学。所谓发现法,是指设置一定的学习情境,让学生主动地探究和发现事物的特性、原理和原则的教学方法。布鲁纳认为,发现法教学有四个优点:其一,能增强学生学习的内在动机,增强学生的自信心;其二,能促进学生提高智慧发挥潜力;其三,能使学生更好地巩固理解学习内容,这是因为学生自己对知识进行结构化、系统化,所以也能更好地运用它;

其四,能培养学生发现问题和解决问题的能力。

6.“最近发展区”理论

苏联教育家维果茨基提出,儿童的发展水平可以分为实际发展水平和潜在发展水平。其中,实际发展水平是已经成熟的心理机能,潜在发展水平是尚在形成中的心理机能。个体当前不能完成但在更有能力的同伴或他人帮助下能够完成的一系列任务,我们可以称为最近发展区。教学的本质是要激发学生学习的积极性,以帮助学生全面发展,这和维果茨基的最近发展区理论所倡导的教学观是一致的。教师在这一过程中扮演着帮助者和指导者的角色,帮助、促进、激励学生的全面发展。

第一,在教学设计上,要找准学生的“最近发展区”。教师可以通过观察、访谈、作业分析和提问等方式来充分了解学生的现有发展水平,并了解学生对接受新知识的情感态度以及乐于学习的方式方法等,进而分析学生的知识结构与思维特点,预测他们的潜在发展能力。

第二,在教学原则上,从新的角度解读“因材施教”。在教学中,教师要使教学的深度和广度适合学生的知识水平和接受能力,还要考虑学生的个性特点和个别差异,也要落实“教育面向全体学生,实现不同的人得到不同的发展”的新课改理念。

第三,在教学模式上,鼓励学生进行交往和探究。维果茨基指出,教学的本质就是交往,这种交往包括师生间的相互理解、相互信任、平等沟通与相互作用。只有这样,师生才能在平等交往的气氛中共同高效地完成教学目标。探究式教学关注问题解决,教师进行适时的、必要的、谨慎的和有效的指导,学生与同伴合作或对话来寻求问题答案,或者学生也可以自主探寻问题答案,并由学生围绕问题来自己建构知识,而学生先前掌握的知识就是实现探究目标的手段和解决问题的工具。

总而言之,依据最近发展区理论进行教学,不仅能增强学生对学科的兴趣,还能使学生学有所乐、各有所得,进而促进学生在点滴教学中提高素质,使学生得到真正的发展。

(三)思考与启示

1. 要改变以往的学生观

在教育实践中,教师需要对四个基本问题进行自觉的思考和实践。这四个问题分别是:认识学生成长的可能性和主动性;认识学生的具体性;认识学生成长的综合性;认识学生成长的复杂性。此外,教师还应把学生的成长作为教育中个体内在需求和动力去研究。

2. 重新定位教学观

在传统的教学观和教学实践中,教学任务被直接认定为传递人类社会积累的文化知识和技能,教学过程被简化为教师讲授和学生记忆练习。杜威的现代教学观认为,知识不是商品,教学应该从学生的经验出发,然后通过丰富、扩张学生的直接经验的方式来教学。师生的教学活动是一个有机整体,为实现教学任务,共同参与并交互影响,从而在动态生成中展开和实现教学目标。

3. 要改变教师的教学目标

在教育目标上,我们不主张将所有人都培养成全才,而是认为应该根据学生的不同情况来确定每位学生最适合的发展道路。学生的差异性不应当成为教育上的负担,相反,它是一种宝贵的资源。所以,我们要改变以往的学生观,如果我们能够不用同一把刻板的尺子去衡量学生,而是用发展和欣赏的眼光去看待学生,那么我们会发现每位学生都有成才的可能,成为不同领域、不同"大小"的"才",其关键是如何正确引导和挖掘。

4. 观念的变化带来教学行为的变化

在新课程理念下的课堂,既不能严格按照缺乏弹性的预设教学方案实施,又不能完全围绕学生自发兴趣毫无预设地展开教学,而应该是教师有方向、有目标,在开放、弹性化教学设计的基础上,根据课堂上师生交互作用呈现出的多种状态,通过不断的重组、生成来推进课堂教学过程。

二、趣味化学实验的教学实践

(一)趣味化学实验在课堂教学中的应用

趣味化学实验能够强烈刺激学生感官,吸引学生注意力,并激发学生的学习兴趣和热情,进而提高教师的课堂教学效果。因此,教师可以根据不同的教学内容和要求来灵活运用趣味性实验。在高一新生的第一节化学课上,笔者给学生演示了"大象牙膏"和"蓝瓶子"的实验。这是两个非常典型的趣味实验。其中,"大象牙膏"的实验进程:先在过氧化氢水溶液中加入洗涤剂,再加入催化剂碘化钾,过氧化氢瞬间分解,产生的氧气吹出无数个细小的泡泡,随后可看到一股泡沫状黄色物质从容器中喷涌出来,宛如牙膏挤出,量大得好像只有大象的牙才能用完,因此其被形象地称为"大象牙膏"。另一个"蓝瓶子"实验是在锥形瓶中加入碱性葡萄糖溶液,然后再滴入亚甲基蓝溶液,塞上瓶塞,使溶液呈蓝色;在静置一段时间后,由于亚甲基蓝被葡萄糖还原转化为还原型亚甲基白,溶液褪色;振荡后溶液上方的氧气进入溶液,使得溶液又呈蓝色。若重复振荡和静置溶液,溶液将交替呈现蓝色和无色的现象,这是反应体系交替发生还原与氧化反应的结果。笔者在演示过程中,讲述了每个实验的原理,进一步解释了神奇的实验现象,让学生明白要想认识复杂的物质世界,前提条件是要学好化学基础知识,进而又将高中化学学习的内容、方法和基本要求向学生讲述，使学生充分认识到高中生掌握化学知识的重要性，从而较理想地实现了本节课的教学目标。微型实验本身具有一定的趣味性，在讲授“氮的氧化物”时，笔者采用单球管、多用滴管和带刻度的玻璃管等微型实验仪器代替常规实验仪器；在演示“二氧化氮与水反应”的微型实验时，笔者不仅简化了实验操作，还带给学生新鲜的感受。另外，用常规实验仪器进行实验时易出现装置复杂、反应不充分的问题，还会造成环境污染。所以，教师设计合理的微型趣味实验既能较好地解决以上实验难题，又能激发学生的学习兴趣。

（二）指导学生开展课外趣味化学的实验活动

开展更贴近生活、贴近社会的学生自主实验活动，从生产生活中的事件和现象入手去激发学生的实验探究动机，使学生通过实验操作认真思考问题、解释现象，从而提高科学探究能力和动手解决实际问题的能力。教师可以为学生提供展示的平台，鼓励学生积极参与。例如，笔者指导学生在假期利用家庭物品设计自己感兴趣的趣味化学实验，有的学生制作简易净水器、水果电池、自制豆腐，有的用鸡蛋卵壳膜做半透膜渗析实验，还有的收集酸雨并研究其变化特点等。通过趣味实验，学生不仅巩固了所学知识，还提高了其动手的能力。

三、趣味化学实验的设计

（一）趣味化学实验原则

1. 科学性原则

科学性原则是实验开发的基本原则。实验的改进与开发必须实验目的明确，实验原理、实验材料和方法的选择正确，设计思路和设计路线不能偏离化学及其他学科的基本知识和基本原理。科学性原则包括实验原理的科学性、实验材料选择的科学性、实验方法的科学性，以及结果处理的科学性。根据教材中相关的知识点，我们在进行实验设计时，实验的设计需要以教材为基础，趣味性是一方面，但课本中的知识内容也是十分重要的。所以，趣味性化学实验的开展是为了引起学生学习化学的兴趣，并且为学生提供另一种学习方式。实验原理是实验设计的基础，也是用来检验和修正实验失误的重要依据。实验材料是保证实验顺利进行的必要条件，也是保证实验达到预期效果的重要因素；实验方法是保证实验成功的关键，只有严谨、合理的方法才能保证实验的效果；对实验中的数据和现象进行分析才能得出科学的结论。

2. 安全性原则

安全性是趣味化学实验开发的重要原则。在设计趣味化学实验时,我们要避免使用有毒、有害的药品,要避免产生有毒的物质,要确保学生在安全、无毒的环境中进行实验。近年来,绿色化学的理念深入人心,我们要利用化学相关知识从根源上解决污染问题,并降低有害物质对环境的危害,从而保护人类的生活环境。因此,我们在设计趣味化学实验时,应在反应原理、反应条件、操作步骤和实验产物的处理等环节中充分体现绿色化学的思想。

3. 简约性和可行性原则

实验是化学课程的重要支撑,是学习化学基础知识、基本理论和掌握基本技能的重要手段。因此,教师设计趣味化学实验时所依据的原理、采用的方法都要与实验基本理论相一致。简约性和可行性是指教师在开发新实验或者改进原有的实验时,其基本原则是将实验操作和装置变得更简单,学生要明白该实验设计的原理和操作目的;所选用的试剂、仪器和方法等能够满足实验要求。教师应尽量采取简单的装置、常见易得的物品以及简便的操作方法来让学生轻松愉快地进行实验。另外,研究者设计出的实验还要具有推广性,并且能方便学生和一线教师进行重现。

4. 趣味性原则

在教学中,教师发现部分学生对化学的学习兴趣下降,上课注意力不集中,甚至部分学生开始放弃化学,当然这是多方面原因导致的结果。教师必须采取措施来让学生重拾化学学习兴趣,而开展趣味化学实验就是一个简便、快捷且有效的方法。因为学生只有对事物产生兴趣才会投入精力去钻研和探索,所以趣味性的实验更能够吸引学生,并为学生带来实验的乐趣。例如,通过设计蒸紫薯馒头的实验,让学生体验自己动手制作食物的乐趣,感受化学与生活的联系。由此可以看出,有趣的化学实验不仅能够提高学生学习的积极性,还能增强学习的主动性。

5. 生活化原则

生活化原则是指为学生创设熟悉的生活情境,从学生所熟悉的生活场景中引出即将学习的内容,将抽象的化学理论知识与生产和生活实际密切联系。趣味化学实验在设计和安排时要尽可能以生活实际为基础,为学生创设生活情境,并在熟悉的生活环境中,用经常接触到的物品来完成实验任务,从而让学生体验化学与生活的联系。此外,学生还要有一双善于发现的眼睛,去发现生活中的现象,然后运用课堂中所学的知识来解释提出的问题,进而在这个过程中提升个人能力。所以,教师在设计和布置趣味化学实验,以及在药品的选择、装置的选择和实验操作的各个环节都要渗透生活化的思想,还要尽可能贴近学生的生活。

(二)趣味化学实验设计的思路

1. 利用颜色变化设计趣味化学实验

颜色变化是物质变化中最容易观察到的现象,能在学生的脑海中留下深刻的印象。教师在教学过程中穿插一些颜色变化较明显的实验能有效吸引学生的眼球,培养学生的创新思维,这符合新课标中情感态度价值观的要求。教师可根据反应原理将颜色变化较明显的化学反应设计成趣味实验。例如,教师可利用紫甘蓝汁液遇酸、碱时显示不同的颜色来将其设计成“调制彩色鸡尾酒”;利用酚酞遇碱时的颜色变化将其设计成“化学密信送情报”,从而让学生轻松愉快地学习。

2. 利用物质状态变化设计趣味化学实验

在大部分化学反应中有气体放出或有沉淀生成,即物质的状态发生改变,所以教师可根据这一原则设计出新颖有趣的化学实验,从而让学生感受化学变化的神奇。例如,利用双氧水在催化剂作用下能够快速分解产生氧气,我们可以将其设计成“泡沫喷泉”;将 $Ca(OH)_2$ 与 CO_2 的反应设计成“清水变牛奶、牛奶变澄清”的实验;利用碘易升华的原理及化学反应中伴随的能量变化将其设计成“烟雾缭绕”的实验。

3. 利用新颖的实验装置来进行趣味化学实验

学生自己动手操作能够让其深切感受实验的全过程,能有效提高实验操作技能,这对思维的培养也有一定的作用。教师将实验装置稍微进行改进,不仅能激发学生对未知事物的探究欲,还能鼓励学生大胆创新,进一步锻炼学生的发散性思维。例如,关于二氧化碳性质的两个实验在教材上是分开进行的,药品用量大、实验成功率低,据此,我们可以将 CO_2 的制备、性质检验实验装置连接设计成“蜡烛熄灭顺序”实验,不仅能大大提高成功率,还能增加趣味性;氢氧化钠能够潮解,在空气中还能与二氧化碳反应,这是高中化学的重点,我们可以将其设计成“二氧化碳与碱的反应”,不仅实验现象明显,还能让学生深切理解反应的实质。

4. 巧用化学“魔术”设计趣味实验

魔术中的响声、蒸汽和耀眼的光芒等效果能够抓住人们的好奇心,能让观众留下深刻的印象,许多化学实验也能够制造出类似的效果,所以教师可将相关的化学实验设计成化学“魔术”来吸引学生。例如,在进行溶液的形成相关内容的教学时,我们不要拘泥于教材,可以开发设计“橙子皮汁使气球爆炸”的实验来帮助学生理解溶液的形成;用“烧不坏的手帕”来帮助学生理解燃烧所需的条件。

（三）趣味化学实验教学应关注的问题

1. 不能只强调趣味而忽视教学目的

趣味化学实验能在教学中起到激发学生学习兴趣的作用，但如果教师只是一味地强调激发兴趣、没有明确的教学目的、盲目引入与教学内容无关的实验，其势必会影响教学任务的完成。例如，在“钠的重要化合物”一节，教材要求学生掌握碳酸钠和碳酸氢钠的性质，有教师演示了与碳酸氢钠有关的泡沫灭火器原理的趣味实验，实验现象的确很吸引学生，但这与碳酸钠和碳酸氢钠性质异同的讲授内容有所偏离。因此，作为一种教学手段，教师必须要有效结合教学目的、把握教学内容和合理使用趣味化学实验，从而提高学生的学习和实践能力。

2. 趣味实验在新课导入和教学重难点突破中的作用

教师可设计一些启发性的趣味化学实验作为新课的导入，如在“氨的化学性质”教学中，教师可以先给学生展示两个“空杯子”，其实是预先准备好的氨气和氯化氢两瓶气体，将它们口对口相对后抽出玻璃片，则瓶内立即呈现出浓烟滚滚的现象，这个现象令学生惊叹不已。这个“空杯生烟”的趣味实验不仅激发了学生的好奇心，还把学生带到了学习新课的情境中来。由于趣味化学实验现象明显，视觉效果突出，能有效引起学生的注意，启发学生的思维，所以在课堂教学中趣味化学实验是突破教学重难点的一种行之有效的方法。例如，在“氢氧化铝的化学性质”的教学中，氢氧化铝的两性是本节课教学的重难点，教师可以设计一个让“清水”变“牛奶”、“牛奶”再变“清水”的趣味实验，即让生成的白色胶状沉淀氢氧化铝分别溶于盐酸和氢氧化钠溶液。此趣味实验操作简单易行，不仅能活跃课堂气氛，还能进一步让学生深入理解氢氧化铝的化学性质。

3. 注重学生思维的培养和能力的提高

高中化学实验大多属于验证实验，这对于化学基础知识的学习是很有必要的，但太多的验证实验并不利于学生科学思维的形成和创新精神的培养。所以，教师可利用趣味实验为学生创设恰当的“情境”，并引导学生进行探究性学习，从而弥补一般验证实验的不足。例如，在“过氧化钠的性质”教学中，教师可先提出问题，即“能不能用二氧化碳来点火”。在学生满怀疑惑的注视下，教师用玻璃管对着预先包有过氧化钠粉末的脱脂棉吹气，脱脂棉突然燃烧。二氧化碳真能点火，学生都会很震惊，这就会让学生急于找到答案。此时，教师可引导学生分析脱脂棉燃烧需要的两个条件：有氧气、温度达到着火点，然后进一步让学生设计实验方案、选择实验药品和仪器并自己动手试验来证明过氧化钠能与二氧化碳反应生成氧气，并且反应过程释放热量。实践证明,类似“吹气生火”的趣味实验能够创设“情境”,并引导学生探究,还能够调动学生的学习主体性,发展学生的创造性思维。

(四)研究实践

1. 挖掘高中化学教材实验,抓住学生的注意力,激发学生学习的积极性

化学是一门以实验为基础的科学,现行高中化学教材中的实验大多数是经过千锤百炼,经过教育教学专家反复论证后编入课本中的,具有权威性。但是,其中也不可避免地会有一些实验从可操作性、可观察性和安全性等方面还有待改进和创新。那么,我们该从哪些角度去思考改进实验呢?笔者认为,我们可以对课本实验多问几个为什么,例如,“奥斯本设问法”“SCAMPER”法以及“和田十二法”等经典的设问模型都可以借鉴。

第一,“奥斯本设问法”。美国人奥斯本被誉为“创造学之父”,他提出过许多种创造技法,其中奥斯本设问法是设问法中最为典型的一种方法。该法的具体内容可分为九个方面,即能否改变、能否增扩、能否缩减、能否代用、能否他用、能否借用、能否颠倒、能否重组和能否调整。

第二,“SCAMPER”法。埃伯利选取了奥斯本设问法中的一些关键问题,并把它们排列成一个容易记忆的首字母缩写。其中,“S”代表“代替”(Substitute),它建议我们问这样一类问题,即“我能用什么来代替能起到同样的效果呢”;“C”代表“综合”(Combine),我们可以这样问:“有没有两样东西混合起来可以让我想出新的东西来呢”;“A”代表“改良”(Adapt),它提醒我们思考:“能不能把已知的东西进行改变以解决问题”。

第三,“和田十二法”。“和田十二法”又叫“和田创新法则”(和田创新十二法),它是我国学者许立言、张福奎在奥斯本设问法的基础上,借用其基本原理加以创造而提出的一种思维技法,它是指人们在观察、认识和研究一个事物时可以考虑是否可以“加一加”“减一减”“扩一扩”“缩一缩”“变一变”“改一改”“联一联”“学一学”“代一代”“搬一搬”“反一反”“定一定”等,从而改变认识事物的视角和方式。它既是对奥斯本设问法的一种继承,又是一种大胆的创新。

下面,笔者以“奥斯本设问法”为例,并结合平时教学中的一些实例来对实验仪器、药品用量、实验趣味化和实验拓展做出几点思考。

① 能否改变,能否改变功能。思考:针筒注射器,除了抽取气体,还可以当作滴管使用;酸碱滴定管,除了滴定实验,还可以改装成高中实验中的水电解器。

② 能否增扩,能否提高性能。思考:“火山喷发”实验,重铬酸铵放在中号试管,但试管太深太窄不易做成功,用粗大的试管来做,增加重铬酸铵的量,

现象更明显;“几种重要的盐”,补充介绍几种功能各异的盐(能杀菌消毒的硫酸铜,能降温的硝酸铵,能进行“魔棒点灯”的高锰酸钾)来增强趣味性。

③ 能否缩减,能否微型化。思考:“滴水生火”实验,理论上需要20g过氧化钠、6g铝粉和8g镁粉,但如果把用量减少为四分之一,其现象不仅明显还很安全。

④ 能否代用,用什么代替。思考:石灰石制取二氧化碳气体,改用鸡蛋壳替代石灰石,用井穴板替代试管,可以改成现象明显的微型实验;微粒运动实验,将盛有酚酞试液的小烧杯用滤纸制作的小花来替代,是因为生动的物体更吸引学生的注意力;金属与盐溶液置换反应演示实验,用“滤纸上的金属树”取而代之,多姿多彩的“金属树”会让学生更有成就感,还会留下更深刻的记忆。

⑤ 能否他用,是否有新的使用方法。思考:滤纸完成的实验,除了过滤,还可利用它局部不完全燃烧,产生一氧化碳来做还原氧化铜实验。

⑥ 能否借用,是否能应用模仿其他设想。思考:利用紫包菜中的色素模仿紫色石蕊,自制酸碱指示剂,做出变色面条;模仿原电池原理,用橙子、番茄等水果中存在的电解质溶液自制水果电池,易拉罐自制铝—空气(海水)电池。

⑦ 能否颠倒,如正负、上下、左右、头尾等。思考:利用电化学原理,写出有色的字,通过碘化钠溶液、酚酞、淀粉溶液、铅笔和调换正负极来写出不同颜色的字。

⑧ 能否重组,能否混合、合成、配合、协调和配套。思考:利用淀粉遇碘呈现蓝色,衍变出一系列源于日常生活素材的“显隐”墨,也就是所谓的“交换密信”(米汤写字,干后无痕迹,浸泡紫菜或海带的煮出液,显蓝色字迹;白醋写字,干后无痕迹,喷红萝卜皮浸出液,显红色字迹;牛奶写字,干后无痕迹,用火烘,显黄褐色字迹);三色杯实验,中间无色的水层用含有铜离子的蓝色溶液替代,下层用四氯化碳替代二硫化碳,上层用煤油替代乙醚,也可以衍变出一系列颜色组合各异的三色杯实验。

⑨ 能否调整,能否变换模式。思考:实验的观察方式,除了直接看,还可以通过投影实验来使学生观察到在实验中原本可见度不高的现象和细微的变化,例如大理石分别和盐酸、稀硫酸反应的现象差异。

这些实验的思考和挖掘,主要目的是将中学化学原理和化学知识通过丰富多彩的形式,绿色环保地呈现出来,并将知识与趣味相融合,在教材知识的基础上兼顾科学性、教育性、安全性,但需要考虑的一个重要因素是高中生的认知特点、心理特点和智力水平。所以,研究者需要选择适合高中化学教学的题材来设计趣味性实验，进而创设趣味情境。

2. 适合高中化学教材实验的创新思路

(1)借鉴“奥斯本设问法”中的“能否缩减”

硫在氧气中的燃烧实验是高中化学中氧气重要性质的实验之一，目前教材中该实验使用硫粉量比较多。借用“奥斯本设问法”中的“能否缩减”对该实验进行创新，我们可以在密闭的容器中进行反应，以减少硫粉用量，并且可以利用注射器向密闭体系加入 NaOH 溶液，从而吸收生成的二氧化硫气体。

实验过程：第一，预先准备好集气瓶、配套胶塞和磨砂玻璃片，其中集气瓶集满氧气，并盖上玻片。第二，将燃烧匙穿过橡胶塞，将顶部铁丝稍微弯曲，以便于旋转，从而使底部能和玻璃棒接触，同时玻璃棒也穿过橡胶塞(玻璃棒上涂有少量凡士林)，然后通过旋转燃烧匙顶部铁丝，抽拉玻璃棒，使燃烧匙底部和玻璃棒分开。第三，向燃烧匙中加入少量硫粉，再将玻璃棒放在酒精灯上加热(约 1 分钟)。第四，将胶塞塞入集满氧气的集气瓶，通过旋转燃烧匙，抽拉玻璃棒，燃烧匙中的硫粉和烫的玻璃棒接触，引燃硫粉，然后抽拉玻璃棒与燃烧匙分离，观察燃烧现象。第五，在反应完毕后，用空的注射器抽取集气瓶中少量气体来闻气体的气味。第六，用注射器吸取适量 NaOH 溶液，向集气瓶中注入适量 NaOH 溶液并震荡，从而吸收生成的二氧化硫气体。这样，在密闭容器中进行实验，不仅吸收处理了有害气体，还实现了实验的微型化和绿色化。

(2)借用“奥斯本设问法”中的“能否代用”，“SCAMPER”法中的“Substitute”以及“和田十二法”中的“代一代”

高中化学实验中的“微粒运动”演示实验，按教材上的实验步骤来做，颜色变化现象明显。但我们如果把盛有酚酞试液的小烧杯换成其他含有酚酞的事物，也就是用更生动的物体来“代一代”，实验会更有吸引力，例如“开着”小花的“铁树”(将滤纸制作的小花挂在铁丝做成的一棵小树上)。改进后的操作：先将酚酞试液喷洒在小花上，无颜色变化；然后将蒸馏水喷洒在小花上，仍不变色；最后将一杯浓氨水放在小树下，过几分钟“树枝”上的小花自下而上依次变红，就像是一棵铁树逐渐“开”红色小花，这样的变化更生动，也更吸引学生的注意力，还能激发学生的好奇心。

(3)借鉴“和田十二法”中的“改一改”创新实验

高中化学教材上用白磷燃烧反应验证质量守恒定律的实验，原实验中用加热后的玻璃管下端引燃白磷，其操作起来比较麻烦(抽拉玻璃管可能无法保证装置的气密性)。如果改用短玻璃管来替换长玻璃管，并将装好白磷的锥形瓶整个装置放在托盘天平上称质量，然后取下锥形瓶，再把锥形瓶放到石棉网上用酒精灯加热,一会儿白磷就开始燃烧。待锥形瓶冷却后,重新放到托盘天平上称量,进而观察反应前后质量是否改变。该实验操作变得更简便,同时也保证实验装置的密封效果。

(4)借鉴“奥斯本设问法”中的“能否他用”,“和田十二法”中的“搬一搬”及“SCAMPER”法中的“改良”(Adapt)创新实验

人民教育出版社出版的教材中安排的实验“一氧化碳还原氧化铜”有五点不足:第一,一氧化碳由浓硫酸和甲酸来制取,浓硫酸有一定的危险性,而且有的农村高中不一定有甲酸,从而让实验产生了一定难度。第二,反应前需要先排尽玻璃管内空气以防止发生爆炸,所以要先通一段时间一氧化碳,但时间的长短难以把控,如果一氧化碳通入时间过短,则空气未能排尽,在加热时仍可能发生爆炸;如果一氧化碳通入时间过长,又会浪费一氧化碳,浪费实验用品。第三,在结束时还要继续通一氧化碳直到冷却,不仅消耗甲酸多,还要进行尾气燃烧处理。第四,多个仪器连接才能组合成一套装置,保证整套装置气密性比较困难,而且操作比较复杂。第五,实验需要的时间比较长,课堂效率也会因此降低。

笔者在探索“用滤纸完成的实验”时偶然发现,我们可以用滤纸进行“一氧化碳还原氧化铜”的简易微型实验,其所用药品和器材很简单,有洁净的铜丝、酒精灯、滤纸(内径 11cm)和火柴即可。

实验过程操作简单:我们取一张滤纸对折 3 次,然后打开(其中半边 3 层和另半边 5 层)呈圆锥状,尖部朝下,让一位学生用镊子或坩埚钳夹住,另一位学生将亮红色的铜丝绕成螺旋状(可以将铜丝预先用小刀刮去表面的漆,即呈现出光亮的红色),在酒精灯外焰灼烧直至铜丝变黑,快速拿出,趁热放在已经备好的锥形滤纸中(不要裹起来)。我们可以观察到:滤纸局部“发烟”,甚至有的地方被“烫”破,通过“烫”破的地方可以看到光亮的红色铜丝。从滤纸圆锥的上部俯视,我们可以看到没有跟滤纸接触的黑色螺旋状铜丝也变为原来光亮的红色。由于这部分黑色的螺旋状铜丝没有与滤纸接触,是滤纸未完全燃烧产生的一氧化碳还原了氧化铜。这样,实验过程时间大为缩短。其不足之处在于难以验证有二氧化碳生成。笔者认为,该实验有利有弊,其中“利”在于节约实验用品,操作简单,“弊”在于学生缺少了对尾气处理的感性认识和体验过程的机会。

3. 通过在教学设计中的情境设置,帮助学生构建知识体系

(1)情境设置对学生构建知识体系的作用

美国著名的心理学家布鲁纳曾经说:“学习的最好刺激,是对学习材料的兴趣。”所以,教师可根据课程类型、学生情况和教材内容来创设恰当的情境,

进而诱发学生的好奇心和求知欲,点燃学生思维的火花。

(2)在新授课中设置贴近生活的趣味情境

建构主义的学习观认为,学习不只是教师把知识简单地传递给学生,而是以学生原有的知识经验为基础来提供学生熟悉的生活情境,以帮助学生理解,并建构有关的科学知识。教师在新授课教学中努力贴近学生的生活世界,不但能极大地激发学生的学习兴趣,还能调动学生的感受和经验,从而有效激发学习动机,最终提高教师的教学效率。

“物质在水中的分散”教学设计

洗衣服是日常生活中常见的问题,教师可以设问“你有没有思考过洗衣过程也是在运用着化学知识及原理”,这样的设计意即从日常生活中洗衣的熟悉事件入手联系化学,让学生就“物质在水中的分散”的问题有亲切感,从而对新知产生出好奇心。

学生回想日常生活思考:洗衣服需要的物质主要是水;衣服上的污渍通常属于混合物。教师设问:“洗衣服的原理是将污渍分散到水中,那怎样才能让衣服上的污渍有效而快速地分散到水中?分散过程产生的现象有哪些?又有哪些化学知识、原理可以去解释这些现象?”

教师设计探究实验:准备三块棉布,分别沾有三种类型的污渍,第一块沾有能溶于水的氯化钠、蔗糖和硫酸铜,第二块沾有油,第三块沾有难溶于水的泥土。教师对学生提出实验要求:将三个烧杯编号,放入棉布,加入适量水,用玻璃棒搅拌,然后感受洗涤后的残留液有怎样的差别,并用几个关键词描述三份残留液的特征。

学生观察洗涤后残留的液体。

学生分组实验:模拟洗衣服的过程,两人一组分工合作,一人操作,一人记录。

学生记录实验现象,初步描述残留液的外观:澄清、浑浊等。学生描述三种残留液的特征,根据物质分散的形式,将三份残留液分别命名为:溶液、乳浊液、悬浊液;教师再进一步解析,以完善概念:小油滴×小液滴;泥土颗粒×固体颗粒,使得学生从具体到抽象,从特殊个体到一般规律,最终给出溶液、乳浊液、悬浊液的概念。

教师提出质疑:从物质分散的形式对物质分散成溶液提出质疑:在溶液中,分散到水中的物质为何像是“消失”了,而不像小油滴和泥土那样还能看见?

学生分组讨论并回忆学过的知识,讨论出结果并给出溶解概念:物质以微粒形式分散到水中。

教师用图片、模拟动画等方式解释物质分散形成溶液的过程,并进一步解析溶解概念,从而使学生对溶解的认知逐步完善和巩固,最后让学生来辨析溶液、乳浊液和悬浊液的概念。

教师小结第一类污渍的清洗方法是溶解,加速清洗第一类污渍用到的就是加速溶解的方法。这样的设计就将加速清洗第一类污渍(能溶解在水中的)投射到化学中的加速溶解这个知识点,使学生体会到化学学习和生活紧密联系,从而让学生充满学习的乐趣。

教师提出质疑:"第二块棉布上的油污是否洗净?"由于第二类污渍不能有效地分散到水中,那么按照生活常识该如何洗涤?这样的设计让学生又一次从生活经验想到相关化学知识,为承接到知识点乳化作铺垫。

学生分组实验,体验肥皂水清洗油污的过程,并汇报实验现象。

教师解析实验现象,给出乳化概念,然后用图片和模拟动画等方式进一步解释乳化剂、乳化现象,使学生体验乳化过程,以加深概念理解。接着,教师引导学生小结第二类污渍(油类)的清洗方法,然后教师简述第三类污渍(泥土类)的清洗。

教师要求学生用上述相关知识解决一个实际问题:如运用溶解和乳化知识,解决化工厂工作服的清洗问题。学生在交流讨论后小结洗涤方案。

该教学片段的设计意图:将污渍设计成三种类型的物质,分别能分散到水中形成溶液、乳浊液和悬浊液,运用的原理就是溶解和乳化,从而使学生通过解决具体的情境问题来加深对所学知识的理解,并感受到化学与生活的密切相关。

(3)在复习课中设置合理难度的趣味情境

教师上复习课的惯常做法是"提纲挈领"式地对所要复习的内容做高度浓缩化的概括,对学生做"地毯"式的查漏补缺,并要求学生原原本本地把已学过的内容进行"真实的"再现。

以新课程的眼光去分析,这样的复习课缺乏"人本化",是凌驾于学生认知和情意发展规律之上的教学,不符合维果茨基"最近发展区"的要求。教师创设有效的情境,可以使学生学习兴趣盎然,让复习课活起来。所以,构建复习课的新模式可以提高复习课的课堂效率。下面,笔者以具体案例来对此进行说明。

首先,引入趣味情境,在情境中聚焦溶液问题。

【引入】

展示"卓筒井"图片,这直立粗大的竹筒是吸卤的盐井,叫"卓筒井",它被称为"手工制盐的活化石""中国古代第五大发明"。

【播放视频】

根据视频思考:卓筒井制盐包括哪几道工序?每一道工序的目的是什么?

【交流讨论】

钻井—汲卤—滤卤—晒卤—煎盐。

【设计意图】

将卓筒井制盐过程作为溶液复习的情境“载体”来吸引学生的注意。

其次,过程追问教学,以卓筒井工艺为情境设置问题,将溶液主干知识嵌入整个情境。

【过渡】

要理解每一道工序的目的,我们可用溶液相关的知识来分析。

【设问1】

“汲卤”:取出的卤水外观是怎样的?它属于溶液吗?为什么?

【交流讨论】

浑浊,不属于溶液,不符合溶液的特征:均一、稳定。

【追问2】

古人通过“滤卤”,使卤水由浑浊变澄清,“滤卤”其实是化学上的什么操作?得到的澄清液体属于溶液吗?

【交流讨论】过滤,目的是除去泥沙等不溶性杂质,得到均一、稳定的混合物属于溶液。

【追问3】

“晒卤”的目的是什么?为什么晒卤可以增大溶质质量分数呢?

【交流讨论】

由相关公式可知,晒卤使水分蒸发,溶剂减少,故质量分数增大。

【追问4】

晒卤可以使卤水浓度一直不断提高吗?卤水浓度最高可以达到多少?

【追问5】

古人一般将浓度为20%左右的卤水放入石锅中进行“煎盐”。“煎盐”实际上就是化学上的什么操作?在“煎盐”时,20%左右的卤水是否立刻就会有固体析出?

【交流讨论】

蒸发结晶。不会,卤水应先达饱和,然后再析出固体。

【追问6】

请用溶液相关的知识分析,在卤水中溶质、溶剂的质量如何改变?

【交流讨论】

在饱和前,溶剂减少,溶质不变;在饱和后,溶质和溶剂按比例减少,每蒸100g水,析出Sg固体。

【追问 7】

古人"煎盐"并不会将卤水中水分全部蒸干,你能猜想一下原因吗?(目的是通过对蒸发结晶过程的综合分析来进一步理解溶液组成、饱和溶液和溶解度相关概念)

【交流讨论】

卤水中的盐,除了主要成分 NaCl,还含有少量其他盐类物质。为了得到较纯的 NaCl,我们需要保留一些水分来保证杂质不析出。

【追问 8】

在"煎盐"时,"卤水在高温下经过再次过滤……最终形成洁白、晶莹的盐颗粒"实质就是趁热过滤,为什么?

【交流讨论】

卤水中的盐,除了主要成分 NaCl,还含有少量其他盐类物质,杂质在高温时溶解度大,不易饱和析出,在低温时溶解度小,容易饱和析出。

【追问 9】

趁热过滤后卤水中仍含有较多的氯化钠、氯化镁和硫酸钠晶体(资料卡展示的溶解度曲线),要获取较纯较多的硫酸钠晶体,我们可以采用什么方法?

【交流讨论】

冷却结晶。

【追问 10】

回顾本节课的过程中,哪些环节用到了溶解度(曲线),小结溶解度曲线的应用。(设计该问题的目的是复习蒸发结晶和降温结晶中溶解度曲线的应用,比较两者适用情况,并复习根据溶解度曲线来选择合适的结晶方法进行物质的分离和提纯)

【设计意图】

辨析溶液和浊液;复习溶液特征,溶液组成,溶质质量分数计算,稀浓溶液的转化,饱和溶液概念、溶解度、饱和溶液质量分数和溶解度相关计算,以及蒸发结晶。

最后,课堂结尾,前后呼应,重在知识体系和科学方法的总结。

【过渡】

可见,卓筒井制盐包含着过滤、蒸发、结晶等许多溶液相关的知识。

【追问 11】

用溶液相关知识比较晒卤和煎盐的异同点?为何不省略晒卤而直接进行煎盐呢?

【交流讨论】

晒卤：蒸发和浓缩；煎盐：蒸发、浓缩和结晶；煎盐需要消耗能源，所以要先晒卤，从而可以使煎盐消耗的能源减少。

【设计意图】

渗透节能思想，感受化学对生产过程的指导作用。

【小结】

请从卓筒井工艺和溶液知识两个方面来谈一谈，本节课你有哪些收获？

【设计意图】

明确知识体系和科学方法。

第二节　高中趣味化学实验的创设

一、高中趣味化学实验活动组织的原则

（一）学生自主报名、自愿参加的原则

高一学生根据自身兴趣和爱好，自主报名来参加“趣味化学实验”课的活动，只有这样，学生才不会对本课程学习有排斥心理，因为自愿参加才能激起他们的学习兴趣，他们的学习才会积极主动，并且乐于动脑，勤于动手，在这样一个活动过程中，也才能促进学生智能与技能的全面发展。

（二）以学生为主、教师为辅的原则

《普通高中化学课标准（实验）》明确强调了学生的主体性地位，即“以生为本”。所以，教师在实践活动过程中，要留给学生足够的学习空间，让学生自己去钻研，自己组织和设计各种活动方案来验证，并通过亲自动手来充分发挥其聪明才智。在这个过程中，教师只是帮着学生审查方案，并从物质条件、理论和技术等方面给予支持和指导，其充当的是“辅助者”的角色。

（三）内容贴近生活、贴近社会，具有趣味性和实践性的原则

基于STS背景下，科学教育倡导要以促进学生科学素养发展为目标，这就要求化学教学实验内容的改革要扭转以往化学实验教学学术化的倾向，积极探索和开发贴近生活、贴近社会的化学实验。“趣味化学实验”课程通过学生亲自动手和设计方案进行一些实验，具有一定的实践性，而且实验内容和形式生动有趣，能够引人入胜，这就体现出实验的“趣味性”。通过贴近生活的、有趣的实践活动，并与生产生活实际相联系，不仅能够让学生学以致用，提高学生学习的积极性，激发学生探究实验的兴趣，还能够提高学生的化学实验素养。

(四)内容结合课堂知识的原则

本课程的开设是为了更好地服务于课堂教学,促进学生的学习,所以实验的内容选择来源于课本,但又不完全是课本的知识,它可以是课本知识的拓展与延伸,这样才能使学生把课堂内学得的知识应用于实践中,从而实现认识上的飞跃。本课程的开设还能使学生获得课堂内学不到的新知识,让学生从实践、生活和大自然中学会如何观察、如何记录,并获得对实际问题进行有效分析与解决的能力。

二、高中趣味化学实验活动组织形式和内容

(一)组织形式

根据高一学生的实际情况以及心理特点,“趣味化学实验”以“开放式”的课外活动即第二课堂的形式来开展。高一学生根据自愿的原则报名参加,笔者将参加“化学趣味实验”活动的学生分成学习小组,以小组为单位进行学习,并从学生的兴趣、爱好和特点出发,设置适合的“趣味”内容。活动时间安排在每周周六。在本研究期间,有 35 位同学自愿报名参加“趣味化学实验”活动课学习。

(二)内容分类

趣味化学实验内容的选择应符合学生的认识规律,在满足学生好奇心和学习兴趣的同时,让学生既动手又动脑,还能开发智力,并促进学生智能与技能的共同发展,激发学生的探究能力和创新意识。因此,在内容的选择上,它们可以是对新知识的扩展和加深,可以是对已学知识的掌握和巩固,还可以是为教学和生产、生活服务的实践活动,等等。它们大致可以分为四类(见表 8-1)。

表 8-1　实验内容的分类

类别	实验内容
小制作类实验	家常豆腐、固体酒精、叶脉书签、自制肥皂、自制水果小电池、自制盐桥等
与生产和生活相联系的实验	水质的检测、自酿米酒、黑银美白、饮料维生素 C 含量的测定、土壤酸碱度的测定、食用盐中碘的检验等
教学实验研究	中和热反应的研究,铜与硝酸、氯气的性质绿色微型化探讨的研究等
探索性试验	“实验室污染在侵袭”、失败银镜反应的探究、铁钉生锈原因的探究等

1. 小制作类实验

小制作类实验是学生通过动手实践去制得一些工艺品或实际有用的成

品，对学生的操作有一定要求，这类实验如果只是动手，相对比较枯燥无味，如果增加一些吸引眼球、比较趣味的元素在里面，如肥皂的制作、叶脉书签的制作、豆腐的制作、自制漏斗、制作水果电池等。小制作类实验不仅可以让学生体验到成功的喜悦，还能激起学生的学习兴趣，而且通过制作的过程，既可以提高学生的化学实验技能，又可以激发学生的创新意识。

2. 与生活和生产相联系的实验

这类实验的范围囊括较广，选择的对象可以是能源燃料、医药卫生、塑料合成和食品营养等相关实验。例如，矿泉水与纯净水的检测、自酿米酒、黑银美白、饮料维生素 C 含量的测定、土壤酸碱度的测定等，这类实验紧贴我们的生产生活，就在自己身边，而且实验的趣味性较强，在活动过程中，既扩充学生的视野，又引导学生学会关注身边的问题；既能丰富学生的化学知识，又能让学生的化学实验能力得到培养。

3. 有关教学实验的研究

这类实验是指活动过程用于配合课堂的补充实验、课堂上没有去演示的实验或改进的教学实验，如中和热反应采用手持技术手段，不但能够缩短实验时间，提高实验效率，而且数据的记录能避免人为因素，从而更为准确，还有利于学生学会如何进行实验探究，学会合作学习。又如，依据绿色化理念设计的铜与硝酸反应的微型化探讨或改进。在“化学趣味实验”活动课中，我们可让学生去研究、去实践，这对于学生基本操作的锻炼，所学知识的巩固和加深，促进学生智能与技能的协调发展都很有益处。

4. 探索性实验

探索性实验是指学生运用已有知识和经验去解决实际存在问题的一类实验，这类实验带有探索性。它包括对失败实验的探讨、实验异常现象的分析、三废应如何处理、环境保护等一系列问题，如实验室污染物处置问题、失败的银镜反应探究等都属这个范畴。例如，对于课堂演示实验中银镜反应出现失败的情况，教师可以给学生创设问题：“到底是什么原因造成”，进而引导学生做出假设，看看“是不是试管不干净？是硝酸银浓度的问题还是硝酸银浓度要控制在什么范围，其效果才能显著？是不是配制银氨溶液没控制好？”等，利用已有知识和经验对几个原因进行分析、讨论和验证，了解实验过程失败的原因，最终让学生得出结论。在这个过程中，教师让学生去负责包括仪器组装、药品选择和步骤设计等，这必然会要求学生要去多思考、多讨论，从而让学生的探究能力和创新意识得到提高。

三、教学方式

以创设生动的学习情境为主导来引导学生通过调查、讨论和咨询等各种方式获取化学知识;强调学生学习的主体性,以学生为主,让小组成员分工合作,自主探究,以充分发挥学生的才能和特长,并为学生的小发明和小创造提供一片广阔的天地。这是《普通高中化学课程标准(实验)》的宗旨之一。所以,教师要引导学生利用网络和校图书馆资源等形式来查阅相关资料,并对要进行的实验写出反应原理、所需的仪器设备和实验方案等,在此基础上通过三个教学环节来实现兴趣、能力和成绩的提高。以下是笔者所设计的三个教学环节。

(一)体验学习环节——教师拟定好方案,学生按照步骤完成实验

《普通高中化学课程标准(实验)》明确指出,在必修课程模块中,应该把"学会与他人协作或独立进行实验的能力"作为一个培养目标,并在实践中,能主动与他人进行交流和合作,记录现象与数据,并完成实验报告;对实验方案设计、实验条件控制和数据处理等方法在化学学习和科学研究中的应用有初步认识。高考考试大纲对实验能力也明确要求,即对于实验方案,学生首先要会设计,然后要能够评判方案是否合理,最后是方案如果存在问题,我们应该怎样去改进?

在实际的化学教学中,实验方案的设计是实验操作与考试中存在的难点,学生面对实验无从着手,这是因为学生对实验的目的、步骤流程和各种仪器的应用等并没有一个比较明确的概念。特别是对高一的学生来说,他们并不知道怎样去拟定一个实验方案,根据学生现实中存在的这些问题,笔者设计的第一个环节就由教师拟定实验方案,让学生去熟悉实验方案的整个过程,然后再让学生按照方案一步一步去完成实验。在这么一个过程中,让学生感受到要完成一个实验,就必须要有一个完整的实验方案。实验方案是一盏指明灯,只有拟好一个完整的实验方案,实验才能得以顺利完成。

这个环节可选用一些趣味类的实验,如制作"家常豆腐"、自制肥皂或水果电池等小制作类实验。这类实验能吸引学生的眼球,激发学生的学习兴趣,还能让学生有继续去研究的欲望,起到培养学生的操作技能的作用。

(二)模仿提高环节——师生共同拟订方案,学生进行实验

学生通过对教师拟定好方案的实验的实践后,对实验方案的总体脉络有了一定的熟悉和了解,接下来教师要引导学生怎样去完成一个完整的实验方案的设计,让学生初步学会拟方案。由学生自己去尝试拟定实验方案,并且在学生拟订方案的过程中,教师要给予帮助,并教会学生怎样拟方案,还要让学生对方案设计应该注意的问题有清晰的认识,纠正过程安排的不合理性,即实验方案的设计要有可行性和科学性等,以逐步形成一个完整的实验方案。在这个过程中,师生互相配合,共同完成实验方案的拟定,并让学生亲自去体验设计方案的过程,学生在获得成功体验的同时,也就更愿意积极去参

与。通过几个实验方案设计，教师逐步放手，以学生为主，让学生慢慢学会怎样拟定一个实验方案，教师只起指导帮助作用，然后逐步培养和提高学生实验方案设计的能力，最终培养学生的化学实验能力。

实验方案的设计对学生来讲是个比较枯燥无味的过程，必须要动脑，刚开始让学生尝试设计方案，如果课题内容不具有吸引力，有些学生就不愿意去动脑，因此这个环节主要选用学生比较关注或感兴趣的课题——与生产生活相关或课堂的教学研究类实验。例如，碘盐中碘的测定、矿泉水与纯净水的检测等，这类实验既与课本知识和生产生活相关联，又有一定的趣味性；让学生在兴趣持续、延伸的同时，又愿意去动脑设计方案，主动去学习相应的知识，开阔他们的视野。

（三）独立巩固环节——学生自己拟方案后进行实验

通过师生共同拟订方案后，教师逐步放手让学生独立去尝试拟定一个完整的实验方案，教师只是起辅助作用。学生根据课题，通过图书馆和网络等平台查阅相关资料，设计有可能的实验方案，并进行数据处理和结果分析等一系列过程。这不仅可以提升学生实验设计的能力，还能够激发学生的创新意识，在整个活动过程中，也能培养学生的探究能力。

这个环节选用的实验主要是与教学教研、生产生活紧密关联的一类实验，如银镜反应的改进实验、“实验室污染在侵袭”等。学生不但能够更加关注方案设计的过程，而且能够运用已学知识去解决设计过程中遇到的问题，从而使已有知识得以延伸。笔者认为，这样必然能够促进学生的课堂学习。

这样的三个环节层层递进，“感受—模仿—独立”对应的过程是“学习—提高—巩固”，逐步去引导学生学会怎样去设计一个完整的实验方案，怎样去完成实验，以及怎样在过程中学习知识和锻炼能力。同时，在这样一个完成活动的过程中，我们不仅能够激发学生的学习兴趣和创新意识，还能让学生的化学实验能力、探究能力得到培养，最终能够促进学生学习的进步。这一过程也符合学生的认知与接受规律。

第三节　高中趣味化学实验的实践

一、案例：家常豆腐

【活动目的】

1. 让学生去操作，以培养学生的实验操作技能

2. 通过豆腐的制作，了解制作豆腐的过程和基本原理，并加深学生对胶体知识的理解

3. 培养学生对化学学科的学习兴趣

【实验原理】

豆浆是胶体。胶体微粒的直径大约为1~100nm,表面积比较大,因此具有较强的表面吸附作用。通常"胶体"又带有一定量性质的电荷,通过加入带有相反电荷的电解质,运动中相互碰撞吸引而凝聚,当胶体聚集的颗粒足够大时,胶粒就从溶液里聚沉出来,然后形成豆腐。

【实验用品及试剂】

家用料理机、圆形水槽、500mL烧杯2个、大块纱布若干、橡皮筋、铁架台、铁圈、十字复夹、石棉网、玻璃棒、酒精灯、火柴、方形木块、黄豆、盐卤(主要成分是氯化镁)、蒸馏水和食盐。

【活动和实验步骤】

1. 前期准备:当天早上取个圆形水槽,挑拣清洗黄豆,然后浸泡,使黄豆充分膨胀,中午时,更换一次清水

2. 研磨:用漏勺滤掉浸泡后的水,并将沥干的泡黄豆分批量置于料理机内,并加入适量水,然后通上电源绞碎黄豆

3. 制浆:各组各取适量研磨好的浆料,一并倒入扎有双层纱布的500mL的烧杯中进行过滤,再取适量的水,多次冲洗滤渣,并用玻璃棒充分搅拌,最后取下纱布,捏干,烧杯中的滤液即为制得的浓豆浆

4. 加盐卤变性:装好加热装置,调整好铁圈高度,擦干装有浓豆浆的烧杯,并置于加热装置上,当酒精灯加热到70℃~80℃时,用玻璃棒搅拌浓豆浆,边搅拌边向烧杯中缓慢加入盐卤,直至烧杯内有白色絮状沉淀产生,这时候停止搅拌和加热,静置一会儿,可见烧杯内的豆浆逐渐析出块状沉淀物,并静置一刻钟后待用

5. 豆腐制成品:取块干净双层纱布、一个干净的圆形水槽,在水槽内放置一块15cm×15cm×5cm的正方形木块,在木块上用长、宽各为10cm、2cm的木片围成一个10cm×10cm×2cm的木框,并将干净双层纱布至于木框内,把豆浆析出块状沉淀物的浆料倒入铺有双层纱布的木框内,用纱布把浆料包好,用重物(如装水的小烧杯)压在包有沉淀物的方形滤布上,过上半个小时,我们想要的豆腐就制成了。制作好的豆腐可以浸泡在稀的食盐水(浓度为3%左右)中,并置于阴凉处来保鲜,这样能够保鲜数天而不变质

【提示】

1. 黄豆需提前浸泡,而且要经常换水

2. 在加盐卤过程中,必须不断搅拌,以免盐卤加入过多

整个过程是教师设计好方案,学生进行操作实践的活动过程。小制作的

知识紧扣实际生活,提高了学生对化学实验的学习兴趣,让学生了解到豆腐的制作过程实际上就是豆浆(蛋白质胶体溶液)的凝聚过程。黄豆研磨后,过滤制得的滤液为“胶体”溶液,即液溶胶,液溶胶通过凝聚剂——盐卤(主要成分是氯化镁)或饱和石膏水来点卤,然后通过加盐卤的聚沉过程,过滤液内的粒子由于正负电荷中和而导致稳定性下降,使分散的蛋白质胶粒快速凝聚在一起,变成凝聚状豆腐脑,豆腐脑经过外界挤压水分,就制成豆腐。这个过程不仅可以加深学生对胶体重要性质和胶体在生活实际中的重要运用的了解,学生在经历一系列实验探究的过程,还可以进一步掌握和巩固加热与过滤等实验基本的操作技能。

二、案例:食用盐中碘的检测

【活动背景】

在课上,学生已学过卤素单质的性质和氧化还原反应原理,然后通过生活中我们接触最密切的常用品——含碘食盐进行实验,不仅可以加深学生对知识的掌握程度,拓展知识面,还可以让学生从中体会到化学与生活的密切联系。

缺碘会引发大脖子病,即甲状腺病。现在市面上销售的加碘盐是为了预防人体缺碘。福建泉州的晶华自然盐标有含碘量:20~50mg/kg。教师与学生一起探讨碘酸钾的化学性质及其测定方法。

【活动准备】

文献资料(预先查阅):是否所有市面上销售的食盐都含碘?是否所有人都需要加碘盐?食盐中加的碘是单质碘还是碘的一种存在形式,我们如何定性测定碘盐中的碘含量?碘盐如何定量检测碘的含量?

【活动目的】

1. 通过活动学习实验方案的设计,在教师的帮助下完善设计过程,理解设计实验方案的思维过程

2. 学习碘盐中碘含量的定性和定量的测定方法

3. 培养学生学会探究、学会具体问题具体分析和设计实验方案的能力

4. 通过碘盐中碘含量测定的活动,让学生了解盐中为什么要加碘?知道盐中碘是以怎样的形式存在的

【实验原理】

$$IO_3^- + 5I^- + 6H^+ =\!=\!= 3I_2 + 3H_2O; I_2 + 2S_2O_3^{2-} = 2I^- + S_4O_6^{2-}$$

其中,I遇到湿润淀粉KI试剂而变蓝,由此来判断食用盐加碘与否。

在有淀粉溶液的情况下,I_2 遇 $Na_2S_2O_3$ 溶液,由蓝色变无色,通过这一现象判断实验结束,由此检验加碘食盐中碘的含量。

【实验用品及试剂】

试管架、试管、滴管2支、试管刷、100mL烧杯3个(分别标上A、B、C三个粘签)、玻璃棒4支、量筒(10mL)、钥匙3把、铁架台、滴定管夹、酸式滴定管(25mL)、碱式滴定管(25mL)、锥形瓶(100mL)、托盘天平、滤纸若干张、市场上销售的含碘食盐、碘化钾固体、淀粉、稀硫酸、pH试纸、浓度为0.001 mol/L $Na_2S_2O_3$标准溶液

【活动和实验步骤】(师生共同拟订方案)

碘盐中碘的存在形式,学生活动思路过程如图8-1所示。

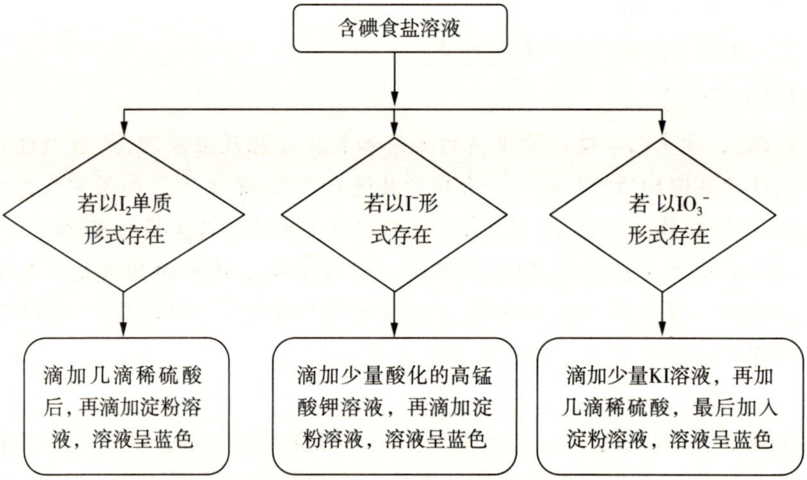

图8-1 学生探究碘盐中碘的存在形式思路过程

(一)碘盐中碘的定性检测

1. 淀粉碘化钾试剂的配制:取0.5g淀粉于50mL的热水中,搅拌溶解;取2g碘化钾固体于另一烧杯中,向烧杯中加入50mL的水,搅拌溶解;另取一个烧杯,用量筒量取10mL的淀粉溶液于烧杯内,再用另一个量筒量取2mL的碘化钾溶液,滴加几滴稀硫酸,调节pH值约为3

2. 食盐溶液:取适量市面上销售的食盐于100mL的烧杯内,搅拌溶解

3. 滴取一滴管食盐溶液于Ⅰ号试管,滴加几滴稀硫酸,再滴加淀粉溶液,振荡,观察试管现象

4. 量取2mL的食盐溶液于Ⅱ号试管中,滴入少量酸性的$KMnO_4$溶液,再滴入淀粉试剂,振荡,记录实验现象。

5. 滴取一滴管食盐溶液于Ⅲ号试管中,向试管中滴加如第一步配制的淀粉碘化钾试剂,振荡,观察试管现象

其实验现象记录于表8-2中。

表8-2 实验现象

试管编号	Ⅰ	Ⅱ	Ⅲ
溶液颜色变化			
结论			
结论解释			

结论：通过上述实验现象，判断碘盐中碘的存在形式。Ⅰ、Ⅱ号试管中的试液的颜色不变，而在Ⅲ号试管中的试液变成蓝色，说明食用盐是以IO_3^-形式存在的。

(二)碘盐中碘的定量检测

1. 配制含碘食盐待测液：称取2包含碘食盐，加水溶解，并滴入数滴淀粉溶液和足量KI溶液，溶液最终呈蓝色，溶液配制成100mL

2. 仪器备用：用蒸馏水润洗酸、碱式滴定管三次，然后用含碘食盐待测液润洗碱式滴定管三次，用$Na_2S_2O_3$标准液润洗酸式滴定管三次，以便备用

3. 滴定：酸式滴定管装入$Na_2S_2O_3$标准液50mL，固定在滴定管夹上；碱式滴定管装入含碘食盐待测溶液，准确加入20mL待测液于锥形瓶，用$Na_2S_2O_3$标准液滴定含碘食盐待测溶液，直至锥形瓶的蓝色恰好消失，重复滴定2次

其实验记录如表8-3所示。

表8-3 实验记录

次数	$Na_2S_2O_3$标准液用量	含碘食盐待测液用量
1		
2		
3		

【实验计算】

(一)计算公式

$$c_{标}V_{标}=c_{待}V_{待}$$

(二)误差分析

1. 酸式滴定管未用标准液润洗，实验结果是什么

2. 碱式滴定管未用待测液润洗，实验结果是什么

3. 锥形瓶用待测液润洗,对实验结果有无影响?实验结果是什么

4. 滴定管内留有气泡,对实验结果有无影响?实验结果是什么

5. 在滴定过程中,锥形瓶未及时摇匀,会不会影响结果

【提示】

在食盐中碘含量的定量测定过程中,含碘食盐待测液的 pH 值应调到 2.5 ~3为佳,KI 溶液的量要过量,以保证 KIO_3 完全转化为 I_2 单质,从而保证结果的准确性。

【问题讨论】

1. 碘摄取的途径有哪些

2. 人体每天摄入碘应该是多少毫克才算合理?你认为本地碘盐中碘的含量定为多少最为科学

3. 过多摄入碘对身体是否有害?市场还有销售无碘盐的目的是什么

在实践活动过程中,学生通过共同合作和探讨,以及边实验边思考,不仅对基本操作有所锻炼,还能巩固和加深所学的知识。学生在活动过程中,既能为后续中和滴定内容的学习奠定基础,又能培养面对具体问题具体分析的能力,还能培养自身的创新意识和探究实验的能力。

三、案例:实验室污染在侵袭

【活动目的】

1. 学习应该如何查阅资料,怎样去借鉴别人的经验来设计实验方案和进行实验,以及如何利用已有的知识来解决实际问题

2. 通过活动,让学生了解化学实验后排放的“三废”如果不处理,会造成资源浪费的

3. 培养学生的探究能力、增强学生的创新意识和团队之间的协作意识

4. 增强学生的环保意识

【活动形式】

查阅资料、小组讨论、全班交流等活动形式开展活动。

【活动内容】

1. 银的回收

2. 四氯化碳的回收

3. 氯化钡的回收

【活动方案】

(一)银的回收

1. 实验目的

通过银镜反应后废液的回收再利用来减少贵金属银的浪费;学习液固分

离提纯的方法

2. 仪器与药品

电动离心机、托盘天平、铁架台、复夹、铁圈、单孔塞、蒸发皿、酒精灯、玻璃导管、乳胶管、玻璃棒、烧杯、试管、滴管、药匙、离心管、剪刀、纸槽、火柴、银镜废液、锌片、2%硝酸银、氯化钠(固体)、1∶2的硝酸、浓盐酸、1∶3的盐酸、12%的氢氧化钠溶液、蒸馏水

3. 实验步骤

① 往1000mL银镜废液中加入2g氯化钠,搅拌均匀,放置1~2个小时。实验原理为:$Ag^{+}+Cl^{-}$ ══ $AgCl\downarrow$。

② 可以清楚看到烧杯的液体分层,固体沉积杯底,倾出清液,转移沉积物于离心管,加入适量蒸馏水搅匀清洗,离心沉淀,重复洗涤3次。

③ 将沉淀转移到大试管中,在沉淀上留约1cm水层,并滴入3滴浓盐酸,充分搅拌,然后加入几小片锌片,放置半天。实验原理为:$AgCl+Cl^{-}$ ══ $AgCl_2^{-}$;$2AgCl_2^{-}+Zn$ ══ $ZnCl_2+2Cl^{-}+2Ag\downarrow$

④ 往大试管中滴加3mol/L盐酸至锌片完全溶解并静置。实验原理为:$Zn+2H^{+}$ ══ $Zn^{2+}+H_2\uparrow$。

⑤ 倾出上层清液,水洗,再用蒸馏水洗涤至除尽氯离子。

⑥ 在通风橱中,向大试管中滴加1∶2的硝酸并加热,将产生的气体通入12%氢氧化钠溶液的烧杯中,制得硝酸银溶液。实验原理为:$4Ag+6HNO_3$ ══ $4AgNO_3+NO\uparrow+NO_2\uparrow+3H_2O$;$2OH^{-}+NO+NO_2+O_2$ ══ $2NO_3^{-}+H_2O$。

⑦ 先称蒸发皿的质量为m,放于泥三角上,把硝酸银溶液转移到里面,边加热边搅拌,待溶液快干时,停止加热,冷却,再称得蒸发皿质量为n。

实验结果记录在表8-4中。

表8-4 银回收的实验记录

银镜废液量(mL)	
硝酸银溶液用量(g)	
回收硝酸银量(g)	
回收率(%)	

注:①银镜反应用的是浓度为2%的硝酸银溶液;②回收率=回收的硝酸银的量÷硝酸银的用量×100%。

(二)四氯化碳的回收

1. 实验目的

节省四氯化碳的浪费;减少环境污染;学习蒸馏分离提纯的方法。

2. 仪器与药品

直形冷凝管、牛角管、锥形瓶、铁架台、复夹、铁夹、铁圈、石棉网、酒精灯、圆底烧瓶量筒、分液漏斗、试管、温度计、漏斗、玻璃棒、滴管、单孔塞、塞子、药匙、碎瓷片、火柴、四氯化碳废液、浓度为1mol/L的氢氧化钠溶液、无水氯化钙和蒸馏水。

3. 方案一的实验步骤

① 将100mL的四氯化碳废液装入锥形瓶中，然后边往锥形瓶中滴加1mol/L的氢氧化钠溶液边振荡，直至四氯化碳层紫红色完全褪去。其反应原理为：$I_2+6OH^-=IO_3^-+5I^-+3H_2O$。

② 将上述溶液转移到分液漏斗中，充分振荡后静置。

③ 收集下层（四氯化碳层），用蒸馏水重复洗涤几次，分离过程同上一步。

④ 将收集到的四氯化碳装入圆底烧瓶中，再加入几片碎瓷片（防止液体爆沸），收76℃～77℃的馏分即为四氯化碳。

⑤ 用量筒量取制取的四氯化碳的体积。

4. 方案二的实验步骤

① 将100mL的四氯化碳废液装入带磨口的锥形瓶中，边往锥形瓶中滴加1mol/L的氢氧化钠溶液边振荡，直至四氯化碳层紫红色完全褪去。

② 将上述溶液转移到分液漏斗中，充分振荡后静置。

③ 收集下层（四氯化碳层），用蒸馏水重复洗涤几次，分离过程同上一步。

④ 将上步收集到的下层液置于带磨口的锥形瓶中，加入20g的无水氯化钙，摇匀，塞住瓶口静置10分钟，过滤即可得实验萃取用的四氯化碳。

⑤ 用量筒量取制取的四氯化碳的体积。

5. 实验结果

注明：用量筒量取的是回收四氯化碳的体积；回收率＝回收四氯化碳的量÷原四氯化碳的用量×100%。

方案一数据结果记录于表8－5中，方案二数据回收结果记录于表8－6中。

表8－5　四氯化碳回收的实验记录1

四氯化碳废液量（mL）	
四氯化碳用量（mL）	
方案一回收的四氯化碳（mL）	
回收率（%）	

表 8-6　四氯化碳回收的实验记录 2

四氯化碳废液量(mL)	
四氯化碳用量(mL)	
方案二回收的四氯化碳(mL)	
回收率(%)	

6. 结果分析

两种方案都能制得较为纯净的四氯化碳，方案一与方案二相比，方案一的回收率较好，但方案二操作简单方便，而且干燥剂无水氯化钙价廉易得且吸水性强。

(三)氯化钡的回收

1. 实验目的

充分利用生成物，节省药品的浪费，减少环境污染；学习蒸发、浓缩、冷却和结晶的实验方法。

2. 仪器与药品

圆底烧瓶、托盘天平、铁架台、复夹、铁圈、蒸发皿、表面皿、烧杯、酒精灯、石棉网、单孔塞、导管、乳胶管、玻璃棒、滴管、火柴、滤纸、氢氧化钡晶体与氯化氨晶体的混合物、氢氧化钡晶体、1∶3 的盐酸、红色石蕊试纸。

3. 实验步骤

① 将 100g 混合物装入圆底烧瓶中，再往烧瓶中加入 23g 氢氧化钡晶体，加热，把气体通入滴有酚酞的烧杯中，溶液变红，说明有碱性气体产生。实验原理为：$NH_3 \cdot H_2O+H^+ = NH_4^+ + H_2O$。

② 停止加热，冷却。称蒸发皿质量为 a，放于泥三角上，将溶液转移到里面，边搅拌边加热，结晶蒸发后再继续加热，直至晶体变为粉末。用表面皿盖住蒸发皿，冷却，再称蒸发皿质量为 b。

4. 实验结果(记录于表 8-7 中)

表 8-7　氯化钡回收的实验记录

混合物的量(g)	
原氢氧化钡晶体的用量(g)	
回收的氯化钡的量(g)	
回收率(%)	

注明：回收的氯化钡粉末的质量 $=b-a$；回收后折算成氢氧化钡晶体量 $=\dfrac{b-a}{208}\times 315$；回收率 $=\dfrac{\text{回收后折算成氢氧化钡晶体量}-23}{\text{原氢氧化钡晶体的用量}}\times 100\%$。

在化学废液废渣无害化处理和回收利用活动中,学生通过查阅资料,自己设计方案,自己推测实验结果、分析、实验和评价,充分发挥创造性和聪明才智。学生在经历了“设计方案—推测—实验—观察现象—得出结论”等一系列过程后,不仅能够培养自身的独立思考和独立操作能力,还能够发挥实践活动中的主动性和参与性。在参与类似科学研究的实践过程中,学生自己去动手、去设计、去发现,不仅能够获得课堂上学不到的知识,开阔视野,还能够让学生勤于思考,培养积极进取的探索精神、严谨求实的科学态度和不断追求的进取精神。

参 考 文 献

[1] 刘知新. 化学教学论[M]. 北京:高等教育出版社,2009.

[2] 中华人民共和国教育部. 普通高中化学课程标准(实验)[M]. 北京:人民教育出版社,2003.

[3] 彭蜀晋,林长春. 科学课程与教学论[M]. 北京:高等教育出版社,2005.

[4] 毕华林,亓英丽. 化学教育新视角[M]. 济南:山东教育出版社,2004.

[5] 教育部基础教育司. 化学课程标准研修[M]. 北京:高等教育出版社,2004.

[6] 布里斯罗. 化学的今天和明天——一门中心的、实用的和创造性的科学[M]. 华彤文,译. 北京:科学出版社,1998.

[7] 毕华林,万延岚. 化学基本观念:内涵分析与教学建构[J]. 课程·教材·教法,2014(4):79.

[8] 梁永平. 论中学生化学元素观的建构[J]. 化学教育,2007(11):10-15.

[9] 吴俊明,吴敏. 为什么要关注科学观念——关于科学观念和科学观念教育的思考之一[J]. 化学教学,2014(4):3-6.

[10] 白建娥,何彩霞. 论促进学生"元素观"发展的铁及其化合物的教学[J]. 中学化学教学参考,2014(10):1.

[11] 张发新. 谈高中化学元素观的教学功能及教学方法[J]. 化学教学,2014(6):22-25.

[12] 苗亚宁. 基于元素观的"二氧化硫性质"的教学设计[J]. 化学教学,2016(3):53-56.

[13] 吉肖彦. 促进学生元素观建构的教学实践研究[D]. 桂林:广西师范大学,2015.

[14] 何彩霞. 引导学生从元素视角认识物质及其转化——以"金属及其化合物"为例[J]. 2013(9):27-29.

[15] 丁邦平. 建构主义与面向21世纪的科学教育改革[J]. 比较教育研究,2001,22(8):6-10.

[16] 姬广敏,毕华林. 课堂教学创新能力培养的可行性及路径探析[J]. 中国教育学刊,2016(7):63-68.

[17] 姜维萍,杨绍兵. 关于高中生对化学实验态度消极化的思考[J]. 化学教与学,2013(11):65-67.

[18] 孙小媛,赵维秋. 化学实验绿色化的研究[J]. 中国西部科技,2008,7(21):69-70.

[19] 龙莉娟. 浅谈如何在高中实验化学教学中渗入绿色化学理念[J]. 现代阅读,2013(1):120.

[20] 朱家凤. 培养化学教学师生的环保意识与环保责任感[J]. 内蒙古石油化工,2010(8):135-136.

[21] 李瑞鹏,鲍正荣. 乙炔气体实验室制法的再探究[J]. 中小学实验装备,2011,21(6):19.

[22] 周成勇. 树立绿色化学观念改革化学实验教学[J]. 长治学院学报,2008,25(5):76-79.

[23] 王向军. 论生活化情境在高中化学教学中的创设[J]. 中学教学参考,2015(26):71-72.

[24] 林泉. 生活化课堂教学情境的创设[J]. 新课程导学,2014(7):4-5.

[25] 程志群. 生活化原则在高中化学教学中的应用[J]. 考试周刊,2015(83):143.

[26] 齐俊平. 高中化学生活化教学情境的创设研究[D]. 武汉:华中师范大学,2012.

[27] 魏东. 高中化学生活化教学情境创设的实践研究[D]. 芜湖:安徽师范大学,2011.

[28] 卢珊. 卢梭教育思想对我国当今教育的启示[D]. 长春:东北师范大学,2011.

[29] 张继平. 杜威生活教育观的价值取向及其启示[J]. 天津市教科院学报,2009(4):11-13.

[30] 陈凯,周志华. 基于微型化学实验论文的命题[J]. 化学教学,2009(8):91-94.